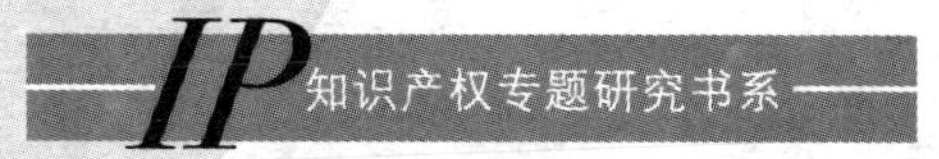

国家自然科学基金项目（批准号：70503012）

ZHUANLI XINTUO YANJIU

专利信托研究

袁晓东 著

知识产权出版社

内容提要

本书从信托理论的历史变迁入手，分析了专利信托的含义、类型、功能及其运用领域，比较研究了美国、日本和我国专利信托的实践和相关制度，分析了信托在专利资产证券化、企业集团和专利池专利管理中运用的可行性，归纳了具有代表性的专利管理模式，并提出完善我国专利信托制度的建议。

本书可供知识产权领域学习者、研究者和实务工作者参考使用。

责任编辑：刘 睿　　**责任校对**：董志英
封面设计：SUN 工作室　　**责任出版**：卢运霞

图书在版编目（CIP）数据

专利信托研究／袁晓东著．—北京：知识产权出版社，2010.4
ISBN 978－7－80247－947－0
Ⅰ.①专…　Ⅱ.①袁…　Ⅲ.①专利－信托制度－研究　Ⅳ.①D913.04
中国版本图书馆 CIP 数据核字（2010）第 044463 号

专利信托研究
袁晓东　著

出版发行：知识产权出版社
社　　址：北京市海淀区马甸南村 1 号　　邮　　编：100088
网　　址：http://www.ipph.cn　　邮　　箱：bjb@cnipr.com
发行电话：010－82000860 转 8101/8102　　传　　真：010－82000893/82005070
责编电话：010－82000860 转 8113　　责编邮箱：liurui@cnipr.com
印　　刷：知识产权出版社电子制印中心　　经　　销：新华书店及相关销售网点
开　　本：880mm×1230mm　1/32　　印　　张：11
版　　次：2010 年 4 月第一版　　印　　次：2010 年 4 月第一次印刷
字　　数：296 千字　　定　　价：28.00 元
ISBN 978－7－80247－947－0/D·967(2897)

摘　要

现实中许多专利权人在获得专利授权之后无法将其商业化，形成所谓的“沉睡专利”。“沉睡专利”是专利权人在一体化和市场化两次努力失败之后的无奈选择，是高额市场交易成本和缺乏互补性资产的产物。欲解决“专利转化难”的问题，我国应提供有效获得互补性资产和降低交易成本的制度安排。专利信托具有权利转移、集中管理、资产分割和融资投资功能，用之得当则可以帮助获取互补性资产，或者降低专利权交易成本。

专利信托包括专利权信托和专利权衍生的债权信托。专利集中管理是未来发展的必然趋势。将专利信托引入企业集团、中小企业、专利许可组织和专利池的专利管理中，不仅可以实现专利集中管理并提高管理效率，而且使得专利组合具有更强的稳定性和适应性。我国信托登记制度规定得比较模糊，欠缺专利信托登记制度，阻碍了专利权信托的发展。专利权衍生的债权信托可运用于专利权融资。专利权难以获得融资或成为投资对象的原因，是基于专利权的资产专用性。促进专利许可、专利质押和专利资产证券化的发展规模，可以增强专利权的流动性。

本书从信托理论的历史变迁入手，分析了专利信托的含义、类型、功能及其运用领域，比较研究了美国、日本和我国专利信托的实践和相关制度，分析了信托在专利资产证券化、企业集团和专利池专利管理中运用的可行性，归纳了具有代表性的专利信托管理模式，并提出完善我国专利信托制度的建议。

序

《专利信托研究》是我国第一部系统研究信托制度在专利管理与运用中的专著，选题虽小但折射出许多专利领域的基础理论。研究背景正值我国从国家层面开始实施知识产权战略，与此同时，我国正面临着美国金融危机的挑战与机遇。在这种特殊的历史背景下，我国应注重专利质量和效益的提高。协调专利的“质”与“量”，充分认识当前形势的“危”与“机”，践行知识产权战略，以制度创新推动技术创新，为建设创新型国家提供强有力的制度保障。2008 年我国共受理专利申请 828 328 件，已经跻身专利申请大国行列。2008 年，华为技术有限公司雄居全球 PCT 申请公布量榜首，打破了西方跨国公司对这一位置的长期垄断。中兴通讯、腾讯、大唐等企业的自主创新能力不断提高。我国是专利申请大国，但远远不是专利强国。据资料显示，我国技术成果的市场转化率仅为 20%。如何促进专利有效运用、提高专利权人运用专利的能力，是我国实施知识产权战略亟须解决的问题。国际知识产权协会主席、美国斯坦福大学教授 John Barton 指出，发展中国家与发达国家在知识产权方面的差距，不在于制度本身，而在于运用制度的经验。我国无论是政府还是企业，运用制度的经验明显不足。我国已经建立了符合国际惯例的专利制度，并引进了英美法系的信托制度。目前，我国明显欠缺将信托制度引入专利管理的经验与能力。积极探讨信托的功能与作用、研究专利信托可运用领域及其可行性，对于我国实施知识产权战略、提高专利运用能力、弥补制度运用经验之不足有所裨益。

作者详细探讨了专利信托的功能及其运用领域，运用比较研

究的方法分析了美国、日本和我国专利信托的实践和相关制度，并提出完善我国专利信托制度的构想和建议。作者在以下四个方面提出了颇有价值的观点。

第一，信托具有企业组织的性质。其核心功能是资产分割功能。正确认识信托的性质与功能，是充分发挥专利信托作用的前提。信托制度源于英美法系，相继被一些大陆法系国家吸收和借鉴。对信托和信托法的性质，无论是在大陆法系还是英美法系国家都有争议，并已持续了100多年。由此涌现出诸如“物权—债权”说、法主体说、物权债权并行说、财产权机能区分说、物权说、附解除条件法律行为说、新型权利说等学说。作者极力主张信托“企业组织说”，将信托视为一种特殊形式的组织。因此，专利信托的功能集中体现在集中管理和资产分割；对于专利信托不同功能的选择与侧重，形成了管理型专利信托和融资型专利信托。

第二，专利难以转化的真正原因，在于专利的资产专用性和权利人缺乏互补性资产。我国理论界与实务界一直在不断探索“专利转化难”的症结所在，现实中许多专利权人在获得专利授权之后无法将其商业化。作者依据专利的利用状态，将专利分为活跃专利、阻碍专利和沉睡专利，并将沉睡专利限定于没有开发和利用的专利资产。“沉睡专利”是专利权人在一体化和市场化两次努力失败之后的无奈选择，是高额市场交易成本和缺乏互补性资产的产物。欲解决“专利转化难”的问题，我国应提供有效获得互补性资产和降低交易成本的制度安排。专利信托具有权利转移、集中管理、资产分割和融资资产功能，用之得当，可以帮助获取互补性资产，或者降低专利权交易成本。

第三，专利资产证券化可以增强专利衍生权利的流动性。专利不仅难以转化，而且难以吸引投资者进行投资。这是因为专利具有资产专用性而缺乏流动性。专用性资产的优势在于市场上很少有这种资产出售，可以获得市场的垄断性，其缺点在于难以通过市场交易转让，缺乏流动性；资产的专用性越强，流动性也就越差。金融危机的爆发与扩散，使得我国学术界对资产证券化退避三舍，避而不谈。与此相反，作者比较了资产证券化理论与1927年我妻荣在《债权在近代法中的优越地位》一文中提出的“财产债权化”理论，认为债权化或证券化是实现资产流动的重要手段。专利权不仅可以成为融资工具，而且也可以成为投资对象；证券化技术不是金融危机产生的真正原因，金融危机也不应成为限制证券化技术发展的理由。

第四，专利集中管理是未来发展的必然趋势。我国企业传统的创新模式是封闭式创新。专利权人管理专利的传统模式主要是单独的分散管理。这种专利管理模式已经不能顺应时代的发展，难以接受外国专利经营公司带来的挑战。开放式创新使得特定领域的专利权越来越分散，而为了实现技术创新必须将分散的专利集中起来。作者认为将专利信托引入企业集团、中小企业、专利许可组织和专利池的专利管理中，不仅可以实现专利集中管理，提高管理效率，而且使得专利组合具有更强的稳定性和适应性。

作者一直关注专利信托实践，并努力对专利信托基础理论进行研究与探索，特别是在受国家自然科学基金项目“促进技术成果转化的专利信托模式及其政策选择研究”（批准号：70503012）资助以后，更是集中精力致力于专利信托的系统研究。本书是作者四年来研究成果的结晶，天道酬勤。祝愿作者写出更多更好的作品。

是为序。

2009年11月19日

目　　录

第一章 导 论

第一节 选题研究意义

世界未来的竞争是知识产权的竞争。专利权人申请专利的最终目的是获取商业利润。不管专利如何具有新颖性，如果不把它们转换为商业利润，那么这些专利就可能毫无价值。只有将专利进行运用，并成为专利权人核心竞争力的一部分，专利权才具有价值。专利资产证券化[1]的尝试和国家知识产权战略的提出，是本书研究的两个重要历史背景。

发端于美国20世纪70年代的证券化技术，正在向知识产权领域扩展。1997年英国超级摇滚歌星大卫·鲍伊在美国以25张个人专辑版权许可费为担保，发行了总额度为5 500万美元的债券，被人称为“鲍伊债券”。“鲍伊债券”被认为具有里程碑意义，首次将知识产权纳入证券化的视野，开启了知识产权证券化的新纪元。[2] 2000年7月，美国Royalty Pharma公司首次尝试专利资产证券化，以耶鲁大学研制一种名为“Zerit ®”新药的专利许可费作为支撑，发行了近1亿美元的受益证券。现在，Roy-

---

[1] 国内外有些学者习惯称之为“专利证券化”或“知识产权证券化”，笔者认为不太准确。真正的“专利证券化”或“知识产权证券化”应是直接以“专利”或“知识产权”作为基础资产。从成功的案例来看，发行的证券都是以专利权或知识产权衍生的各种债权作为支持的。理论研究也是围绕着如何将专利或知识产权利用过程中产生的债权进行证券化，即基础资产为专利或知识产权衍生的债权。故笔者认为“专利资产证券化”或“知识产权资产证券化”表述得更为准确。

[2] 李建伟：“知识产权证券化：理论分析与应用研究”，载《知识产权》2006年第1期，第33~39页。

alty Pharma 公司正在汇集生物制药领域中更多的专利，形成规模更大的专利许可费，并努力将之实现证券化。2003 年 3 月，日本 Scalar 公司以 4 项专利许可费作为支撑，发行了多种证券，募集资金 20 亿日元。许多国家的企业都在尝试以专利衍生的债权作为支持发行证券，希望将证券化技术引入知识产权。世界知识产权组织曾预言"知识产权资产证券化是一种新趋势"。证券化技术引起了人们极大的兴趣和广泛的关注。

我国一直面临"专利转化难"的问题。为了解决这一难题，2000 年 10 月 25 日，武汉国际信托投资公司在我国率先尝试性地推出了专利信托业务。作为受托人，武汉国际信托投资公司最终确定了 8 项专利参与专利信托，并向社会发行了一定数量的受益权证。信托制度发源于英国和美国，为近代日本和韩国等大陆法系国家所效仿。尽管我国自 1979 年开始恢复信托业，但一直以来缺乏必要的制度支持。直到 2001 年 4 月 28 日，我国才制定并颁布《中华人民共和国信托法》（以下简称《信托法》），为信托业务的发展提供了法律保障。同年，中国人民银行发布了《信托投资公司管理办法》❶，明确将专利信托纳入信托投资公司的经营范围。以此为契机，我国一些信托公司，诸如金信信托、厦门国际信托、国联信托等公司，准备逐步开发专利信托业务。那时，曾有人预言："如果全国 50 家信托公司都搞起来，全国所有的专利都能进入市场，形成推广网络的话，全国专利的转化率将大大提高。"❷ 遗憾的是，该项业务最终没有获得成功。在历时两年之后，于 2002 年 12 月 20 日正式终止。虽然这起"首例专利信托案"未获成功，但是它给我们留下了宝贵的案例研究素材。其中，一个非常重要的问题是，武汉国际信托投资公司开展的究

❶ 《信托投资公司管理办法》于 2007 年 3 月 1 日废止。同日，中国银行业监督管理委员会颁布并施行《信托公司管理办法》。

❷ 金城："专利信托为何败走麦城"，载《21 世纪经济报道》2003 年 3 月 28 日。

竟是专利信托业务，还是专利资产证券化业务。在总结其不成功原因的基础之上，探讨有利于专利转化的信托管理模式，是我国未来开展专利信托的关键。

2007年8月，美国高风险抵押贷款引发了金融领域的危机，并最终蔓延为全世界范围内的经济危机。与以往的金融危机相比，美国“次贷危机”[1] 有两个明显的不同之处。一是金融泡沫是在私人不动产领域里形成的。也就是说，是在“不流动”的资产上形成的泡沫。二是信贷包括呆账、坏账证券化的普及。[2] 在某种程度上，美国这次金融危机与证券化存在密切联系，是“证券化计划”的全面破产。证券化技术将流动性较弱的不动产变成能够在全世界充分流动的资产支持证券。专利权与不动产具有惊人的相似之处。两者不仅均以登记作为取得和变更权利的要件，而且在转让方面均有一些局限性。“不动产证券化计划”的繁荣与破产，对于刚刚起步的专利资产证券化究竟会产生什么样的深远影响？

另一个值得关注的研究背景是国家知识产权战略的提出。2002年3月，日本发布了《知识产权战略大纲》，将“知识产权立国”列为国家战略。日本政府认识到经济社会应“由最适合于加工组装、大量生产的过去那种制造型向创造高附加价值的无形资产的体系转化”[3]，希望通过整合知识产权战略来加强本国工业的竞争力。2002年11月，日本国会通过了《知识产权基本法》，要求日本知识产权政策总部制定《创造、保护和利用知识产权的推进计划》，特别强调需要“利用信托制度来促进知识产

---

[1] “次贷危机”的核心内容是指始发于2006年美国住房市场投资泡沫的破灭，进而在现金阶段以金融状况恶化以及全球信贷紧缩形势引发许多国家的连锁反应所带来的一连串后果。

[2] ［法］弗朗索瓦等著，齐建华译：《突破金融危机危机》，中央编译出版社2009年版，第10页。

[3] 《日本知识产权战略大纲》前言部分。

权的管理和流通，实现利用知识产权筹集资金制度的多元化”。2003 年 5 月 17 日，日本政府建议起草一个法律草案，允许非金融机构通过信托来集体管理专利。2004 年 6 月 16 日，日本修改了《日本信托业法》，废除了对可信托财产范围的限制。从此日本企业利用信托筹措资金的渠道将增加，在利用专利权发行有价证券及资金筹措等方面更加简便易行。2004 年 12 月 29 日，日本 UFJ 信托银行率先在日本开展专利信托业务，接受了首例铲土机液压管制造方法专利的信托。日本政府和学者一直致力于专利信托研究，希望专利信托成为提高专利管理效率和筹集资金的新方式。

2008 年 6 月 5 日，我国国务院发布了《国家知识产权战略纲要》，明确提出“实施国家知识产权战略，大力提升知识产权创造、运用、保护和管理能力”。第 12 条规定：“促进自主创新成果的知识产权化、商品化、产业化，引导企业采取知识产权转让、许可、质押等方式实现知识产权的市场价值。”与日本《知识产权战略大纲》相比，我国似乎没有意识到专利信托的功能及其作用。我国首例专利信托案的不成功，与美国 Royalty Pharma 公司首次尝试专利资产证券化形成了鲜明对比。我国学术界对专利信托表现出的冷静，与日本学者对专利信托的情有独钟形成了强烈反差。我国多年来对破解“专利转化难”的冥思苦想，与外国企业对我国企业收取高额专利许可费形成了巨大差异。对我国来说，信托是一种全新的制度。专利信托业务的开展与普及，源于理论的深入研究和政策的积极引导。能否将信托引入专利领域，专利信托究竟具有哪些功能，可以运用到哪些领域，以及我国在实施知识产权战略过程中是否需要专利信托？我国应尽快研究专利信托的功能、信托管理的模式以及激励政策，根据我国的实际情况，分析当前专利信托存在的制度障碍和漏洞，提出相应对策，积极引导专利信托业务的开展，促进专利权融资，提高专利管理效率。本书是笔者主持的国家自然科学基金项目“促进技术成果转化的专利信托模式及其政策选择研究”（批准号：70503012）的研究成果。

第二节 相关文献综述

从世界范围来考察，专利信托是一个崭新的领域，一些基础理论和政策选择仍在探索之中。英国、美国的不动产信托和金融信托非常发达。其在专利信托方面的研究，主要集中在专利资产证券化。由于日本长期以来禁止对专利这类无形财产进行信托，所以对专利信托的研究时间也不长。在“知识产权立国”的指引下，日本制定了积极的专利信托政策，排除了专利信托的制度障碍，积极探讨专利信托在特殊组织中运用和专利权融资的可行性，并引导信托银行或公司开展专利信托。我国学术界对专利信托尚未广泛关注，在信托理论方面仍存在许多争议和分歧。与本书相关的文献，包括三个方面的内容：信托法律性质、专利信托和专利资产证券化。

一、关于信托法律性质的研究

“信托的法律实质是什么”一直困扰着法学家们。大陆法系学者在介绍信托制度时，通常将受托人对信托财产享有的权利称为“普通法上的所有权”（Legal Title），将受益人享有的权利称为“衡平法上的所有权”（Equitable Title）[1]。由于大陆法系没有衡平法理论和相关制度，故有人又称之为“名义上的所有权”和“实质上的所有权”。[2] 这种“双重所有权”的观点几乎成为我国研究信托制度的通说，具有非常广泛的影响。该观点认为，“受托人和受益人以不同的方式对信托财产拥有所有权”；“信托

---

[1] 周小明：《信托制度比较法研究》，法律出版社1996年版，第13页。

[2] 方嘉麟：《信托法之理论与实务》，元照出版社2003年版，第43页。

以财产的双重所有权为基础，其精髓就在于它转移并分割所有权的设计”;[1]“在英美法学家看来，将信托的本质理解为受托人和受益人对信托财产分享所有权，在理论上丝毫无不妥之处，在实践中也不会产生什么问题”；“对于信托权利的法律属性认定为受托人和受益人双重财产权并存，这在英美法系各国也是一个毋庸置疑的信托法律基础”。[2] 事实上，对于“Equitable Title”究竟是一种什么样的权益，不仅仅是像我国刚刚颁布《信托法》的大陆法系国家对信托和信托法性质存在争议，即使是在美国，这场争论也持续了100多年。最近，各国学者们对这场争论又表现出强烈的兴趣。[3] 由于历史原因，英美法系通常将受益权定义为对信托财产的权益，将信托法视为财产法。这一传统理论被美国著名法学家斯科特明确地写入美国《信托法重述（第1版）》。从19世纪开始，信托的功能开始悄然发生变化，从财产转移发展到资产管理。美国学术界开始研究信托与合同的相似性，以梅特兰、兰贝恩为代表的学者尝试着运用合同理论和方法来解释现代信托，[4] 认为受益人作为合同关系中的第三人对受托人享有合同上的权利。20世纪20年代以来，商事信托在美国现代商业和金融交易领域发挥着越来越重要的作用。Hansmann 和 Mattei 教授将商事信托解释为一种完全不同于公司或合伙的商事组织；认为信托受益权类似于公司股权，是一种全新的权利，信托已经从转移和保护先人土地的工具进化到为了专业管理而拥有他人财产

[1] 陈雪萍：“论我国商事信托之制度创新”，载《法商研究》2006年第3期，第68～75页。

[2] 贾林青：“信托财产权的法律性质和结构之我见”，载《法学家》2005年第5期，第80～90页。

[3] Robert H. Sitkoff: An Agency Costs Theory of Trust Law, *Cornell Law Review*, Volume 89, 2004, 3, pp. 621～684.

[4] John Largbein, The Contractarian Basis of the Law of Trust, *Yale Law Review*, Volume 105, 1995, Dec., pp. 625～675.

的一种组织工具，信托法是企业法或组织法。[1] 对信托法律性质和信托法的争论，恰恰说明信托的魅力不在于信托所体现的基本道德原则，而是因为它的灵活性，它是一种具有极大弹性和普遍性的制度。

欧洲大陆法系国家，对于信托研究的兴趣和焦点几经变化。100 多年前，欧洲大陆法系国家开始从比较法的角度，将信托作为英国的一种历史法律制度来介绍和研究。学者们从财产或义务的视觉，来分析信托受益人享有权益的特征。很少有人置疑信托法中的概念，或建议按照传统欧洲大陆法系熟悉的一般概念和体系进行适应性吸收。历史上第一次比较研究的学术思想，是将信托视为一种特殊的所有权形式，同一项财产由两个或两个以上的所有权人拥有。特殊所有权形式的观念得以确立并加以传播。另外一些学者试图将信托解释为一种债权，这种努力因与英美法系流行观点相悖而未被接受。第二次信托研究与传播的浪潮，是强调信托的资产分割功能，强调信托作为从祖辈那里“分割”资产或接受捐赠的工具。由此，发展出信托是一个法人的思想。现在欧洲大陆法系国家对信托概念和学说的争论，已经演变为对信托公共政策与信托功能的分析。[2] 大陆法系存在许多与信托相类似的制度，在功能上存在一定程度的可替代性。信托功能分析引起了关于承认法律形式政策问题的公开讨论。英美法系对信托制度的解释，同民法典基本规则之间缺乏兼容性。这些争论很快分化为喜欢或反对信托的政策制定者相互冲突的观点。

尽管如此，欧洲许多国家的商业交易通常需要利用信托制度来完成。现代银行和金融运作通常需要由一个经理人持有资产，

---

[1] Steven L. Schwarcz, Commercial Trusts as Organizations: Unraveling the Mystery, Dulce Law School Public Law and Legal Theory Research Paper Series. August 2002, http: //ssrn. com/abstract_ id = 319802.

[2] Michele Graziadel, *Commercial Trusts in European Private Law*, Cambridge University Press, 2005, p. 10.

并且这些资产要求与属于经理人在其能力范围内的个人或其他人资产相隔离。信托是一个理想的工具，能够创立一种结构并提供资产分割的效力。在20世纪，英美法系国家与欧洲大陆银行与金融机构之间频繁签订合同，从而整个欧洲的资金管理经理们对利用信托分割资产这种功能非常熟悉。19世纪后期，德国萌发了创立一种能够持有德国投资于纽约股票交易市场资金的投资工具的思想。尝试性地设立信托，并获得成功。在德国先例的鼓舞下，意大利1926年颁布了皇室法令，规定了关于信托的一些基本条款。由此掀起了欧洲大陆法系的第一次关于信托立法的浪潮。因其立法目的是解决投资者主体问题，而这些投资者并不寻求积极的资产管理，所以这次立法对市场没有多大影响。第二次世界大战之后，多元化投资的需求——主要是单位信托（Unit Trust）[1] 的成功——促使欧洲几个国家立法的改变。在欧洲范围内，欧盟颁布了信托法律制度或涉及信托和其他投资工具的交易规范，对信托提供了明确的参考。1996年，来自英国、法国、德国、意大利、荷兰、西班牙、丹麦、瑞典等国家的法学家，成立了欧洲信托法国际工作组。经过两年多的共同研究，各国学者分别提出本国有关信托制度的报告，说明各国有关信托或类似信托的法律制度的现行规定。在此基础上，工作组于1998年提出了《欧洲信托法基本原则》（Principles of European Trust Law）。其起草目的是在于更好地理解信托概念的核心内容，满足一些人的需要。现对欧洲辖区的信托法发展提供指南。为了给不同法系国家承认信托和确定信托适应的准据法提供一些规则，1985年6月在荷兰召开的第25次国际私法会议上，通过了《关于信托的

[1] 单位信托（Unit Trust）是一种投资信托，有人又称之为共同基金或集合投资计划。通常由委托人与基金管理人签订信托合同，设立单位信托，确定信托名称、投资方向、基金规模等，管理人将信托受益权划分为许多“单位”向投资者出售。投资者购买“单位”之后，管理人将汇集起来的资金集中在一起形成单位投资基金，按照约定进行投资，并将投资收益分配给投资者。

法律适用及其承认的海牙公约》。现已经在几个国家实施。

在亚洲，具有大陆法系传统的日本、韩国和中国先后颁布了信托法，希望通过引入信托制度来提高本国或本地区的金融投融资能力。但在信托法学理论上，关于信托受益权的争论一直没有停止过。先后出现了“物权—债权”说、法主体说、物权债权并行说、财产权机能区分说、物权说、附解除条件法律行为说、新型权利说等诸多学说。事实上，我国“从《信托法》2001 年颁布到现在，真正对该法进行深入分析并指出其中存在问题的文章并不多见。其实，因我国信托实践不完善，其中许多地方仍旧值得去审视”[1]。面对信托性质的多种学说，哪种更适合我国国情，更能促进信托的发展，更有利于专利信托的开展，目前尚未得出令人信服的结论，尚有待于进一步深入研究。

二、关于专利信托的研究

虽然信托制度发源于英美法系，但在信托制度诞生的英国和信托制度最发达的美国，均未将信托引入特定组织的专利管理之中。在欧洲大陆法系国家中，德国更多的是将信托运用到著作权集体管理当中。在英美法系国家中，英国和美国则将信托运用于离岸知识产权许可费管理和知识产权证券化。真正关注并努力尝试，将专利信托运用到特定组织专利管理的国家只有日本。

自 2000 年以来，日本在其《知识产权战略大纲》《知识产权基本法》和《知识产权战略推进计划》的指引下，许多学者在研究了传统企业集团专利管理模式之后，提出利用信托制度集中管理企业集团的专利。Seiichi Ban 高级研究员分析了日本企业集团 4 种传统专利管理模式的缺陷，探讨了专利信托在企业集团

[1] 徐卫：“我国《信托法》第五章若干缺陷新窥”，载《政法论丛》2006 年第 3 期，第 47 ~ 52 页。

专利管理中的优势。[1] 日本知识产权管理第一委员会第一分会，提出运用专利信托战略性管理企业集团的专利资产。[2] 2003 年 4 月 17 日，日本知识产权协会向日本知识产权政策办公室、经济和工业政策局、经济贸易和工业部提出建议：为利用信托制度管理企业集团专利立法，在企业集团专利管理中引入信托制度，这已经成为修改《日本信托业法》的一个非常重要的原动力和驱动力。2004 年 11 月，日本国会特别会议修改了《日本信托业法》的议案，并于 2004 年 12 月 30 日开始实施。为了能够在企业集团专利管理中引入信托制度，《日本信托业法》修改了两个方面的限制：一是扩大信托财产范围，即取消了对信托财产的限制，将信托财产的范围扩大到专利，使专利信托成为可能。二是扩大信托从业者的范围。为了促进信托业务的开展，日本政府认为在制度的设计上没有必要将受托人仅仅局限于金融机构，应当允许金融机构以外之人开展信托业务，即扩大受托人的范围，允许企业集团和技术许可组织设立管理型信托公司开展信托业务。另外一些学者还提出专利信托在中小企业（Small and Medium-sized Enterprises，简称 SMEs）和技术许可组织（Tchnology-licensing Organization，简称 TLO）的专利管理中予以运用。[3] 日本政府和学者，一直专注于专利信托具体运用研究，对专利信托的运用寄予厚望。日本学者引入并运用专利信托具有三个目的：一是使专利原始权利人更有效率地管理专利；二是使专利持有人能够利用专利权盈利；三是利用专利权获得融资。面对英美法系国家

---

[1] Seiichi Ban, Study on the Utilization of Intellectual Property Rights in a Business Group. IIP Bulletin 2002, www. iip. or. jp/e/summary/pdf/detail2001/e13 _ 12. pdf. 2006 年 4 月 18 日访问。

[2] The First Intellectual Property Management Committee, Trust system under the revised Trust Business Law and Intellectual Property management, *Journal of Japan Intellectual Property Association*, Vol. 6, No. 1, June 2006, pp. 18 ~ 30.

[3] Yasuyuki Ishii, Strategic Use of Intellectual Property Assets Based on Trust System, Report on the International Patent Licensing Seminar 2006, p. 324.

几乎毫不关心专利信托这一有趣现象，日本学者 Seiichi Ban 认为，在专利信托研究方面，“日本已经走到美国和欧盟的前面”[1]，在世界上处于领先地位。

我国对专利信托的研究，始于 2000 年 10 月 25 日我国首例专利信托案。封文辉和戚昌文将专利信托界定为“受托人根据国家有关法律法规接受专利权人的委托实施专利成果转化的一项信托业务。”[2] 并认为专利信托不同于一般的市场中介行为，信托投资公司在接受专利权的委托之后，通过发行专利投资受益权证的方式募集专利转化风险基金，将知识资本、金融资本和产业资本有机地结合起来，对受托的专利进行产业化，是专利权人、风险投资者、专利实施者共享转化的收益。专利信托不仅是专利技术转化方式上一种变革，而且是信托业务中的创新之举。[3] 此后零星有一些论文发表，大多沿着上述思路展开。自 2002 年 12 月 20 日专利信托业务终止之后，无论是理论研究还是信托实践，专利信托均跌入低谷。专利信托并未成为我国理论界关注的焦点和持续研究的热点。由于我国缺乏信托制度的传统，信托理论研究一直非常薄弱，专门针对专利信托的理论研究更是欠缺。在实践方面，只有武汉国际信托投资公司进行了为期两年的尝试，尚待开发新的专利信托业务。在政策方面，初步具备了开展专利信托所需的基本政策环境，但缺乏引导和激励专利信托的政策。加上我国一些专利信托配套制度还不完善，极大地制约了专利信托的发展。关于专利信托的一般机理、基本功能、可运用领域以及所需的制度环境尚待进一步研究。

---

[1] Seiichi Ban, Legal Issues Concerning the Use of Trusts for Intellectual Property, *IIP Bulletin* 2003, pp. 8 ~ 55.

[2] 封文辉、戚昌文：“‘专利信托’业务若干问题研究”，载《知识产权》2001 年第 4 期，第 24 ~ 27 页。

[3] 封文辉、戚昌文：“‘专利信托’业务的现实意义及展望”，载《电子知识产权》2001 年第 5 期，第 53 ~ 55 页。

三、关于专利资产证券化与专利信托的研究

专利信托与专利资产证券化存在密切联系。日本修改限制专利信托法律的目的，是希望能够推动专利权融资和资产证券化。在英美法系，许多学者将专利视为一种特殊的财产，习惯于与金融信托进行比较。例如，美国的 Alexander Arrow 教授认为，专利与金融资产非常类似，具有“拥有的风险性”和“处理的困难性”。英美法系学者很少从促进技术成果转化的角度研究专利信托，更多的是将专利信托作为一种融资工具，着重研究专利权如何获得融资设置、如何实现证券化。

近十几年，我国学者对资产证券化表现出强烈的兴趣并产生了一批研究成果。在法律制度方面，彭冰研究了资产证券化的基本法律制度，❶ 王小莉研究了信贷资产证券化所需的法律制度，❷ 王文宇等研究了金融资产证券化在我国台湾地区的理论与实践，❸ 吴弘等研究了不动产信托与证券化的法律制度。❹ 在证券化基本原理方面，李传全翻译了美国杜克大学法学家斯蒂文·L. 西瓦兹的《结构融资——资产证券化原理指南（第 3 版）》，言简意赅地论述了资产证券化的基本原理；❺ 王晓芳翻译了美国安德鲁·戴维森的《资产证券化：构建和投资分析》，对证券化

❶ 彭冰：《资产证券化的法律解释》，北京大学出版社 2001 年版，第 7 ~ 94 页。

❷ 王小莉：《信贷资产证券化法律制度》，法律出版社 2007 年版，第 32 ~ 73 页。

❸ 王文宇、黄金泽：《金融资产证券化理论与实务》，中国人民大学出版社 2006 年版，第 1 ~ 225 页。

❹ 吴弘、徐淑红、张斌：《不动产信托与证券化法律研究》，上海交通大学出版社 2005 年版，第 91 ~ 327 页。

❺ ［美］斯蒂文·L. 西瓦兹著，李传全译：《结构融资——资产证券化原理指南（第 3 版）》，清华大学出版社 2003 年版，第 1 ~ 169 页。

投资进行了深入分析;[1] 高广春分析了资产证券化形成机理和演变的逻辑;[2] 刘向东研究了信托在资产证券化中的运用模式;[3] 沈炳熙讨论了资产证券化在我国的实践，并对其前景进行了展望。[4] 这些著作主要是对资产证券化的基本原理和相关法律制度进行了研究。在专著方面，专门针对以专利权作为基础资产的专利资产证券化进行系统研究的文献比较少见。

在知识产权领域，学者们对知识产权资产证券化表现出极大的兴趣，并进行了持续研究。世界知识产权组织认为:“在承认知识产权存在担保利益的基础上，进行商业质押贷款和银行融资将在实践中不断发展。特别是在音乐产业、以因特网为基础的中小企业和高科技领域。知识产权产生的现金流较多，创造证券化的机会也就越多。”[5] 美国华盛顿 CORE 有限公司在 2004 年发布了《知识产权证券化：美国的发展趋势》的研究报告，详细分析了美国知识产权资产证券化的种类、程序及其发展趋势。[6] 焦洪涛和林小爱在介绍国外知识产权资产证券化实践的基础上，探讨了我国开展知识产权资产证券化的可行性。[7] 李建伟对知识产权证券化的概念和交易结构进行了分析，提出完善我国相关法律

---

[1] [美] 安德鲁·戴维森著，王晓芳译:《资产证券化：构建和投资分析》，中国人民大学出版社 2006 年版，第 10 ~ 397 页。

[2] 高广春:《资产证券化的结构——形成机理和演变逻辑》，中国经济出版社 2008 年版，第 23 ~ 194 页。

[3] 刘向东:《资产证券化的信托模式研究》，中国财政经济出版社 2007 年版，第 3 ~ 119 页。

[4] 沈炳熙:《资产证券化中国的实践》，北京大学出版社 2008 年版，第 7 ~ 229 页。

[5] WIPO: The Securitization of Intellectual Property Assets-A New Trend. http://www.wipo.int/sme/en/ip_ business/finance/securitization.htm.

[6] John S. Hillery. Securitization of Intellectual Property: Recent Trends from the United States, Washington, CORE, March 2004.

[7] 焦洪涛、林小爱:“知识产权资产证券化”，载《科技与法律》2004 年第 1 期，第 69 ~ 71 页。

和政策的建议。[1] 黄勇对知识产权信贷担保资产证券相关法律问题进行了探讨。[2] 陈勇提出："以证券化推进专利实施与产业化，或许是解决专利实施率低的有效途径之一。"[3] 余振刚等分析了我国进行知识产权资产证券化的有利因素和发展策略。[4] 王岩则提出："中国现有条件下的知识产权的财务运用应主要通过现代企业制度和风险投资及担保制度的路径来实现，而不是鼓励的权利交易、资本化和证券化。"[5] 这些文献主要是分析知识产权资产证券化的概念、交易结构和在我国开展的可行性。从现有文献来看，对于知识产权资产证券化的基础资产究竟是什么，仍存在许多争议。而且，大都是单纯地探讨知识产权资产证券化，鲜有将知识产权许可、知识产权质押和知识产权信托等交易方式联系起来。特别是金融危机之后，专利资产证券化与专利信托是何关系、是否还有探索专利资产证券化的必要性和可行性等诸多问题尚待进一步研究。

第三节　主要研究内容

虽然专利信托是个全新的研究领域，但有时人们对它寄予非常高的期望。从日本提出将专利信托引入企业集团专利管理和利用专利权进行融资的构想，到我国首例专利信托案对专利信托的

---

❶ 李建伟："知识产权证券化：理论分析与应用研究"，载《知识产权》2006年第1期，第33~39页。

❷ 黄勇："知识产权信贷担保资产证券化若干法律问题探讨"，载《武汉大学学报（社会科学版）》2003年第4期，第440~443页。

❸ 陈勇："以证券化推进专利实施与产业化"，载《知识产权》2006年第1期，第40~42页。

❹ 余振刚："我国知识产权证券化理论与发展策略研究"，载《科学学研究》2007年第6期，第1077~1082页。

❺ 王岩："知识产权的财务应用——兼谈知识资产的资本化与证券化"，载《知识产权》2007年第5期，第24~29页。

畅想，直至提出“以专利证券化推进专利实施”的理想，为了实现这些期望，许多企业已经开始尝试不同类型的专利信托。本书研究的基本思路是希望运用案例研究和理论分析的方法，深入研究专利信托的基本功能及其可运用领域，针对不同类型的专利信托制度提出相应的完善建议。

本书共分为七章。第一章是导论。该章介绍了本书研究的背景及其研究意义，对现有文献进行了分析和评述，并简要介绍了本书研究的主要内容。

第二章是专利信托基础理论。专利信托作为信托的一种特殊形式，有两个基础理论问题亟须解决：一是信托的法律性质究竟是什么；二是专利信托的特殊性体现在什么地方。目前，我国现有信托理论认为信托是一种“双重所有权”结构。如果以这种“双重所有权”结构去设计专利信托，那么会与我国现有法律制度相冲突。该章在回顾信托发展历史的基础上，全面分析了信托“财产权说”“物权说”“为第三人利益合同说”和“企业组织说”。在分析了我国《信托法》之后，指出我国现有立法主要采纳了“为第三人利益合同说”。但现代商事信用主要是发挥信托的资产分割功能，体现更多的是“企业组织说”。本书对专利信托的理解，没有局限于文意解释，而是将信托财产理解为专利权及其衍生权利。专利信托是以专利权及其衍生权利为信托财产设立的信托。与其他信托种类相比，专利信托最大的特殊性在于专利权的资产专用性。从财产权的使用价值来看，专利权具有排他性的垄断权，可以确保权利人获得市场垄断利益。这种垄断性正是专利权使用价值的体现。但从财产权交换价值的角度来看，这种垄断性却是以专利权的流动性作为代价的。专利权具有非常强的资产专用性，体现出较差的资产流动性。专利可以衍生出专利许可费应收款、专利质押贷款等许多权利。针对不同的财产权，就产生了不同类型的专利信托。

第三章是专利信托的功能。只有正确认识专利信托所拥有的

功能，才能发挥其应有的作用。该章在分析我国专利利用现状的基础上，对我国专利利用率低的原因进行了分析。既没有积极开发也不进行消极利用的沉睡专利，是权利人在一体化和市场化两次努力失败之后的无奈选择，是高额市场交易成本和缺乏互补性资产的产物。欲解决专利利用率低的难题，惟有为专利一体化提供互补性资产，或者为专利交易降低市场交易成本。互补性资产主要包括互补性专利和资金。商事信托的广泛运用，已经成为企业获取融资的一条重要途径。专利信托具有融资功能。获取互补性专利除了传统的交叉许可或专利许可外，现代社会已经呈现出专利集中管理的趋势。专利信托具有集中管理功能。这种功能不仅可以获取专利一体化所需的互补性专利，还可以有效地降低市场交易成本。此外，专利信托还具有权利转换、资产分割和投资功能。基于这些功能，专利信托可以广泛运用于特殊组织的专利管理和专利权投资与融资中。依据专利信托的功能，将专利信托分为管理型专利信托和融资型专利信托。

第四章是信托在专利资产证券化中的运用。该章在分析证券化技术基本原理的基础上，着重比较了专利信托与专利资产证券化的区别与联系。以案例研究的方法，选取美国、日本和我国专利资产证券化的三个典型案例进行比较和分析。证券化技术的优势在于，可以将具有专用性的资产转换为具有高度流动性的有价证券。缺点在于如果用之不当，将产生资产泡沫。制度是对经济社会的回应。当证券化技术能够促进资产流通时，制度积极响应，出现了许多促进证券化而牺牲了交易安全的法律和政策。当金融危机爆发时，制度同样予以回应，出现了一些限制证券化且约束资产流动性的政策。证券化技术不是导致金融危机的根源，制度的取舍与回应是决定金融危机是否爆发的关键因素。金融危机的爆发不是我国拒绝专利资产证券化的理由。正好相反，它是我国思考如何在适当运用证券化技术促进专利的流动性的同时，预防过度投资导致资产泡沫。该章对我国专利资产证券化的制度环境进行了分析。

第五章是信托在企业集团专利管理中的运用。如何将专利信托引入企业集团专利管理之中，不仅是日本学者推动法律修改的原动力，也是日本学者关注的热点问题之一。企业集团具有独特的组织结构。在处理专利管理事务时，母公司与子公司或关联公司逐渐形成了不同的管理模式：专利集中管理、专利分散管理和专利综合管理模式。该章结合在我国上海发生的翁立克诉伊维燃油喷射有限公司和上海柴油机股份有限公司案，讨论了企业集团传统专利管理模式存在的缺陷，在借鉴日本专利信托在企业集团中运用的理论与实践的基础上，分析了我国企业集团在专利管理中引入专利信托的可行性。

第六章是信托在专利池中的运用。专利池的出现使得专利管理从分散趋于集中。目前，我国学者对专利池的研究主要集中在形成机理和反垄断，而忽视了专利池自身的治理结构研究。专利池不是一个简单的协议或合同，同样需要考虑专利池的稳定性和适应性。该章在分析专利池治理结构的基础上，分别讨论了基于信托的专利池和基于公司的专利池。随着“开放式创新”在现代社会的普及，专利管理逐渐从专利一体化中分离出来，采取专利集中战略的专利管理公司必将越来越多。专利信托具有集中管理和资产分割功能，能够满足专利池对稳定性和适应性的需求。

第七章是完善我国专利信托制度的建议。目前，我国信托业主要是开展资金信托，专利信托在实践中尚属空白。能否引入专利信托，很大程度上取决于专利利用状况和制度环境。针对管理型专利信托，在分析现有制度存在哪些缺陷的基础上，提出完善专利信托登记和受托人的建议。针对融资型专利信托，该章提出应转变观念，从“专利一体化战略”转换到“专利许可战略”，促进专利许可、专利质押和专利资产证券化。

本书主要围绕专利信托的功能及其运用领域进行系统研究，主要观点如下：第一，信托的核心功能是资产分割功能，具有企

业组织的性质。专利信托由此具备集中管理和资产分割功能。对于专利信托不同功能的选择与侧重，就形成了管理型专利信托和融资型专利信托。第二，专利难以转化的真正原因，在于专利的资产专用性和权利人缺乏互补性资产。专利信托用之得当，可以有效帮助获取互补性资产，或者促进专利权的流动。第三，专利资产证券化可以增强专利衍生权利的流动性。专利权不仅可以成为融资工具，也可以成为投资对象。证券化技术不是金融危机产生的真正原因，金融危机也不应成为限制证券化技术发展的理由。第四，专利集中管理是未来发展的必然趋势。开放式创新使得特定领域的专利权越来越分散，而为了实现技术创新，必须将分散的专利集中起来。将专利信托引入企业集团、中小企业、专利许可组织和专利池的专利管理中，不仅可以实现专利集中管理、提高管理效率，而且能使专利组合具有更强的稳定性和适应性。

第二章 专利信托基础理论

第一节 信托的理论变迁

信托法律制度最早成型于英国，对世界法律体系作出了重大贡献。英国法学家明特兰（Maitland）说："英国人在法律领域最伟大和最杰出的成就是什么？那就是数世纪发展起来的信托观念！"以有偿性、商业性的观念来利用信托制度，达到追求利润的目的者，首推英国的投资信托。美国在引进信托制度之后，发展营业信托或商业信托，愈加凸显信托的商业色彩。信托制度一直被认为是英美法系精心培育的产物，它被运用到各式各样的财产管理制度中，在长期实践中已形成定型化的理论。20 世纪以来，一些大陆法系国家或地区如日本、韩国、中国以及中国台湾地区，也以立法形式确立了自己的信托制度。不论英美法系还是大陆法系国家或地区，信托制度已成为一项重要的财产管理制度。先进国家的信托制度，不论在社会方面或经济方面都具有一定的功能，在财产管理上扮演重要的角色。现代学者认为，在 21 世纪里，信托概念将日益广泛地传播。❶

信托不仅是英美法系独特历史发展的产物，也是英美法系国家对其自身文化和社会回应的结果。我国在移植信托法时是继承传统还是勇于创新，源于法学家们对信托的认识以及法律对信托社会需求的回应。如何认识信托和信托法的性质，将直接影响着人们对专利信托的理解和专利信托功能的发挥。我国信托制度中

❶ 何宝玉：《英国信托法原理与判例》，法律出版社 2001 年版，第 1 页。

的受益权究竟属于物权还是合同之债，抑或是一种新的权利；《信托法》归属于物权法还是合同法，抑或视为一种全新的企业组织法？这些问题尚待深入研究。

一、信托中的“财产权”或“物权”因素

（一）英美法系的财产权说

信托发源于中世纪末期。那时，土地是信托财产的主要形式。信托的主要目的是在家族中便利地转移保有土地（Freehold Land）。土地保有是英国封建社会土地权利分离的一种重要形式。在那种缺少稀有金属不能用金钱对服役支付酬劳的社会中，为需要大量经费的武装骑士力量提供酬劳最方便的办法，就是国王将大量的土地交给有钱人（所谓承租人），条件是他们必须提供一定人数的骑士每年服役 40 天。然后，作为封建领地的承租人将土地交给那些作为领地佃农的骑士，并以他们的名义保有该土地。佃农对分封的土地开始只有终身占有权，国王和封建领主享有回收的权利。此时，土地上的权利开始发生分离：佃农享有现实占有土地的权利，而国王和封建领主享有土地未来的权利。在保有制下，一些骑士除了为自己收益外还为他人利益而开垦土地，以换取他人的荫庇和法律保护。[1] 于是土地上的权利再次发生分离：佃农为自己利益享有的权利（自益权）和为封建领主利益而享有的权利（他益权）。土地保有是一种存在于出租人（国王）、承租人（封建领主）和实际占有人（骑士）之间的法律关系。国王是土地的所有权人，封建领主作为承租人为了自己的利益取得土地，骑士作为佃农在兼顾自己利益的同时还为封建领主的利益而实际占有土地。土地保有否认了所有权的一体性，创设了一种有利于其他形式的所有权分离的精神氛围。虽然封建

[1] ［英］F. H. 劳森、B. 拉登著，施天涛译：《财产法（第 2 版）》，中国大百科全书出版社 1998 年版，第 78 页。

土地制度已被瓦解，但是关于土地权益的法律却被继承下来。严格的转让限制和沉重的赋税，使得土地权人开始利用信托方式来转移财产，“以保护他们自己及家人免受早已过时的不合理的土地法的侵害”。早期信托利用土地保有中的权利分离思想，将土地名义上交给受托人持有，但实际上由受益人占有并管理土地。受托人的惟一责任就是在生前名义上持有土地，在死后将土地转移给受益人。虽然直到 19 世纪信托法的功能与现代信托功能还具有极大的区别，但其蕴含着两项重要的权利分离思想：依据权利享有的时间，分离出现实的权利和未来的权利；依据为谁的目的享有权利，分离出自益权和他益权。

英美法系对信托的传统解释首先源于普通法与衡平法的分野。信托法的原则、规则和标准，起源并发展于英国几个世纪来普通法法院与衡平法法院在司法功能上的分离。[1] 历史上，依据不同的裁判法官和执行程序来区分普通法意义上法律权益和衡平法意义上的衡平权益。法院运用区分“法律权益”和“衡平权益”的方法，有力地帮助形成和改变有关财产权的各种概念，法律权益与衡平权益之间的区分在最初出现时表现为诉讼管辖权上的区分。[2] 受托人持有土地的权利由普通法法院管辖，受益人享有的利益由衡平法法院管辖。著名学者雷因认为，信托是由受托人所负的职责或累计而成的全部义务与责任，并关乎在其名下或在其控制范围内的财产。法院根据其衡平法管辖权可强制要求受托人按信托文件中的合法规定来处理该财产；如果书面上或口头上均无特别规定，或虽有规定但该规定是无效或不充分的，则法院会强调受托人须按衡平法的原则去处理财产。这样的管理方式将使与财产有关的利益并非由受托人所占，而是由受益人享有，或按法律所认可之用途来处理。如果受托人同时也是受益人，则

[1] 《美国信托法重述（第 3 版）》引言，2003 年版。

[2] ［英］梅因著，沈景一译：《古代法》，商务印书馆 1959 年版，第 165 页。

他可以受益人的身份得到应得之利益。英国信托法学家阿瑟·昂德希尔爵士认为信托是一项衡平法上的义务，用以约束一个人为了他人或利益处理受托人控制下的财产。受托人本身也可以是受益人之一，而受益人中的任何一位均可强制地使受托人履行其义务。由此可见，对信托的理解强调衡平法上的权利与义务，信托财产则要求受托人控制财产和受益人享有利益，受益权不是支配权而是一种享有利益的权利。

自14世纪晚期英国衡平法院开始执行信托时起，信托就被视为一种财产权关系，而且习惯性地被看做财产法的一个分支，并“处于财产制度的核心”。在美国，信托法通常被划分为一种特殊的财产法。例如，1959年美国《信托法重述（第2版)》认为：“信托的设立……是信托财产中受益人利益的产权转让，而不是合同。”Gregory Alexander 最近区分了公司与信托的诚信义务（Fiduciaries Obligations)，信托法中的诚信义务是“基于财产”的诚信关系。一本流行的英文专著主张，信托法“处于普通法财产制度的核心”。2003年出版的美国《信托法重述（第3版)》前两卷，坚持受益人在信托中的利益具有财产利益属性的观点。之所以将信托视为财产权，笔者认为是因为受益人享有一些对信托财产的权益，即“对物的权益”（the in rem benefits)，而且这种“对物的权益”最初源于衡平法上的救济。为了保护受益人，衡平法发展出救济衡平权益的三种措施：实际履行、跟踪程序和权利担保。这三项措施表现出对信托财产具有极强的支配性和对第三人强烈的排他性。即使是主张信托合同解释的学者，也不得不承认现代信托存在许多财产法中“对物的权益”。由此在英美法系形成了“财产权说”，在大陆法系形成了“物权说”。

当不守信的受托人在获得财产后将实际收益据为己有时，普通法法院不能提供任何救济。因为在普通法看来，受托人是信托财产的合法权利人，向受益人支付收益的允诺在未交付前是不可强制执行的。14 世纪末期的英国普通法，对违反合同的补救措施只能是损害赔偿，不能给予实际履行。合同被视为当事人之间的相互允诺。违反允诺的法律责任，是依据赔偿原则而非偿还原则确定的。此时，受益人想要的却是返还信托财产——祖传土地。衡平法通常会作出实际履行的判决，命令允诺人交付财产；如不服从，就通过执行长官来强制执行。[1] 对于衡平权益的实际履行措施，后来逐渐演变为受托人的个人责任：返还非法使用的信托财产及其获取的利润。

当不守信的受托人将信托财产不当地转移给第三人时，受益人可以要求第三人返还信托财产。其所执行的程序，被称为衡平跟踪程序（Equitable Tracing Process）。跟踪程序允许受益人识别财产在何人手中。因为信托财产最初是在受托人手中，所以即使财产形式已经发生变化，并几经易手，受益人仍可将第三人手中的财产识别为信托财产并主张权利。衡平法院为达到衡平目的，特创设推定信托（Constructive Trust），将第三人推定为受托人并为受益人的利益持有该财产。与受托人进行信托财产交易的第三人，如果没有尽到谨慎注意义务而购买了信托财产，或者以接受礼物的方式取得信托财产，那么衡平法院将推定其为信托财产的受托人。只有不知情的善意买受人才免受衡平跟踪程序的约束，在传统上被称为“衡平法的宠儿”。受益人根据衡平跟踪程序享有可对抗所有普通法上的权利人的跟踪权，往往被一些大陆法系学者称为“一项物权”[2]。由于跟踪程序可以将衡平权益延及第三人，故又有大陆法系学者将之视为物权追及效力的体现。

另一项被视为“物权性质的权利”，是在受托人破产时受益人享有的优先权。即使受托人破产，受益人如能识别（或跟踪）

---

[1] ［英］F. H. 劳森、B. 拉登著，施天涛译：《财产法（第 2 版）》，中国大百科全书出版社 1998 年版，第 58 页。

[2] ［英］D. J. 海顿著，周翼、王昊译：《信托法（第 4 版）》，法律出版社 2004 年版，第 13 页。

信托财产，也仍可保留在信托财产中的利益，并且优于受托人一般债权人享有该利益。[1] 对于受益人享有的这种优先权，许多大陆法系学者将之视为所有权效力的一种体现，并称之为“破产取回权”[2]。实际上，英美法系将这种优先权视为一种担保权。衡平法赋予受益人对特定的属于受托人控制的信托财产以担保权。其效力是给予有担保权的人一种从原先由其他债权人控制的财产的价值中获取支付的优先受偿的权利。[3] 这种衡平担保权，与大陆法系担保物权中的优先受偿权比较类似。

综上所述，衡平权益不仅可以追及辗转流入他人之手的可辨认的同一物体，而且先于受托人的债权人优先受偿。正是这些强有力的衡平法上的救济措施，使得衡平权益凸显出大陆法系物权所具有的排他效力、优先效力和追及效力。难怪美国《信托法重述》一直奉行信托是财产权的学说，大陆法系的有些学者也始终恪守受益权属于物权的理论。无论是“财产权说”还是“物权说”，均是以各自的理论体系解释了受托人和受益人对信托财产的法律关系。英美法系“财产权说”的信托法律关系，如图2－1 所示。

但需要指出的是，衡平权益具有“对物的权益”或财产性，与所谓的“衡平所有权”是有区别的。“衡平所有权”是一个全新的所有权形式，具有全部物权属性。而衡平权益具有“对物的权益”或财产性，是在承认一个所有权的前提下表现出部分具有物权属性的法律效力，它不是一种全新的所有权。当然，信托所具有的这种极强的物权效力，不是来源于所谓的“衡平所有权”，而是英美法系独特的衡平法救济措施。现在美国许多州已经通过法律，废止了普通法法院与衡平法法院的分离，其目的在

---

[1] 参见《美国信托法重述（第2版）》第12条，1959年版。

[2] 周小明：《信托制度比较法研究》，法律出版社1996年版，第146页。

[3] ［英］F. H. 劳森、B. 拉登著，施天涛译：《财产法（第2版）》，中国大百科全书出版社1998年版，第58页。

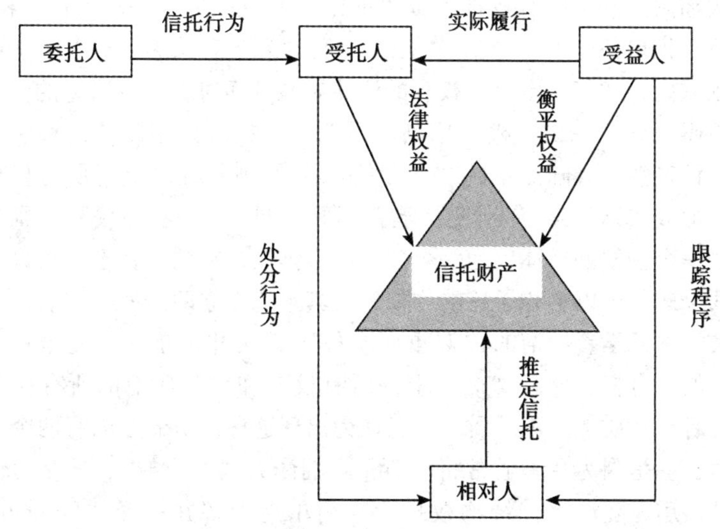

图 2－1　“财产权说”的信托法律关系

于消除普通法与衡平法在诉讼上的区别。衡平权力在许多法院的查证程序中得以扩充，而传统法院的有限司法管辖权也呈现不断扩张的趋势。19 世纪以后，随着普通法法院与衡平法法院分离的废止，信托的本质就不需要运用衡平法上的救济措施来解释了。在普通法与衡平法趋于融合的时代背景下，是否还有必要恪守几百年前的历史传统？

（二）大陆法系的物权说

双重所有权通常被认为是支撑大陆法系“物权说”的主要依据。其基本结构框架为：在信托关系中，委托人转移信托财产后，丧失了信托财产的所有权；受托人享有法律上的所有权，从而可以对信托财产进行管理和处分；受益人享有衡平法上的所有权，因而享受信托财产及其管理处分的收益。英美法系财产法在形式上的一个突出特点是，在权利的配置上设定了双重所有权——普通法所有权和衡平法所有权，而从表面看来完全不同于

大陆法系基于所有权神圣提出的绝对所有权原则——一物一权，所有权单一而不可分割。[1] 因此，我国有学者认为：在大陆法系领域内，如何认定信托权利的法律属性则面对着不可逾越的法律障碍——“一物一权”原则的限制。信托法律制度的这种法律设计显然与大陆法系的“一物一权”原则基础之上的所有权理念形成法律冲突。[2] 对此，笔者不敢苟同。“一物一权”原则是指一个物权的客体仅为一个独立的有体物，在同一物上不得设立两个或两个以上相矛盾的物权，尤其不能设立两个所有权。许多大陆法系学者所谓的“双重所有权”其实并不是民法完全意义上的所有权，而且“名义上的所有权”和“实质上的所有权”；两者在本质上并不矛盾。笔者认为出现这种认识的原因有两个方面：一是因为我国通常将“Title”翻译为“所有权”；二是习惯性运用大陆法系传统物权理论来简单地理解并解释“Equitable Title”。故欲明确信托的法律性质，必须首先从源头考察“Equitable Title”之语义。

1. “Equitable Title”之语义考察

我国在介绍英美法系信托制度时为什么要把“Title”译为“所有权”，现在不得而知。但“Title”一词还有“法律上的权益或权利”之意。英美法系在使用与产权有关的“所有权”概念时，通常会使用“Ownership”一词。尽管英美财产法中的各种权利往往是分离的，对所有权没有一个完整的定义，然而“所有权”一词还是出现在英美法系的判例、法律和其他法律文献中。耶鲁大学法学教授霍弗尔德，对界定所有权概念作出了巨大贡献。美国《财产法重述（第1版）》采纳了霍弗尔德的观点，

[1] 冉昊：“‘相对’的所有权”，载《环球法律评论》2004年第4期，第451~459页。

[2] 贾林青：“信托财产权的法律性质和结构之我见”，载《法学家》2005年第5期，第81~90页。

将“Ownership”定义为各种权利、特权、豁免和权力[1]的完整结合。这种不受任何限制并具永久性的产权，被称为完全所有权。而且在不动产中完全所有权只有一个，即“绝对土地权益”。严格地讲，英美法系中的“Ownership”与大陆法系使用的“所有权”概念更相似。

1959年的美国《信托法重述（第2版）》第2条在定义信托概念时，专门解释了“Title”与“Ownership”的区别。“Ownership”是为了自己利益取得一项或多项权益，它可以预测财产及其利益的归属；而“Title”是指被授予权益的人可以为自己也可以为他人利益管理财产，只有当权利人不按照信赖义务为他人利益管理财产时，他才是完全的所有权人。并举例进行了说明。A是一块黑土地[2]的完全所有权人。他允许B享有这块黑土地的地役权，将黑土地出租给C使用10年，并为E设立了一个积极信托，将已出租和存在地役权的黑土地转移给D。这样B享有黑土地的地役权，C享有黑土地的租赁占有权，D享有黑土地的“Title”，E享有黑土地的衡平利益，但他们均不享有黑土地的完全所有权。从这段解释可以看出：受益人享有的这种“Title”只不过是从完全所有权中抽象出来的一种权利，与地役权、地上权等用益物权一样是一种对物进行支配和利用的权利，但并不是完整

---

[1] 我国国内许多学者在介绍或讨论信托制度时，总是习惯性地使用“权力”一词，如“受托人权力”。这难免让我国的读者误以为是大陆法系国家通常使用的“权力”。英美法系财产法中的财产权包括权利、特权、权力和豁免。“权利”是指一个人要求他人为或不为的法律诉求，对应的关系是义务；“特权”是指一个人不受他人约束的行为或不行为的法律自由，对应的关系是无权；“权力”是指一个人通过作为或不作为来改变一种法律关系的能力，对应关系是责任；“豁免”是指一个人当因他人的行为或不行为而改变了法律关系时享有的自由，对应关系是无能力。如果用大陆法系的“权利”概念来理解英美法系的“权力”，实际上这种能力就是权利。因此，美国信托制度中的“受托人权力”在大陆法系看来就是“受托人权利”。

[2] “黑土地”不是一块具体的土地，而是一个虚构的概念，代表土地这种主要财产的财产权。

的所有权。

2003年出版的美国《信托法重述（第3版）》第2条对信托概念进行了一些补充，在区分“Title”和“Ownership”的同时还比较了“Interests”。“Interests”可译为“权益”。不管是为了自己还是他人利益，享有权益（Interests）的人，对该权益均可享有Title。为了自己利益而享有一项或多项权益的人，就是所有人（Owner）。在《信托法重述》的许多地方，“Title”和“Interests”是可以互换的。例如，在《信托法重述》开篇说明中写道：“区分（普通法上的）法律权益（legal interests）与衡平权益（Equitable interests）是美国信托法的基础。”正是看到“Title”与“Ownership”的区别，我国有学者将“Title”译为“所有权资格”，并将之定义为“用来界定一种事实，该种事实能够使原告恢复一种对物的占有权，或使被告获得此种占有权”。[1] 笔者认为将“Title”译为“权益”、将“legal Title”译为“普通法上的权益”或“法律权益”、将“Equitable Title”译为“衡平权益”，也许更符合“Title”的本意，还可以避免因不同法律文化之间存在的差异而导致的不必要的误解。

2. 大陆法系面临的法律障碍

如上所述，如果将“Legal Title”译为“法律权益”，将“Equitable Title”译为“衡平权益”，并将之理解为在一个完整所有权体系下对物进行支配和利用的权利，那么大陆法系的“一物一权”原则将不是不可逾越的法律障碍。这是否意味着大陆法系可以全然继受信托制度？传统物权理论固然可以部分解释英美法信托制度的一些特征，但最具特色的跟踪程序中的“推定信托”因与民法物权基本原则相悖而无法得到合理解释。笔者认为大陆法系在继受信托制度时，面临的主要法律障碍是“物权法定”原则、“物权公示”原则和“所有权神圣”原则。

[1] 李进之等：《美国财产法》，法律出版社1999年版，第10页。

（1）信托自由与物权法定原则相冲突。信托是一种灵活而又有弹性的设计，几乎无限多元化的自愿信托和拟制信托在英美法系无处不在。信托的类型多种多样，分类非常复杂。按照信托是否依据当事人的意愿设立，信托可分为意定信托（Express Trust）和非意定信托（Implied Trust）。意定信托是指信托关系由当事人的意思表示而产生。依据意思表示的主体不同，意定信托又可以分为契约信托、遗嘱信托和宣言信托。契约信托是委托人与受托人通过签订信托契约的方式设立信托，包含了双方意思表示一致；遗嘱信托是指信托关系基于遗嘱而成立的信托；宣言信托是指基于单方意思表示，宣称为特定人利益或特定目的管理和处分特定财产而设立的信托。非意定信托是指并非由当事人明示而是由法院通过推定拟制成立的信托。它包括回复信托和推定信托：回复信托是指在委托人对信托财产如何处理没有作出明确指示的特定情况下，法院推定信托财产应回复给委托人的信托；推定信托是指法院为了公平目的，在应享有权利者与享有法律权益的当事人之间设立信托。种类繁多、设立自由的信托与严格、苛刻的物权法定原则存在明显的冲突。

物权法定原则要求物权的种类、内容、效力和公示方法由法律设定，不允许当事人随意确定。当事人不得明确规定其通过合同设定的权利为物权，也不得设定与法定的物权不相符合的物权。物权法定原则与合同自由原则通常被视为合同法与物权法分野的界限。物权法定原则不允许存在这样的自由。因此，欧洲大陆只有荷兰在新民法典中介绍了有限的英美法系信托。意大利学者 Mauro Lupoi 教授成功地说服了意大利没有必要在法律中执行信托，因为《海牙公约》承认国外信托是为了运用该法解决争端。卢森堡采取类似的方法。法国试图在 1991 年改变拿破仑法典的努力失败了。瑞士则号召以一种更为开放的方式对待信托。因此，大陆法系国家或地区欲引入信托制度，必须首先解决信托自由与物权法定原则之间的冲突，以立法的形式确定信托制度。

（2）物权公示原则与口头信托、秘密信托或推定信托的冲突。物权公示要求物权变动时，必须将物权变动的事实通过一定的公示方法向社会公开，从而使第三人知道物权变动的情况，以避免第三人遭受损害并保护交易安全。物权公示存在一种所有权假设：不动产以登记人为所有权人，动产以持有者为所有权人。以特殊理由反驳这种假设多少有些困难。只有存在充足理由并由第三方提出质疑，才能挑战该假设。以口头或秘密方式将信托财产交给受托人，显然违背了这一假设。英美法系并不要求设立信托时进行信托财产登记，也不存在信托财产登记制度。当第三人不是为了价值而购买或与受托人共谋取得信托财产时，英美法系将对第三人强加“推定信托”为受益人利益而持有财产，受益人可以跟踪由第三人控制的信托财产。“推定信托”是在没有公示的情况下取得信托利益，这远远超越了民法创设的任何法律责任。大陆法系在严格遵循物权公示原则的情况下，是无法接受推定信托的。

（3）所有权神圣原则与法院或行政机关对受托人监督的冲突。以所有权神圣原则为基础的现代财产法是确保资源有效利用的法律框架。所有权神圣原则要求包括国家在内的任何人必须尊重所有权，非经法定程序不得剥夺或限制所有权。在英美法系信托制度中，法院或行政机关可以监督受托人对信托财产的管理行为。法院在一定条件下可以解散或取代受托人，甚至直接任命法定受托人。这在大陆法系传统所有权制度中是难以想像的。英美法系信托法明确反对永久信托，除慈善信托外，信托必须是临时的。不管是根据委托人的指令，还是法律的介入，当信托目的实现以后，信托必须终止。如果受益人是成年人并一致同意，那么他们可以分割信托权益。所以受益人享有的受益权不仅是有期限的，而且是有限的。这显然与完全的、无期限的所有权理论相冲突。

3. 大陆法系的继受与超越

面对上述法律障碍，大陆法系国家或地区有三种可供选择的方案：第一种方案是承认上述法律冲突与障碍，在无法有效协调的情况下放弃引入信托制度；第二种方案是正视这些冲突与障碍，在遵循物权法基本原则的情况下，有选择地继受信托制度，并使之与现有制度相协调；第三种方案是全面引入英美法系信托制度，适当修正传统物权理论。从目前引入信托制度的亚洲国家或地区来看，它们几乎不约而同地选择了第二种方案。具有大陆法系传统的国家或地区，并不希望因为信托制度而改变物权法的基本原则。为了遵循物权法定原则，大陆法系国家或地区的信托法严格限定信托的种类，明确排除具有不确定性的回复信托和推定信托。它们为了满足物权公示原则，普遍建立信托登记制度，明确信托登记的法律效力，禁止设立口头信托、秘密信托或推定信托。为了维护所有权神圣原则，大陆法系信托制度适当限制甚至取消法院对信托的监督。《日本信托法》第 41 条和《韩国信托法》第 64 条规定，信托业务受法院的监督，但营业信托除外。我国台湾地区“信托法”第 60 条规定，信托除营业信托及公益信托外，由“法院”监督。我国《信托法》甚至直接排除了法院对信托的直接监督。

权利分离作为一种非常便利的方法，将信托财产中的管理与利益享有分离开来。委托人几乎放弃了对信托财产的所有权利，受托人取得了管理财产的权利，而受益人获得财产收益权。这种权利安排使得受托人和受益人分别取得了一些对“物”的排他性权利。受托人享有对信托财产的控制权，受益人在衡平法上享有的三种救济措施——实际履行、跟踪程序和权利担保——运用大陆法系的“物权”理论可以分别解释为物权的排他效力、优先效力和追及效力。

物权的排他效力，主要体现为返还财产或强制履行的法律责任。这种排他性主要针对受托人对信托财产或信托利益的不当侵

害。当不守信的受托人在获得信托财产后将信托财产或实际收益据为己有时，受益人可请求法院强制性地返还信托财产或收益。受益人请求受托人返还财产的请求，可以运用大陆法系的“物上请求权”理论予以解释。物权具有强烈的排他性，可以依法排斥他人的非法干涉，不允许其他任何人加以妨碍或侵害。当物权受到不法占有或者侵害时，权利人有权请求返还原物、停止侵害、排除妨碍或者赔偿损失。为了防止受托人将信托财产变为己有，《日本信托法》第22条、《韩国信托法》第31条、我国台湾地区“信托法”第35条均强调：受托人不得将信托财产转为固有财产，不得在信托财产上设定或取得权利。倘若违反该义务，《日本信托法》第27条、《韩国信托法》第38条、我国台湾地区“信托法”第23条规定，受益人可以要求受托人补偿损失或将信托财产复原。我国《信托法》则将这种“物上请求权”直接规定在第27条这一个条款中：受托人不得将信托财产转为其固有财产。受托人将信托财产转为其固有财产的，必须恢复该信托财产的原状；造成信托财产损失的，应当承担赔偿责任。因此，恢复原状或返还财产的责任形式通常被视为物权排他性的体现。

优先效力主要体现为受托人破产时，受益人享有的“破产取回权”。信托财产的独立性要求受托人将信托财产与自有财产分离，保证在其破产时信托财产不用于偿还受托人的债务。日本、韩国、中国的信托法，均规定了体现优先效力的“破产取回权”（我国台湾地区“信托法”亦如此规定）。我国《信托法》第16条第2款规定，受托人死亡或者依法解散、被依法撤销、被宣告破产而终止，信托财产不属于其遗产或者清算财产。

衡平法中的跟踪程序与大陆法系物权上的追及效力非常类似。物权的追及效力，是指物权的标的物不管辗转流入任何人的手中，物权人都可以依法向物的不法占有人索取，请求其返还原物。但大陆法系为了维护交易秩序普遍建立的善意取得制度，限制了物权的追及效力。因此，物权追及效力仅可以追及恶意的买受人。英美法系是通过赋予受益人衡平法上的“推定信托”来实现追及效力的。但是，“推定信托”这一效力到目前为止没有任何一个大陆法系国家或地区考虑采纳。大陆法系国家或地区多是通过赋予受益人撤销权的方式，体现物权的追及效力。受益人对受托人处分行为的撤销权，是指受托人违反信托目的处分信托财产或将实际收益据为己有时，受益人可以申请法院撤销受托人的处分，使受托人的处分行为自始归于无效，强制性地返还信托财产或收益。关于受益人的撤销权究竟属于物权还是债权，在理论上存在争议。鉴于受益人的撤销权可以直接针对第三人行使，大陆法系许多学者倾向于认为其属于物权，并认为这是大陆法系信托法“赋予受益人的一项具有物权性质的权利”[1]。《日本信托法》第 31 条、《韩国信托法》第 52 条均规定，受托人违反信托宗旨处理信托财产时，受让人明知或因重大过失而不知受托人的处分违反信托目的，受益人可以直接向受让人行使撤销权。受益人行使撤销权不以向法院提起诉讼为必要要件，可直接作出撤销的意思表示。我国《信托法》第 22 条和第 49 条、我国台湾地区“信托法”第 18 条规定，受托人违反信托目的处分信托财产或者因违背管理职责、处理信托事务不当致使信托财产受到损失的，受益人有权申请法院撤销该处分行为，并有权要求受托人恢复信托财产的原状或者予以赔偿。与日本和韩国信托法不同之处在于，受益人撤销权的行使以向法院提出申请为要件，不能直接向信托财产受让人提出。

为了弥补因放弃“推定信托”造成的制度缺陷，大陆法系国家或地区通过信托登记和撤销权来追及信托财产，保护受托人利益。采纳信托制度的大陆法系国家或地区普遍建立了信托登记制度。如果没有对信托财产进行登记，或者第三人的确明知或应

[1] 何宝玉：《信托法原理研究》，中国政法大学出版社 2005 年版，第 182 页。

知受托人违反信托目的不当处分财产，那么该信托不能产生对抗第三人的效力或归于无效。与此同时，还赋予受益人撤销该信托行为的权利。由此可见，亚洲大陆法系国家或地区在遵循传统物权基本原则的基础上，有选择地吸收了信托制度的合理元素，成功地超越了传统民法理论的法律障碍。大陆法系“物权说”的信托法律关系，如图2－2所示。

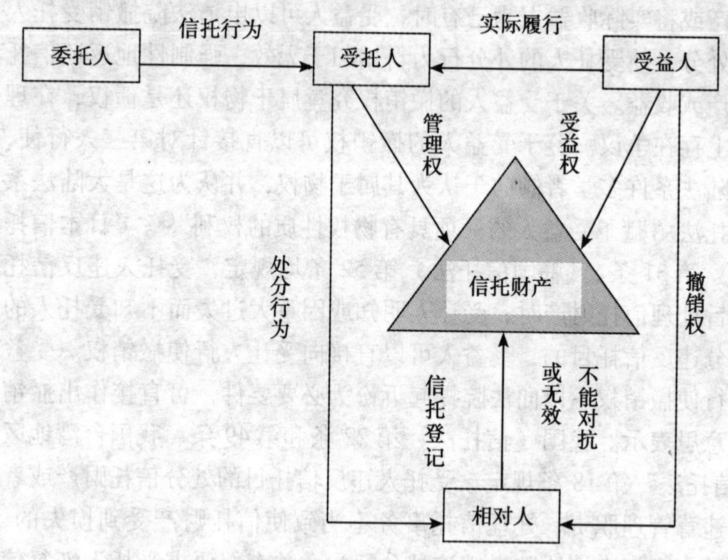

图2－2 “物权说”的信托法律关系

二、信托中的“合同”因素

17世纪末到20世纪初，英国催生转移性信托、限制不动产转移的封建法规逐渐消失。信托的功能也由不动产转移并转变为管理金融资产。一直到19世纪，英美法系法官和法学家才最终放弃认为合同义务的正当性来自交易固有的公正或公平的信念，承认合同义务来自合同当事人意思表示一致；由此，才产生现代合同法。现代英美法系合同法的胜利，使得以梅特兰、兰贝恩为代表的学者开始运用合同理论来解释信托，由此形成了“合同说”。在英美法系信托法理论中，一直有观点认为信托是英国执行第三方受益人合同的一种方式。英国信托法的早熟使第三方受益人合同的一些目的得以实现，从而消除了要求英国法承认第三方受益人合同的压力。英国普通法上的“合同相对性原则”(Doctrine of Privity)，即“只有合同的当事人可以据合同提起诉讼”，在英国被成功地予以维持。1937 年，英国法律修改委员会呼吁制定普遍承认第三人强制执行合同权利的法律规则，但一直未予实现。直到 1996 年，英格兰和威尔士法律委员会提出了《合同法（第三人保护）》的议案草案，并于 1999 年 11 月 11 日由英国议会通过实施之后，第三人合同权利保护的问题在英国才真正地得到解决。因此，运用合同理论解释信托的前提是，合同法承认第三方受益人合同的存在。第三方受益人合同是指一方应直接向第三方履行或者一方的履行应间接给予得益的第三方。[1]现在美国各个州的法律都允许强制执行这类合同。必须经法院认定合同当事人有为第三人设定可强制执行权利的意思，该第三人才取得可以申请强制执行的权利。实际履行、跟踪程序和权利担保这三种衡平法救济措施，运用第三人受益合同理论同样可以得到满意的解释。

首先，英美法系合同理论有扩大实际履行适用范围的趋势。由于历史原因，英美法系合同违约责任以损害赔偿为原则、实际履行为例外。20 世纪 60 年代以来，不断有学者对优先适用损害赔偿规则提出质疑，司法上亦有突破传统束缚的尝试，[2]法院放松了对适用实际履行的要求。而大陆法系合同理论将实际履行作为违约的基本救济途径，损害赔偿只是一种补救措施。因此，当

---

[1] 沈达明：《英美合同法引论》，对外经济贸易大学出版社 1993 年版，第 190 页。

[2] 张金海：“美合同法中的特定履行”，载《民商法论丛》第 30 卷，第 413 页。

受托人不当侵害信托财产或信托利益时，信托法要求受托人实际履行返还信托财产或利益的传统，不再是区别信托法与合同法的重要特征。运用合同违约责任理论，承认和适用实际履行作为救济受益人的补救措施是完全可行和有效的。

其次，美国信托立法已经开始出现在限制跟踪程序适用的同时，强调受托人的信赖义务的趋势。当受托人将信托财产向第三人转移时，美国传统信托法倾向于保护善意买受人。实践中通常采用“察觉”（Notice）规则，作为判断是否构成善意买受人的法律标准。如果买受人是善意的，那么受益人就不能享有衡平利益。只有当买受人确实不知道受托人不能处分信托财产时，受益人才能享有衡平利益。买受人在进行交易时的确知道，便构成实际察觉（Actual Notice）。作为一个具有合理智力水平的人，如果在作了应当进行的合理的调查和查询后应当知道，那么他就会被推定为已经察觉，即推定察觉（Constructive Notice）。如果受托人的代理人已经实际察觉或被推定为已经察觉，那么受托人本人也应当视为已经察觉，即归因察觉（Imputed Notice）。实际上，买受人要想完全被认定为“善意的”非常困难。因为按照信托财产专用原则，受托人在管理信托财产时必须声明他是作为“受托人”而持有信托财产的。作为一个善意买受人，任何土地或金融资产的购买者都必须进行合理的调查和查询。现代社会普遍建立的登记制度，足以让买受人“察觉”受托人是否具有出售信托财产的权利。衡平跟踪程序不仅因难以将受让人认定为“善意”而无法有效适用，而且可能因“有效地使购买者不愿意与受托人交易”而成为阻碍交易的障碍。美国现在的法规已经开始废除这些限制交易的条款。根据《美国统一信赖人法案》《美国统一商法典》《美国统一受托人权力法案》的规定，如果购买者仅仅察觉到卖方是受托人，他并没有了解受托人是否有出售权的义务。[1] 现代信托法允许受托人在市场上与他人一样地处置信托财产。受托人在拥有广泛的管理权和处分权的同时，越来越受到具有合同性质的信赖义务的约束。信赖义务的核心是忠诚义务和谨慎义务。忠诚义务就是要求受托人完全为受益人的利益管理信托财产。禁止受托人以双重身份对信托财产进行交易，或进行与信托财产利益相冲突的交易。谨慎义务要求受托人运用一个普通谨慎人管理自己财产所用的小心和技巧，为受益人管理信托财产。具体而言，包括保留信托管理和交易记录、定期报告、提供信息、对信托财产进行有效的投资或保值、提起和应对诉讼、分散风险和较少费用等。现代信托功能的转变引起受托人权利的扩张，受益人权利的保护也从传统可以追及第三人的衡平跟踪程序向现代合同法意义上的信赖义务转变。体现对“物”追及效力的跟踪程序嬗变为凸显对“人”信赖利益保护的信赖义务。

最后，对于受益人享有优先受托人一般债权人受偿的权利，可以用合同理论中的默示担保条款予以解释。信托可以理解为委托人与受益人达成一种担保受益人利益优先于受托人私人债权人的协议。信托法将这种受益人优先的默示担保条款规定为特殊交易规则，不仅受托人应当遵守，而且对信托关系以外的其他人同样有效。在实践中，保险合同根据法律的授权，亦可达到受托人破产时保护受益人利益的效果。这种默示担保是法定的，而非信托当事人的约定。

大陆法系合同理论长期遵循“合同相对性”原则，即合同关系只能发生在特定的合同当事人之间，只有合同当事人一方能够向另一方基于合同提出请求或诉讼。但被大陆法系普遍接受的“为第三人利益订立的合同”属于这一原则的例外。在特殊情况下，订约当事人并非为了自己设定权利，而是为了第三人利益订

---

[1] John Largbein, The Contractarian Basis of the Law of Trust, *Yale Law Review*, Volume 105, 1995, Dec., pp. 625 ~675.

立合同，合同将对第三人发生效力。受益第三人相对于订约当事人完全是一个陌生人，但他不仅可以接受合同的履行，而且有权以自己的权利要求取得合同的履行。就当事人之间的内部关系而言，信托与第三人受益合同非常类似。委托人为了受益人（第三人）的利益，与受托人限定信托合同设立信托。信托法提供了标准条款，严格规定了信托当事人的权利、义务和责任，不仅可以节省当事人之间的缔约成本，而且赋予受益人直接请求受托人履行信托义务的权利。是故，信托在功能上可视为一种“契约”，并可作为分析信托法律关系的基础。❶

由此可见，由衡平法发展而来保护受益人利益的实际履行、跟踪程序和权利担保措施，并非惟有物权或财产权理论才能解释。随着信托功能的转变和立法的变迁，这些保护措施也可以运用实际履行违约责任、信赖义务和默示担保等合同理论予以解释。在以货币、债权、应收账款为信托财产的信托中，原本就没有物权的存在，运用合同理论同样可以充分保障信托受益权。这就充分凸显合同解释的优势，可以适用以任何财产为信托财产的信托。而“物权说”仅适用于以“有体物”为信托财产的信托，其局限性不言自明。“第三人合同说”的信托法律关系，如图2－3所示。

三、信托中的“企业”因素

虽然信托当事人之间的内部关系在功能上与第三人受益合同非常相似，但“无法凸显信托法的真正功能，非信托法的精髓所在”。信托关系经垂直化后却又与“公司”组织类似，跨越了传统法律概念与类型。❷ 商事信托的广泛传播已经产生了深刻改变信托基本特征的经济压力。但是，人们很少理论化或系统化地理

---

❶ 王文宇：《新金融法》，中国政法大学出版社2003年版，第196页。

❷ 同上书，第199～215页。

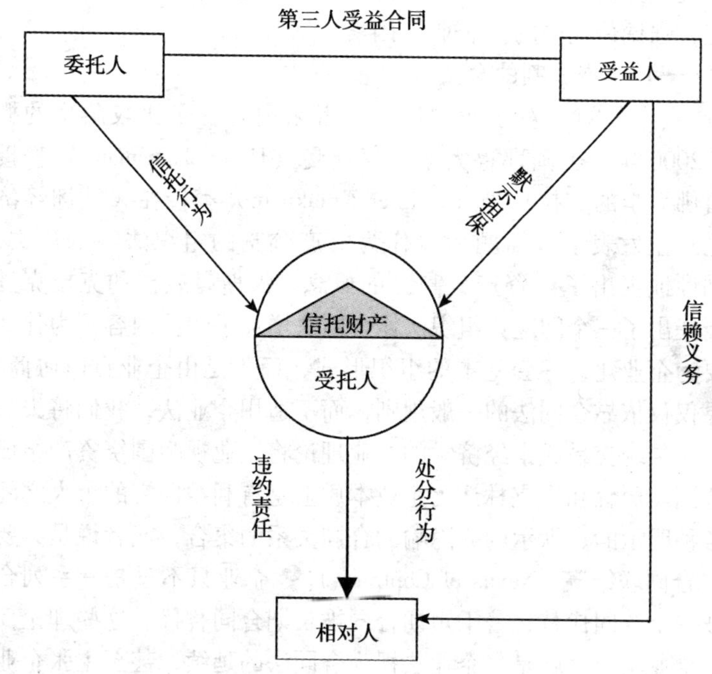

图 2－3　“第三人合同说”的信托法律关系

解这种变化。苏瓦兹教授看到这种变化后，提出一个问题：信托是否是比公司或合伙更好的一种商业组织形式？❶ 20 世纪 20 年代以来，商事信托在美国现代商业和金融交易领域发挥着越来越重要的作用。汉斯曼和麦提教授将商事信托解释为一种完全不同于公司或合伙的商事组织，认为信托受益权类似于公司股权是一种全新的权利，信托法是企业法。❷ “资产分割”（Asset Partitioning）是所有企业具有的共同特征。新近发展起来的信托“企业

❶ Steven L. Schwarcz. Commercial Trusts as Organizations: Unraveling the Mystery. *The Business Lawyer*, Vol. 58, February 2003.

❷ Ibid.

组织说”顺应了信托功能的变化，突出信托具有独特的资产分割功能，强调信托中的“企业”因素。

（一）资产分割的含义

“资产分割”对于我国许多学者来说是一个比较陌生的概念。2000 年，美国耶鲁大学的汉斯曼（Henry Hansmann）教授和哈佛大学的克拉克曼（Reinier Kraakman）教授在《欧洲经济评论》上发表了一篇题为《作为资产分割的组织法》的论文，开创性地提出了“资产分割”的概念。汉斯曼教授和克拉克曼教授提出了三个问题：组织法比合同法增加了哪些内容？为什么需要为企业建立一套基本的组织形式，而不是由企业自由协商？如果仅仅依靠合同法的一般规则，而不适用企业法，我们将失去什么？传统交易成本经济学的企业理论将企业视为围绕资产结成的合同。詹森和梅克林认为企业本质上是有利益冲突的个人之间的各种明示的、默示的或隐喻的合同关系的集合，或者说是必要的“合同联结”（Nexus of Contracts）。[1] 企业只不过是一系列合同被一个合同代替，若干短期合同被长期合同替代。这些理论反映在企业法中，就是将企业法视为合同法的延续，甚至主张企业法只是合同法的特殊形式。[2] 当企业中的利益主体没有特别约定时，企业法运用过错责任规则为各方提供一套标准的组织治理结构，并提供一些强制性规范保护各方利益。汉斯曼教授和克拉克曼教授并不赞成这些观点，认为企业所具有的合同属性并不是其本质特征，并提出企业法在本质上是一种财产法而不是合同法。

汉斯曼教授和克拉克曼教授认为企业的贡献在于合理并明确地界定企业的决策权威和资产池（Pool of Assets）。决策权威就

---

❶ M. Jensen & W. Meckling, Theory of the Firm: Managerial Behavior, Agency Costs, and Ownership Structure, *Journal of Financial Economics*, Vol. 3, 1976, pp. 305 ~ 360.

❷ F. Easterbrook & D. Fischel. The Corporate Contract, *Columbia Law Review*, Vol. 89, 1989, pp. 1416 ~ 1448.

是企业的管理者。企业中必须有人愿意成为管理者，并作为对外签订合同的决策者。企业资产池就是企业的相关资产（Bonding Assets）。企业管理者能够以企业的相关资产作为履行企业合同的抵押物。作为法律实体（Legal Entities）[1] 的企业同样具有这两个特征：通过特定经理人准确签约的能力和形成一个能够满足企业债权人请求的特定的资产池。而后一个特征——区分企业相关资产与企业受益人或管理个人资产——是一个法律实体的核心特征，并且建立这种资产分割是企业法的核心作用。企业法中所谓的“资产分割”理论，是将某一个特定的资产池划分为更小的子资产池，每一独立的子资产池将作为不同的债权人或债权人群体的抵押物。[2] 因此，“资产分割”是指形成一个独立于投资者和管理者的资产池，并以此作为抵押物对资产池债权人的债权提供担保。

汉斯曼教授和克拉克曼教授在另一篇论文《组织法的基本作用》中，进一步分析了资产分割的构成。他们认为资产分割由两部分构成。第一部分是与企业受益人或管理者个人资产相区分的，以企业名义拥有的一个独立的资产池。当一个企业组织成实体时，该实体拥有的资产就变成特定的独立的企业资产池。第二部分是对组成法律实体不同资产池的债权人优先权的分配。债权优先权的分配呈现两种不同的形式。第一次分配是授予企业债权人对企业经营的相关资产享有优先于企业受益人的债权人的请求权。这种优先权被称为积极性资产分割（Affimative Assets Partitioning），即资产池的债权人对资产池中的资产享有优于投资者和管理者个人债权人请求的权利。它体现了企业资产池是与企业

---

[1] 英美法系所说的“法律实体”即为“法人”，但与我国《民法通则》规定的法人概念具有较大区别。它不仅包括非营利组织、有限责任公司和股份有限责任公司，而且还包括合伙、联营、信托甚至婚姻。

[2] Henry Hansmann，Reinier Kraakman，Organizational Law as Asset Partitioning. *European Economic Review.* 44（2000），pp. 807～817.

合同相关的资产的观念。企业债权人对企业资产享有的优先请求权是建立在过错责任原则基础之上，企业资产必须满足企业债权人的请求，可以对抗企业投资者或受益人的债权人。积极性资产分割包括“优先受偿权”和“清偿保护”（Liquidation Protection）。优先受偿权是指企业债权人比企业受益人或管理者享有对企业资产优先受偿的权利。清偿保护是指当企业投资者或受益人破产时，其个人债权人只能对个人资产提出主张，不能将企业资产强制地用于清偿企业投资者或受益人的个人债务。在公司制度中，如果获得了其他大多数股东同意，那么原有股东债权人可以取得原有股东地位成为新的股东。这就是通常所说的“债转股”，即以原有股东对公司享有的债权清偿其个人债务。笔者将这种优先权称为“一般性清偿保护”。但是，还有一种强有力的积极性资产分割类型。它不仅赋予企业债权人享有优先受偿权，而且对企业资产享有排他性的请求权。投资者或受益人的债权人甚至对企业的受益权也不能提出任何请求或主张。这种类型的资产分割主要体现在浪费者信托（Spendthrift Trust）❶ 和慈善信托（Charitable Trust）中。这些信托的受益人即使在其破产之后，仍能排他性地享有信托受益权。受益人的债权人不能对可期待的信托受益权提出任何主张或请求。这种对企业投资者或受益人利益的特殊保护可称为“排他性清偿保护”。

第二次分配是赋予企业受益人的债权人对受益人独立的个人资产享有优先于企业债权人的请求权。这种优先权被称为消极性资产分割（Defensive Assets Partitioning）❷，即企业投资者和管理

❶ 美国称为浪费者信托，英国称为保护信托，是指委托人为了保护特定成年人的生活，以习惯挥霍浪费的成年子女的一生或更短的时间为存续期限而设立的信托。

❷ 我国有学者将之翻译为“反向资产分割”，笔者认为这种翻译不太准确。译为“消极的资产分割”不仅与“积极的资产分割”相对应，而且更能体现其含义。

者的个人债权人对其个人财产享有优于资产池债权人的请求权。[1] 它体现了保护企业受益人个人资产免受企业债权人主张的普通观念。企业受益人的债权人对受益人的资产享有优先请求权是建立在有限责任原则基础之上，企业债权人不能向企业受益人的个人资产主张权利。消极性资产分割也具有多种类型。最强有力的消极性资产分割体现在公司和信托制度中。公司债权人无权对公司股东的个人资产提出请求。股东的债权人对其个人资产享有排他性的担保权益。这种排他性的消极性资产分割，通常被称为“有限责任”。在普通合伙中，几乎不存在消极性资产分割。当合伙破产或合伙人破产时，合伙的债权人同合伙人的个人债权人在分配资产时享有同等权利。资产分割理论的结构框架，如图2－4所示。

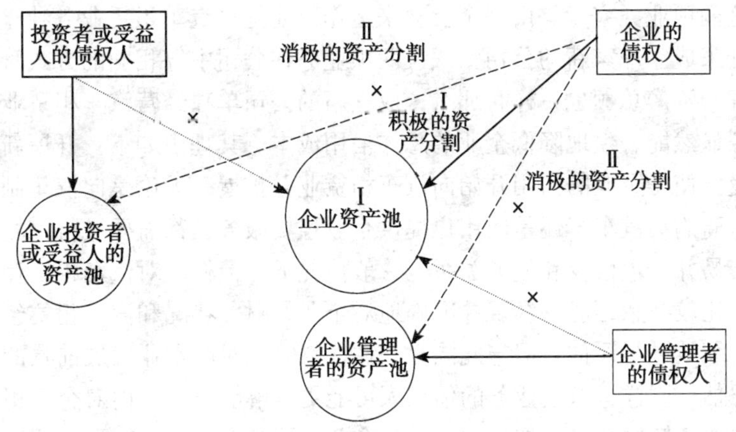

图2－4　资产分割的结构图

（二）资产分割的作用

资产分割为企业构建了一个资产池，有效地保护了企业债权

[1] Henry Hansmann，Reinier Kraakman. The essential role of organization law, *Yale School of Management Working Papers.* ysm147. 2000. pp. 3～8.

人、投资者、受益人和管理者的利益。积极性资产分割具有降低企业信用成本、保护企业盈利价值和保护受益人资产等功能。消极性资产分割具有降低企业监督成本、决策成本、代理成本和减少企业风险的功能。

首先，积极性资产分割的功能在于降低企业的信用成本。由于知识的有限性，不同的债权人对不同领域的资产的评估水平和判断能力存在较大差异。有些债权人可能在评估、监督或者获取特定资产价值方面的能力强于其他债权人。如果作为债务人的企业违约了，那么具有评估、监督或获取企业资产优势的债权人显然会优先于其他债权人获得清偿。因此，资产分割具有的首要功能是降低信用成本。例如，一个航空公司决定进入汽车租赁领域，并希望航空与汽车租赁两项业务能够相互协调配合。那么，这两项业务究竟是由一个公司来运作，还是将汽车租赁业务独立开来成立一家新的公司？假设两项业务在公司中以相同的方式管理，资产总额也一样，那么，成立新的公司单独经营汽车租赁业务显然能有效地降低企业的总体信用成本。其理由如下：开展新业务使得企业的信用开始向汽车租赁业务扩展。无论是向汽车制造商购买汽车，还是向用户提供企业租赁服务，都需要进行市场交易并产生债权和债务关系。一般情况下，债权人对汽车租赁业务比较熟悉，能够客观并准确地对企业的财务状况和汽车租赁经营绩效进行评估。但与此同时，往往忽略了对航空业发展前景的评估。同样，航空业务的债权人可能更了解航空业，而对企业租赁业务知之甚少。如果两项业务合并在同一个公司中，那么这两项业务的债权人将分别面临着其他业务失败的风险。与之相反，如果成立一家新的公司，那么公司法将赋予汽车租赁业务的债权人对汽车租赁资产享有优先受偿的权利，航空业务的债权人对航空资产获得优先权。企业的功能在于将不同业务的资产分割并独立出来。各项业务的债权人将远离其他不相关业务兴衰变迁的风险。债权人对风险的洞察和理解水平也随之延伸到债权或信用之中，并反映在对信用需求的价格当中。虽然该例的股东是航空公司，但该例包含的逻辑则体现在任何企业形态之中。例如，个人独资企业、合伙企业和商事信托。企业法强制性要求对投资者的个人财产和经营资产进行资产分割。对于企业而言，企业的债权人对企业所有的资产必须享有优先于投资者的债权人受偿的权利。企业债权人之所以给予一定的信用期间或一定时间的债权，很大程度上是因为企业能自己监督和规划企业资产。只有企业债权人的主张得到满足之后，投资者的债权人或其他业务的债权人才向企业资产提出主张。

其次，积极性资产分割可以保护企业未来的盈利价值。积极性资产分割遵循企业债权人对企业资产享有优先权的规则，强调企业投资者或受益人的债权人对企业资产主张的限制。这样，可以降低企业债权人和企业受益人的监督成本。如果企业资产足以偿还企业债权，那么企业债权人对企业资产及其未来的盈利价值毫不关心。但是，企业投资者或受益人的个人债权人在债权难以实现的情况下，就希望对企业资产或企业未来的盈利价值提出请求。此时，“清偿保护”制度尤为重要。假设企业制度中没有清偿保护制度，那么投资者的债权人就可以直接向企业资产提出请求，要求部分或全部企业资产偿还个人债务。这样不仅减少了企业资产，而且降低了企业未来的盈利价值。这种清偿个人债务的做法是低效率的，或者说是非效率的。如果企业未来盈利的价值远远高于现在清偿债务的价值，那么投资者的债权人、投资者以及其他投资者会努力寻求解决个人债务的办法，防止因个人债务的清偿而降低企业未来的盈利价值。显而易见，企业或其他投资者愿意购买在企业资产池中原本属于破产投资者的财产权，但此时对价格评估的谈判显得非常困难。更糟糕的是破产投资者的债权人可能出现“敲竹杠”的倾向，以强制清偿破产投资者的个人债务相威胁，从而剥夺了其他投资者购买破产投资者财产权的机会。清偿保护制度不仅排除了非效率清偿的威胁，而且消除了

各种潜在的机会主义。企业债权人不用担心企业资产优先用于清偿投资者的个人债务，也不需要时刻监督企业资产的清偿行为。企业投资者或受益人也无需关注企业的商业前景，无需监督其他投资者或受益人的财产状况或债务情况。正是由于“清偿保护”可以降低监督成本、保护企业未来盈利价值，几乎所有的企业法均规定了清偿保护制度，只允许企业投资者或受益人的债权人对投资者或受益人在企业中可分配利益或享有的财产权提出主张。

最后，“排他性清偿保护”具有保护企业受益人资产的作用。在以消费者信托和慈善信托为代表的特殊企业形态中，资产分割甚至把受益权都分割出来，禁止受益人的债权人对受益权提出任何请求。

据此，汉斯曼教授和克拉克曼教授得出结论：企业法更重要的功能在于界定可以签约的企业各方主体的财产归属，在本质上属于财产法。企业法允许与企业联系在一起的资产池形成具有流动性的留置权，同时还对与企业签约的债权人群体的优先受偿权进行分配，从企业受益人或管理者的债权人的角度保护企业资产池。积极性资产分割对于形成企业发挥了重要作用，包括有限责任在内的消极性资产分割是企业法的重要成就，但与积极性资产分割相比，显然处于次级重要的位置。

（三）信托企业组织说

企业之所以能够作为市场主体进行交易，是因为企业对其名下的资产享有所有权，作为其履约能力的基础。而且，独立的资产是其自主意志的基础。这种法律功能被称为“资产分割”。信托财产具有的独立性完全达到作为一种企业的程度，信托以自己的名义享有并行使信托财产的所有权。信托法提供的资产分割功能，允许受托人以信托财产和其个人财产分别与债权人进行交易。对于所有债权人而言，信托法实际上是将受托人分为两个独立的法律主体：代表自己签订合同的自然人和代表受益人交易的拟制人。创造两个完全不同的法律上的人是复制合同理论无法解释的。因此，资产分割是代表企业组织形式与合同安排的重要区别。前者具有对外的财产权或对物的义务的维度，补充其对内的合同性或对人的义务的特性。这表明信托如同其他企业组织，将对人的义务和对物的义务特征结合在一起。信托法的功能是便于三方当事人（委托人、受托人和受益人）与其他交易主体确认各自的权利和责任。信托受益权不完全表现为物权效力，有时也具有合同属性，是对人的权利和对物的权利的混合体。

信托受益权所具有的“物权特征”——实际履行、跟踪程序和权利担保，运用企业组织理论更容易解释。信托是由委托人、受托人和受益人共同构成的联合体，分别享有不同的权益。在资产证券化中，信托的企业属性更为突出。兹以资产证券化中的信托为例予以说明。委托人将信托财产转移给具有企业地位的信托。信托作为受托人取得信托财产的独立的财产权，由信托管理人负责信托财产的管理。信托作为一个独立的企业组织，以其取得的信托财产为支撑，向投资者出售信托凭证进行融资。委托人在放弃信托财产所有权的同时，获得出售信托凭证所融资金并保留信托财产的剩余价值权。投资者作为信托的优先权人，享有优先取得信托财产收益的权利。投资者和委托人共同构成受益人。由于信托财产具有独立性，受益人对特定信托财产不享有独立的所有权，但享有不可分割的受益权，并按份额享有利益和分担损失。在证券投资基金和金融资产证券化中，信托作为一种企业组织不对外开展任何积极的业务，仅是消极地取得信托财产和发行证券。因此，信托本身难有破产之虞。即使信托管理人破产，信托财产独立性确保信托财产不纳入管理人的破产财产。当不守信的信托管理人在获得财产后，将实际收益据为己有或将信托财产不当地转移给第三人时，信托可以基于信托财产所有权人的身份直接要求管理人返还财产。美国《信托法重述（第3版）》也不得不承认：现代普通法、法律概念和术语开始逐渐、默示地认同信托是由信托财产和受托人与受益人之间信义关系构

成的一种法律“实体”(Entity)。企业组织的观念正在逐渐并且适当地反映在信托概念和学说之中。“企业组织说”的信托法律关系,如图2-5所示。

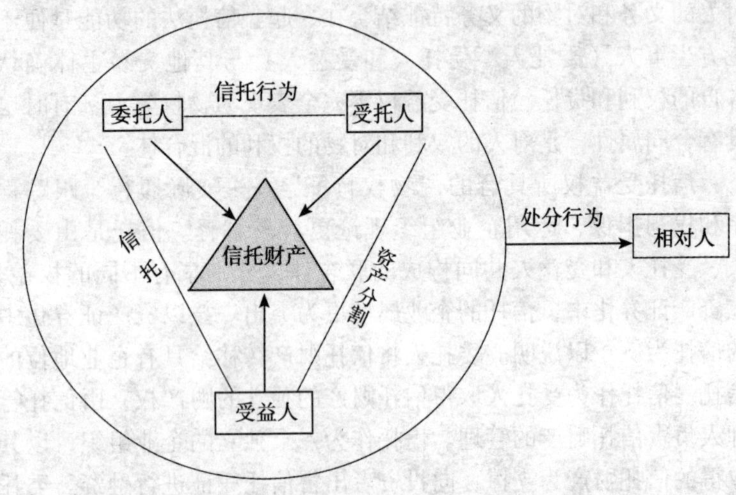

图2-5 “企业组织”的信托法律关系

(四)信托作为企业组织的起源

无论是在英美法历史上,还是在现代社会,信托作为一种非公司制企业组织都发挥着重要作用。作为一种企业的信托,早在美国建国之初就已经存在,并一度非常普及。有记录的第一个信托组织,是在1765年由巴特瑞克·亨利设计的北美土地公司。经历了200多年的发展,该信托仍在有效运作。现代商事信托起源于美国马萨诸塞州,主要是为了规避当时的法律禁止公司进行不动产交易。在19世纪之前,公司被认为不具有取得和开发不动产的管理能力,法律限制公司拥有土地。与公司不同,信托被认为具有取得和管理财产的行为能力。因此早期成立信托组织的目的是进行不动产交易。在公司发展成熟之前,美国普通法上的商事信托作为一种企业组织形式已经非常流行。1929年,艾萨克斯教授发表在《哈佛法学评论》的一篇论文指出："现代商业与信托紧密相连。相对于那些粗糙的设计，信托作为一种非公司的标准组织机构已成为仅次于合同的一种普通工具，出现在任何与之建立奇妙或新奇关系的地方。"[1] 19世纪后期，作为企业组织的信托非常流行和普及，以至于被一些委托人滥用。一个企业将其经营权作为信托财产委托给另一个企业管理，受托企业借助信托，形成对某个行业的垄断经营。成立于1879年、声名狼藉的洛克菲勒美孚石油公司，曾成立了标准石油信托（1882～1889）。1890年，美国国会通过了《谢尔曼反垄断法》[2]，就是为了拆分两个垄断性信托企业——美孚石油和美国烟草。信托在这一时期作为一种企业组织异军突起，解释了为什么美国有了反垄断法，而不像大陆法系国家一样制定竞争法。[3] 此后，作为企业组织的信托因《谢尔曼反垄断法》的限制，丧失了其信托管理企业的功能，逐渐被人们淡忘。美国关于信托发展历史的通说认为：19世纪晚期和20世纪早期，信托主要是作为逃避州公司法专制规则的限制，信托在马萨诸塞州运用得特别突出。马萨诸塞州禁止公司对房地产享有所有权，因而"马萨诸塞州信托"成为商事信托的同义词。但随着时间的流逝，公司逐渐获得许可进行房地产投资。公司法监管限制的取消，使得使用信托而不使用公司的主要理由逐渐丧失。[4]

根据是否法律有明确规定，信托组织通常被分为"私人类型信托"和"法定信托"。前者是美国普通法意义上的信托组织。

---

[1] Nathan Issacs, Trusteeship in Modern Business, *Harvard Law Review*, June 1929, pp. 1060～1061.

[2] "The Sherman Antitrust Act"现在主要译为"反垄断法"或"反托拉斯法"。但无论是从"Antitrust"文意，还是从谢尔曼法通过的历史背景来考察，"Antitrust"本意均是"反信托"。英美法系现代意义的反垄断法源于反信托法。

[3] Robert H. Sitkoff. Trust as "Uncorporation": A Research Agenda, *University of Illinois Law Review*, 2005, 1, pp. 31～48.

[4] Ibid.

作为一种可供选择的商事实体，普通法上的信托在美国具有悠久的历史。但它具有诸多的不确定性和风险：[1]（1）因侵权和违反信托合同，受托人存在的潜在责任；（2）不承认受益人的有限责任；（3）不把商事信托作为法律实体进行商业交易；（4）为了受益人的债权人利益而保护信托财产，限制受托人的行为能力；（5）令人不悦的税收处理。[2] 虽然现在普通法上的信托仍在使用，但因其具有的不确定性和一定风险，作为一种独立的组织并没有得到广泛认同。法定信托的出现，就是为了消除普通法上信托的不确定性和风险，使得信托真正成为一种独立的法律实体。法定信托是指依法登记注册，由管理协议创立，持有、经营、管理、控制、投资、再投资或运作其财产的一种非公司制联合体。[3] 1998 年，美国特拉华州颁布了《特拉华商事信托法》，现已更名为《特拉华法定信托法》，引起信托组织立法的显著变化。法定信托已经作为独立的法律实体存在，区别于普通法意义上的信托合同组织。由于信托合同组织涉及私人利益，因此其资产或功能不需要在任何国家和城市登记。它是为私人目的而成立的，即使没有注册登记，也不会影响其效力。但是法定信托必须在其成立的州进行注册登记，更为重要的是，受托人和受益人均只对信托承担有限责任。信托作为一种独立的企业组织，得到了美国一些州法律的承认，相继已有 6 个州颁布了类似于《特拉华法定信托法》的法律。

（五）作为企业的法定信托——以美国特拉华州法定信托为考察对象

始于 20 世纪 20 年代的共同基金、第二次世界大战之后出现

---

[1] The Delaware Counsel Group. Delaware Statutory Trusts，http：//www. delawarecounselgroup. com.

[2] 美国近年来税法制定了“反避税条款”，对信托甚至视为公司或独立商业组织予以课税。

[3] Delaware Statutory Trust Law，第 3801 条。

的养老金信托、发端于20世纪60年代的不动产投资信托以及肇始于20世纪70年代的资产证券化，均不约而同地选择了信托作为组织形式。商事信托被广泛地运用于架构式美国融资交易中，❶ 借助信托型特殊目的机构实现资产证券化。大量抵押贷款、信用卡、汽车和学生贷款债权，正通过资产证券化实现着数以兆亿美元的信托融资。与此同时，信托已经成为美国养老金投资的主要工具和共同基金❷的首选组织形式。为了促进资产证券化和获得更为合适的专业投资基金管理机构，传统大陆法系国家正在逐步承认并采纳信托型组织机构。

信托作为一种企业组织并没有得到世界各国立法的普遍承认，"信托具有独立人格"的命题更是受到普遍质疑。设立营业性组织机构，通常应当注册登记。商人具有严格的法定性，不经过商法的确认不得成为商人，即遵循"企业形式法定原则"。那么，信托能否作为一种独立的组织机构存在，即信托是一种新的企业形式吗？与相对成熟的公司相比较，信托是否是一种更好的企业组织形式？在哪些商业领域，信托机构更具优势？团体是否具有独立人格最终取决于它是否独立承担责任，或者更准确地说，最终表现为它是否独立承担责任。❸ 独立名称、独立意思、独立财产、独立责任是团体独立人格的四大因素，其中独立财产为本，独立名义为表，独立意思为其动力，独立责任为其一切民事活动的最终归宿。❹ 信托要想具有独立人格，同样必须具有独立名称、独立意思、独立财产和独立责任。由于《美国特拉华州

❶ 架构式融资（Structured Finance）几乎等同于资产证券化，是指为了实现资产流动，通过组织结构设计和发行模式的安排，将金融资产进行标准化分类发行有价证券。

❷ 共同基金（Mutual Funds）是一种聚集投资者资金并用于证券投资的一种基金。美国过半数以上的共同基金采取信托形式。

❸ 虽然这一传统理论受到一些学者的质疑，但考察一个组织是否是法人的核心仍是"是否独立承担责任"。

❹ 江平主编：《法人制度论》，中国政法大学出版社1994年版，第32页。

法定信托法》是现代商事信托立法的典型代表，故本书主要考察美国特拉华州法定信托，来分析法定信托是否具有独立人格。

1. 法定信托必须注册登记，具有独立的名称

与有限责任公司一样，成立法定信托必须向州政府申请登记。提交申请的法律文件应该包括以下信息：（1）法定信托的名称；（2）符合法律要求的受托人的名称和商业住址；（3）如果不在申请后马上成立，应写明申请将生效的日期或时间；（4）受托人决定的其他任何信息。在缴纳200美元申请费，经核准并取得法定信托证书后，法定信托宣告成立。在法定信托存续期间，法定信托证书可以修改、更正、注销，甚至出于任何目的在任何时间均可以重新登记。法定信托具有独立的名称。填写在证书上的法定信托名称，必须与国内外已注册的任何股份有限责任公司、合伙、有限合伙、有限责任公司和法定信托相区别，除非在此之前已经注册并获得该实体的名称。法定信托的名称可以包含受益人或受托人的名称。

2. 法定信托管理机制灵活，具有独立意思

与公司、有限合伙等企业组织的组织结构相似，法定信托实行所有权与管理控制权分离。以金融资产证券化中的信托为例，来分析法定信托的组织结构。委托人通过转移金融资产的方式设立法定信托。法定信托向资本市场的投资者出售信托凭证进行融资。投资者希望信托财产能够产生充足的现金收益，确保其投资的安全和信托凭证约定的收益率。委托人在放弃金融资产所有权的同时，获得出售信托凭证所融资金并保留信托财产的剩余价值权。投资者作为信托的优先权人，享有优先取得信托财产收益的权利。委托人作为最终权利人，享有清偿后信托财产的剩余价值的权利。投资者和委托人共同构成受益人。由于信托财产具有独立性，受益人对特定信托财产不享有独立的所有权，但享有不可分割的受益权，并按份额享有利益和分担损失。受益权份额不仅不受数量上的限制，而且可以自由转让。法定信托是由委托人、

受托人和受益人共同构成的联合体，分别行使不同的职能。委托人与受托人共同制定包括金融资产证券化计划、信托合同和信托财产管理与处分方法说明书在内的管理协议，确定法定信托设立的目的、财产管理方法等一些重大事项。由此可见，委托人和受托人共同构成法定信托的决策机关。执行机关则由受托人担任。受托人根据管理协议，享有管理控制权，对法定信托的日常事务和商业活动进行管理。受托人可以将管理权授权给代理人行使，代理人必须在受托人的指令下进行管理。管理协议甚至可以对受益人和受托人进行分类。受托人享有的管理权和受益人享有的选举权，可能基于不同的类型而有所限制或扩张。受益人承担监督之职。在权利配置方面，受益人享有监督权、知情权和调查权。任何人包括受益人，可以监督受托人或在法定信托中进行管理的人。类似于公司法中股东的调查权，受益人可以查阅信托账簿和记录，了解法定信托的经营情况。但与公司法的不同之处在于，允许管理协议限制或完全禁止受益人的调查权。所以，法定信托也能像公司一样形成自己的意思。

3. 法定信托具有独立的财产

“无财产即无人格”的谚语，说明独立财产是法人存在的物质基础。信托的一个重要观念就是信托财产的独立，这可使信托财产独立于委托人和受托人财产之外。信托财产的独立性特征，不仅使法定信托具有独立的财产，而且在历史上以信托制度解释公司财产权是英国发展史上的重要阶段。17 世纪中期英国公司财产建立于信托制度之上，即公司法人受社员的信托而拥有财产。[1]

4. 法定信托独立承担责任，受托人与受益人承担有限责任

投资者是否承担有限责任，以及信托能否独立承担责任，是一个颇有争议的问题。《美国特拉华州法定信托法》对于法定信

[1] 江平主编：《法人制度论》，中国政法大学出版社 1994 年版，第 215 页。

托具有独立人格的最大贡献在于，其明确了受托人与受益人只承担有限责任。只要受托人尽到忠实和谨慎义务，将承担有限责任。在普通法中，受托人除了对信托和受益人承担义务外，还需要对第三人承担责任。《美国特拉华州法定信托法》消除了受托人对第三人承担的个人责任。受托人除了在其行为能力范围内对信托和受益人承担责任之外，不对第三人承担任何个人责任。经受托人授权管理信托财产的代理人，也基于其诚信行为承担有限责任。受益人的职责是行使监督权，对受托人或者信托管理进行监督。由此产生的责任，将享有与公司股东一样的有限责任。与有限合伙的有限合伙人不一样，受益人即使参与了信托管理，也不被视为受托人或丧失有限责任。

（六）作为企业组织的信托与公司的比较

在一个成熟的市场经济体制下，企业的形式必然是多种多样的，投资者有比较大的选择余地。信托能否成为一种独立的企业组织，在世界各国甚至美国，都没有得到全面认同。信托是否是比公司、合伙更好的企业组织，这个问题尚无明确答案。[1] 因此，有必要分析信托与公司各自的优势，探讨在公司盛行的时代，为什么在资产证券化与投资基金领域信托却成为首选。笔者认为：信托与公司在设立目的、相关主体之间的利益、代理成本控制等方面存在较大差异。甚至可以说，两者是截然相反的两种组织设计。

1. 设立目的

信托与公司均是将资金、财产交付给他人管理处分并谋取利益的制度设计，但在交付财产的性质与设立目的上存在较大差异。交付给信托的财产，一般是可以准确计算并具有相对流动性

---

[1] Steven L . Schwarcz . Commercial Trusts as Organizations: Unraveling the Mystery. Dulce Law School Public Law and Legal Theory Research Paper Series. August 2002. http: //ssrn. com/abstract_ id = 319802.

的金融资产。其设立的目的虽然也在于谋取利益，但主要是在确保金融资产保值的前提下获得稳定收益。信托受托人有两个重要原则：忠实和谨慎。保证金融资产的安全是受托人追求的首要价值目标。因此，受托人在面临较大商业风险的时候，即使可能获得高额利润，谨慎的受托人也会选择安全而放弃投资计划。同时，为了尽可能避免受托人不谨慎的行为而承担过高的商业风险，委托人通常在信托管理协议中严格限定受托人的行为范围。例如，在证券投资基金中，委托人严格限定投资证券的种类；在金融资产证券化中，受托人更是消极地收取各种债权。因此，作为企业组织的信托更趋向于一个静态的实体。信托形式“显然现在没有用于组织‘生产的’企业，即从事制造或涉及复杂货物和服务的企业”。❶

公司作为一种典型的商事主体，其设立目的在于追求股东“利益最大化”和公司资产增值。在追求利益最大化的过程中，公司甘愿承担一定程度的风险，积极进行各种商业活动。董事会和经理层应积极、勤勉地利用每一次商业机会，尽最大可能获取商业利益。因此，公司不是一个静态的实体，而是一个动态的组织，被广泛地运用于各行各业。

2. 相关主体的利益

企业是由投资者、债权人和管理者等利益相关主体组成的一种组织。不同的企业形式对相关主体配置不同的权利，进而影响着人们对企业形式的选择。公司制度需要平衡股东、债权人、董事和经理等主要参与人的利益冲突，分别配置了不同的权利。股东拥有公司所有剩余财产，是公司任何成功的最终受益者，是公司“最终权利人”。股东获得的回报是公司在整个经营存续期间向股东分配的各种款项。如果公司不能够不断产生净现金流，那

❶ 张天民：《失去衡平法的信托——信托观念的扩张与中国信托法的机遇和挑战》，中信出版社2004年版，第303页。

么股东无法获得期望的投资回报，必将导致无人投资，进而使整个股权融资制度趋于崩溃。因此，公司本质上是为了增加利润而经营商业风险。[1] 债权人的回报只是一个承诺的回报率。当公司陷入财务危机时，债权人可能无法实现债权。公司的债权人可以分为三类：交易债权人、机构贷款人和持有公司发出的付款证明的人。一些机构贷款人如银行，为了控制风险，会采取措施来查看公司的运营情况。由于债权人不会获得回报率之外的其他利益，所以也就缺乏努力提高公司盈利能力的积极性，希望公司尽可能地减少风险，如期偿还债务。享有公司剩余价值请求权的股东与享有优先受偿权的债权人，追求的目标各不相同。从理论上讲，剩余价值请求权与债权是完全相反的。向债权人多支付 1 元，也就意味着剩余价值请求权可获得的回报少 1 元。股东与债权人之间的利益冲突，存在于每次为增加更多利润而相应增加风险的决策当中。为了解决这种利益冲突，公司法规定董事会只对股东而不向债权人负责。在保证公司不破产的前提下，董事会可以为了公司利益最大化而承担必要的商业风险。

相对而言，作为企业组织的信托并不存在明显的利益冲突。委托人将资产转移给信托后，往往保留剩余价值请求权，成为“最终受益人”。信托非常灵活，可以基于不同目的来选择投资者和权益设计。在证券投资基金中，委托人通常就是受益人。在金融资产证券化中，特殊目的信托可以发行各种有价证券，包括债券和受益权凭证。债券投资者就是债权人。受益权凭证投资者与公司股东一样，享有信托财产的剩余价值请求权。但由于特殊目的信托并不对外积极地从事各种商业活动，所以不会产生交易债权人和机构贷款人，仅有持有债券的投资者。债券的投资者与

---

[1] Steven L . Schwarcz. Commercial Trusts as Organizations：Unraveling the Mystery. Dulce Law School Public Law and Legal Theory Research Paper Series. August 2002. http：//ssrn. com/abstract_ id = 319802.

受益权凭证投资者同为受益人，其追求的利益目标是一致的：均希望保留并实现信托财产的价值。这一目标并不允许信托管理人——受托人——为追求利益最大化而牺牲安全原则。与此同时，信托法非常强调受益人公平原则，即在多个受益人的情况下，受托人负有公平处理、平等对待的责任。无论是债券的投资者，还是受益权凭证投资者均应同等对待，并对之负责。这是与公司管理人最大的区别。公司董事会实行差别对待：只对股东负责，而不对债权人负责。信托保值的价值追求与公司增值的价值目标，使得对管理者的要求也存在差异。增值比保值更具难度。因此，作为企业组织的信托中的受托人只需要基本素质，付出必要的努力就可以胜任。而公司的管理人不仅训练更有素，而且需要付出加倍努力。因此，世界各国公司法均规定了董事、经理和监事的竞业禁止义务，而信托法却允许多个信托组织由一个受托人进行管理。

3. 代理成本控制

研究企业相关主体之间的利益冲突时，常用“代理成本”这个概念。委托人总是希望代理人无私地履行其职责。但是这种期望总是落空，这是因为代理人总是试图将其自身的利益置于委托人利益之上。因代理人的自利行为所产生的损失和委托人为试图管理这种行为所支出的费用，就是代理成本。公司治理研究的是所有权与经营权分离情况下的“代理人问题”。如何降低代理成本，是公司治理要解决的中心问题。[1] 虽然可以借助市场机制来降低代理成本，但现代公司的发展使得公司代理成本越来越高。特别是我国的一些公司为了制约代理人，同时运行监事会和独立董事双重监督机制。与公司不同，信托的代理成本相对要低。信托既不对外从事经营活动，也不会被无故收购兼并。所以市场机

[1] 孙永祥：《公司治理结构：理论与实证研究》，上海三联书社、上海人民出版社2002年版，第13页。

制对信托“显然付诸阙如”。委托人与受益人的利益是一致的，而且受托人在信托管理协议的约束下只是承担消极管理的义务。虽然面临如何加强对受托人监控制衡的难题，但受托人基于自利行为产生损失的风险远远低于公司。

尽管公司在当今时代占据了绝对优势的地位，然而“信托作为一商业组织形态，倘受益人负有限责任可参与营运又毋庸受限于资本三原则，同时又无需如其他商业组织形态受到双重课税，则在无其他平衡设计下信托必将成为‘超级’企业形态从而取代所有既存之商业组织”。[1] 美国特拉华州的法定信托具有三个明显优势：（1）法定信托是一种相对稳定的经济实体。它一般是基于某种特殊目的成立的，并不持续地进行营业性活动；但可以其获得的资产为支撑，发行受益权凭证。（2）一旦实现了特殊目的，信托资产的剩余价值便返还给委托人。委托人通常保留剩余财产请求权。通过这种方式，委托人放弃的不是经济利益，而是需要做大量工作。（3）避免缴纳企业所得税。独立的法律主体需为其盈利缴纳税款，而法定信托通常并不被视为纳税主体。选择法定信托作为特殊目的机构的一个重要原因，是可以避免缴纳企业所得税。正是基于这些优势，法定信托被世界上许多国家广泛运用。现代社会法定信托最广泛的用途，是作为资产证券化中的特殊目的机构；其次是作为各类投资基金的组织形式。基于不同的目的，投资基金可以分为产业投资基金、风险投资基金和证券投资基金。由于具有避税功能，在证券投资基金、不动产投资基金和金融资产证券化投资基金中，信托成为首选的组织形式。

信托这种在英美法系相对古老而在大陆法系相对年轻的制度，总是在“法律改革之先驱”和“破坏法律运作之毒瘤”的褒贬中，挑战并改变着社会。2003 年，美国伊利诺伊大学法学

---

[1] 方嘉麟：《信托法之理论与实务》，元照出版社2003 年版，第30 页。

院召开的“非公司：一个新时代”的会议指出：新商业形式的出现，伴随着旧企业组织的复兴，可以预示公司这种组织形式霸权地位的总结。[1] 信托组织在资产证券化和投资基金中的广泛运用，以及立法开始对信托组织的承认，预示着一种崭新的企业组织——信托——在现代社会的兴起。

（七）“资产分割”理论对信托的启示

尽管汉斯曼教授和克拉克曼教授提出资产分割理论已近 10 年，然而我国对此理论的介绍和研究仍显滞后。2006 年，我国青年学者李清池介绍了资产分割理论，并比较了公司与信托在资产分割上的相同之处和在治理结构上的不同之处。[2] 但对资产分割理论对我国企业理论和法律制度的影响没有作进一步分析。笔者认为，资产分割理论为我们分析和研究企业制度，特别是信托，提供了全新的思路，对企业法的深入研究作出了重要贡献。

资产分割理论抽象出企业组织的一些共同特征，强调企业法的财产法属性。该理论使得我们对企业法的观察与分析，从静态观察转变为动态分析，从单一视角转变为多维度分析。长期以来，我国学者对企业主要从市场主体的角度进行研究，根据法律[3]的规定来划分企业类型。对于具有独立财产并能独立承担责任的企业，我们通常称之为企业法人。最典型的法人企业就是公司。人们通常认为，公司最重要的特征是公司能够对外独立承担法律责任，股东以出资额为限承担有限责任。这是从企业投资者的角度来分析企业，突出企业债权人对股东的个人财产不享有债权请求权。对于不具有法人地位的企业，例如普通合伙企业和独

---

[1] Robert H. Sitkoff, Trust as “Uncorporation”: A Research Agenda, *University of Illinois Law Review*, 2005, 1, pp. 31 ~ 48.

[2] 李清池：“商事组织的法律构造——经济功能的分析”，载《中国社会科学》2006 年第 4 期，第 141 ~ 152 页。

[3] 此处所说的“法律”是狭义上的法律，即全国人民代表大会及其常务委员会通过的法律。

资企业，我国将其称为“其他经济组织”。这些其他经济组织不能独立对外承担法律责任，出资者可能以个人财产偿还企业债务。虽然不是法人，但我国法律仍承认其具有市场主体的资格或地位。这种立法模式和企业理论使得我们无法归纳出企业的共同特征，无法完美地回答“企业究竟是什么”这个古老的问题。现有理论更多的是从合同的角度，考虑如何保护企业债权人的利益。由于依据投资者是否承担有限责任来划分法人，所以不可避免地将企业划分为法人企业和其他经济组织。正是因为无法清晰地归纳出企业的基本法律特征，所以在界定企业边界的过程中，我们不得不依据法律的明文规定。只有当法律明确将某种组织确定为一种企业形态之后，我们才能理直气壮地说这是一种企业。对于法律没有明确规定的组织形式，要么以“法无明文”为由拒绝承认，要么比较犹豫难以定论。因此，我国现有理论的局限性在于没有抽象出企业的共同特征，一个组织被认定为企业是因为法律的明文规定，而不是因为其具有企业的共同特征。资产分割理论对我国企业理论和企业法研究具有三点重要启示。

第一，明确了企业的共同特征在于积极性资产分割，在法人企业和其他经济组织的分类基础上抽象出企业的共性。根据资产分割理论，企业的基本特征在于积极性资产分割，而以有限责任为代表的消极性资产分割并不是企业的共同特征。企业的功能主要体现在积极性资产分割，而不是有限责任。企业的作用在于形成了一个相对独立的资产池，而企业法的功能在于赋予企业债权人对资产池享有不同程度的优先受偿权，并界定企业债权人向企业投资者或其他受益人提出主张的合理界限。

第二，只要组织具有资产分割的功能，就可以认定其为企业，企业类型将越来越丰富。信托是一种颇有争议的制度，我国法律没有明确认定其是一种企业形态。以资产分割理论来分析，信托不仅形成了独立的资产池，而且对不同类型债权人优先权进行了分配，具有积极性资产分割和消极性资产分割功能。由此观之，信托具有极强的资产分割功能，属于一种全新的企业形态。

第三，企业法不仅具有合同法的特征，而且具有明确财产归属并促进财产利用的物权法属性。我国学者很少将企业法与合同法或物权法进行比较研究，也极少认为企业法具有物权法的功能。资产分割理论首先肯定了企业法能够为企业参与各方，特别是企业投资者、管理者和债权人，提供标准合同条款，具有简化交易程序和降低交易成本的功能，体现出合同法的性质。其次，认为企业法具有物权法确定财产归属的功能，具有物权法的性质。最后，强调两种法律性质相比较而言，企业法的物权法属性更为明显，而合同法属性次之。企业法的价值在于同时具有合同法与物权法的功能，具有双重属性。资产分割理论使得我们可以结束“信托究竟属于合同还是物权，抑或企业”的争论，或者终结“信托法究竟属于合同法还是物权法，抑或企业法”的讨论。信托同时具有第三人合同和物权性质，但更多体现为企业的性质；信托法兼具合同法与物权法的功能，但更多的是一种企业法。

第二节　我国对信托的理解

一、信托学说的比较

信托是一种财产转移及管理的设计。灵活与弹性的设计使其既可以是一种财产关系，也可以是一种合同关系，还可以是一种企业组织。在不同的历史背景下，法学家们运用不同的理论对信托展开各自的理解，由此形成了不同的学说。当受托人将信托财产据为己有、不法转让给第三人或受托人破产时，4 种学说对信托受益权的内容和效力有着全然不同的解释。“财产权说”是起源于信托法发展早期，建立在衡平法的基础之上的，信托受益权的保护基于实际履行、跟踪程序和权利担保，主要发挥财产的移

转功能；“物权说”是大陆法系早期在介绍和研究英美法系信托制度时提出的一种学说，试图运用传统物权理论解释信托制度。“为第三人利益合同说”是在英美法系现代合同法胜利并承认第三人受益合同之后提出的，信托受益权由违约责任、信赖义务和默示担保来保护，着重发挥财产管理功能。“企业组织说”是为了促进金融资产流通和资产证券化发展而形成的，信托受益权是一种全新的权利，重点是发挥企业组织的资产分割功能。对于不同学说的理解和选择，不仅取决于本国的法律传统，而且依赖于信托在现代社会的功能与作用。4 种学说的差异如表 2－1 所示。

表 2－1　不同信托学说的比较

	财产权说或物权说	第三人合同说	企业组织说
形成时期	早期（14 世纪）	近代（19 世纪）	现代（20 世纪）
受托人据为己有	实际履行	违约责任（强制履行）	取回权
受托人非法转让	跟踪程序	信赖义务	剩余价值权
受托人破产	权利担保	默示担保	资产分割
信托功能	财产转移	财产管理	资产分割

二、我国信托法中的信托

我国《信托法》第 2 条规定：信托是指委托人基于对受托人的信任，将其财产权委托给受托人，由受托人按委托人的意愿以自己的名义，为受益人的利益或者特定目的，进行管理或者处分的行为。与亚洲大陆法系其他国家或地区相比，我国对“信托”的理解颇具特色。

（一）从法律行为的角度来界定信托

日本、韩国和我国台湾地区将“信托”规定为“管理或者处分信托财产之关系”。《关于信托承认的海牙公约》也将信托理解为“创设的一种法律关系”，即从法律关系的角度来界定信托。惟独我国《信托法》将信托定义为“进行管理或者处分的行为”。产生信托关系的法律行为称为信托行为。在法理上，法律行为与法律关系的区别和差异是显而易见的。法律行为强调意思表示为要素，突出意思表示的成立、生效、履行和责任。法律关系则强调主体、客体和权利义务内容。从法律行为的角度界定信托，可以说明我国不是从财产关系的角度理解信托，而是从意思表示行为方面定义信托。当然，信托行为与信托关系联系得如此紧密，信托行为是产生信托关系的原因，信托关系基于信托行为产生，以至于难以区分或没有必要进行区分。

（二）不要求委托人必须向受托人转移财产所有权或其他处分权

除了中国外，几乎所有亚洲大陆法系国家或地区的信托法均规定委托人必须转移信托财产，受托人因此享有信托财产名义上的处分权。所谓“转移”，是指“委托人不仅是将财产权移转占有给受托人，而必须是有移转权利的外观”。[1]“转移财产权”几乎成了“信托”概念的核心。我国却使用了“委托”一词，放弃了“转移”的要求，即委托人可以向受托人转移财产处分权，也可以不转移财产权而设立信托。在不转移信托财产的情况下，委托人与受托人按照约定或法律规定执行“信托合同”。有学者认为：“委托”一词，揭示了信托成立的基础——委托人基于信托将财产委托给受托人管理、处分，同时又回避了信托财产所有权的归属问题，克服了财产所有权转移模式的缺陷，体现了很高的立法技术，具有一定的科学性，更为明确和科学。[2]当然，该处理更多是受到国内外许多学者的严厉批评。有学者尖锐地指出：“委托”一词有违信托本源。没有财产权的转移，则不能称之为信托，其结果只能是混同于一般民法下的委托合同、间接代理和寄托等。这种有违信托本质属性的定义，从它被颁布实施的

[1] 王志诚、赖源河：《现代信托法论（增订三版）》，中国政法大学出版社2002年版，第24页。

[2] 黄来纪：“试论我国《信托法》的特点”，载《政治与法律》2002年第3期，第48~51页。

那一天就注定了要被修改的命运。[1] 不管学者们对《信托法》第2条如何褒贬，这恰恰是我国信托法非常突出的一个特点。在评价具有中国特色的信托概念之前，需要明确“转移财产权”是否是信托的本质特征。

从历史渊源来看，英美法系信托并不强调财产权的转移。由于英国法上不存在一个关于信托的成文法的定义，所以不存在一个可以推导出信托相应规则的大前提。“转移财产”不是信托概念的核心要件。美国《信托法重述》第2版和第3版在定义信托时，同样没有要求必须转移财产。美国《信托法重述（第3版）》第2条将信托定义为：信托法重述所指信托，在没有“回归”和“推定”等限制词的情况下，是指一种对财产的信义关系，产生于一种设立信托的明确意图，享有持有财产权益的人负有为慈善利益或者一个或多个人利益处分该财产的责任，至少受益人不是单一的受托人。显然，在这个经典的信托定义中也没有要求“转移财产”。由此可见，是否规定“财产权转移”不是衡量信托概念准确与否的惟一标准。

从信托设立构成要件来看，“财产权转移”应当属于信托生效要件或对抗第三人要件。美国《信托法重述（第3版）》认为，一个完整的信托应该包括4个基本要件：受托人、受益人、信托财产和信托目的。在设立信托时，虽然暂时欠缺了受托人或受益人，仍不会破坏信托或阻碍信托的设立，但信托财产必须是客观存在并且是可以确定的。信托财产是由信托控制的财产。美国严格区分设立信托的原因行为与信托设立。为了设立信托而签订的信托合同、作出的计划或允诺，属于设立信托的原因行为。这些原因行为是否具有可执行性，将依赖于是否满足合同或遗嘱的生效要件。虽然存在原因行为，但如果没有转移信托财产，那

[1] 中野正俊、张俊建：“中国信托法具体修改建议”，载《河南省政法管理干部学院学报》2006年第6期，第1～12页。

么将因为缺乏信托财产而不能设立信托。只有委托人按照信托合同或文件将信托财产转移给受托人，信托才能设立。在美国，转移信托财产是设立信托的必要条件。由于大陆法系在引进信托制度时普遍建立了信托登记制度，所以“财产权转移”包括占有的转移和信托登记。那么，“转移财产权”在大陆法系信托制度中究竟是信托成立要件，还是生效要件，抑或是对抗第三人要件？日本、韩国和我国台湾地区，均规定“未经登记或注册”不得对抗第三人，即将信托登记作为对抗第三人要件。我国《信托法》则将信托登记视为信托生效要件。只要信托当事人意思表示一致，信托即可成立。根据信托设定的方式，我国信托可分为合同信托和遗嘱信托。只有签订书面信托合同之后，合同信托才能成立。对于遗嘱信托而言，受托人一经承诺，信托即告成立。显然，我国信托成立不以“转移财产权”为要件。信托财产可包括货币、动产、不动产、版权、工业产权以及其他合法财产。根据《信托法》第10条的规定，以不动产或工业产权为信托财产设立信托的，必须办理信托登记，即财产转移手续。对于货币、动产和不需要登记的权利而言，只需要转移财产的占有即可生效。因此，办理信托财产转移手续属于信托生效要件或对抗第三人要件，是否必须出现“转移”字样并不是信托概念的本质，也不影响人们对信托概念的理解。

（三）比较重视委托人在信托中的作用及其权利保护

在传统信托理论中，因受托人享有法律权益且受益人享有衡平权益，所有信托关系的核心是受托人与受益人。亚洲大陆法系在继受信托制度时，亦是凸显受托人与受益人的权利和义务，相对弱化委托人在信托关系中的作用。与此不同，我国信托法强化了委托人的地位，赋予委托人与受益人几乎相同的权利。甚至，有人据此推导出：信托财产所有权由委托人享有是我国信托法最大的标新立异，也是该法的最大特色。但不能为受托人处分信托财产提供依据，就其科学性而言，不及外国信托法。[1] 对比我国《信托法》第4章第1节“委托人”和第3节“受益人”，比较容易发现委托人享有与受益人相同的“对人”的权利：（1）知情权。委托人有权了解信托财产的管理运用、处分及收支情况，并有权要求受托人作出说明。（2）监督权。在信托目的不能实现时，有权要求受托人调整该信托财产的管理方法。（3）撤销权。违反信托目的或不当处分致使信托财产受到损失的，可在1年内向法院申请撤销。（4）强制执行或损害赔偿请求权。受托人违反信托目的处分信托财产或者因违背管理职责、处理信托事务不当致使信托财产受到损失的，委托人有权要求受托人恢复信托财产的原状或者予以赔偿。（5）受托人解任权。受托人违反信托目的处分信托财产或者管理运用、处分信托财产有重大过失的，委托人有权依照信托文件的规定解任受托人，或者申请人民法院解任受托人。在这5项权利中，主要体现为“对人”的权利，即委托人对受托人享有各种请求权。赋予委托人广泛的权利是我国信托法的特色。

三、对我国信托法的评价

究竟我国信托法采纳了哪种学说，应该采纳何种理论，在理论上存在许多分歧和争议。欲对制度进行评价，必须首先明确评价标准。笔者仍采用传统信托受益权的3项内容——实际履行、跟踪程序和权利担保——作为评判我国信托受益权立法的标准。

我国《信托法》第43条规定，受益人是在信托中享有信托受益权的人。由此将“信托受益权”确定为一个法定概念，但对于什么是“信托受益权”法无名文。尽管我国《信托法》第4章第3节专门规定了“受益人”，但该节对受益权的内容规定的

[1] 张淳：“《中华人民共和国信托法》中的创造性规定及其评价”，载《法律科学》2002年第2期，第110~120页。

甚少。由于受托人负有的义务都是针对受益人的，所以受托人的义务即为受益权的内容。结合第 4 章的第 1 ~ 2 节，可以概括出受益权的基本内容：一方面，受益人享有与委托人相同的 5 项“对人”的权利，即知情权、监督权、撤销权、强制执行或损害赔偿请求权和解任权；另一方面，受益人对信托财产享有“对物”的权利，即清偿债务的权利与依法转让和继承的权利。信托受益权也是一种财产权，既可以用于清偿受益人的个人债务，也可以依法转让，还可作为遗产进行继承。从权利内容来看，受益权包括“对人”和“对物”的权利。那么，我国信托法将信托受益权究竟视为物权，还是债权，或类似于股权的一种全新的权利？

首先，考察我国信托受益权中的实际履行。实际履行是指当不守信的受托人在获得信托财产后将信托财产或实际收益据为己有时，受益人请求法院强制性地返还信托财产或收益的权利。我国《信托法》继承并采纳了这一权利。《信托法》第 27 条规定：“受托人不得将信托财产转为其固有财产。受托人将信托财产转为其固有财产的，必须恢复该信托财产的原状……”第 22 条和第 49 条规定，受托人违反信托目的处分信托财产或者因违背管理职责、处理信托事务不当致使信托财产受到损失的，受益人有权申请人民法院撤销该处分行为，并有权要求受托人恢复信托财产的原状。对于要求受托人实际履行的权利，究竟运用哪种学说更为合适？是物上请求权，还是违约责任，抑或基于资产分割直接取回财产？笔者认为运用合同理论解释更为适当。因为我国合同法奉行传统大陆法系违约责任理论，以实际履行为原则，以损害赔偿为例外。当有实际履行的可能时，只要受益人要求法院强制实际履行，法院一般会支持受益人的请求。物上请求权以有体物的物权为前提。而我国物权法并没有明确规定受益人或委托人可以直接享有这种具有排他性的物权。我国企业法同样遵循“企业法定”原则，只有法律明确规定的企业形态才能设立并合法有

效。尽管我国信托法强调信托财产的独立性，然而信托财产并没有独立到具有独立人格。特别是我国信托法没有从企业的角度认同信托是一种独立的企业组织。因此，企业组织理论也不能合理地解释受益权中的实际履行。

其次，考察跟踪程序在我国信托法中的体现。为恢复信托财产而适用的衡平跟踪程序，是英美法系信托制度的核心内容。即使信托财产已经转变为其他形式，并且几经易手，跟踪程序允许受益人识别信托财产目前在何人手中——包括第三方——并向这些财产主张财产权。跟踪程序的效力范围至少体现在三个层次：第一层次，也是最低层次，要求信托财产不限于委托人转移的财产，还包括受托人随时取得的合法财产。跟踪程序不应及于受托人与第三人进行的正常的、合法交易行为。我国《信托法》第14条第2款体现了这一要求：受托人因信托财产的管理运用、处分或者其他情形而取得的财产，也归入信托财产。第二层次，当受托人违法运用信托财产获得非法利益，受益人可以要求其返还非法使用信托财产获取的利润。日本、韩国和我国台湾地区的“信托法”，赋予委托人和受益人向委托人提出弥补损失或恢复原状的请求权。而我国《信托法》第26条第2款规定：受托人利用信托财产为自己谋取利益的，所得利益归入信托财产。这种将受托人非法利用信托财产获取利益直接归入信托财产的立法，显然相对于请求权更有利于保护受益人。第三层次，当受托人不当处分信托财产时，受益人可基于推定信托要求第三人返还信托财产或利益。当受益人跟踪由第三方控制的信托财产时，第三方不是为了价值而购买，或与受托人共谋而没有通知而处理了信托财产，在这种情况下，英美法系将对第三人强加“推定信托”，为受益人利益而持有财产。该义务因远远超越民法所创设的任何责任，几乎没有任何一个大陆法系国家或地区考虑采纳。为了保护受益人和第三人利益，亚洲大陆法系普遍采用了信托财产登记制度。日本、韩国和我国台湾地区对于需登记的信托财产采登记对抗主义。并且，对于受托人违反信托目的处理信托财产的行为，信托制度赋予受益人撤销的权利，善意受让人除外。我国信托法在该层次上，也不同于亚洲的其他国家或地区。对于信托登记，我国采生效主义。《信托法》第10条第1款规定：设立信托，对于信托财产，有关法律、行政法规规定应当办理登记手续的，应当依法办理信托登记。由于到目前为止，我国尚未有“有关法律、行政法规”规定信托登记，所以在实践中难以践行。《信托法》第22条和第49条赋予了受益人1年内对于恶意买受人的受让行为享有撤销权。由此可见，我国信托法对英美法系的衡平跟踪程序既有继承，亦有创新。对跟踪程序的前两个效力层次，我国进行了很好的移植。信托财产及于收益和要求受托人返还非法利益，均是确保信托财产充实，因其很强的相对性而具有债权特征。最能体现物权追及效力的“推定信托”，被亚洲大陆法系国家或地区无情地抛弃，代之而起的是信托财产登记和撤销权制度。信托财产登记制度，体现了大陆法系物权公开和公示原则，是为了保证社会公众知悉该财产已经进行了信托。它不仅督促受托人依信托目的合法处理信托财产，而且确保善意的买受人尽到谨慎和注意义务。不过，根据我国《信托法》第10条第2款的规定，信托财产登记也可以解释为信托合同生效要件。尽管撤销权表现出对恶意买受人的对外效力，然而因受诉讼时效限制和具有相对性，它还是表现出债权属性。

最后，考察权利担保。权利担保是指当受托人破产时，受益人仍能识别信托财产和信托利益，享有优于受托人一般债权人的权利。这种权利担保使得信托具有资产分割功能，信托财产从受托人的其他资产中被有效地分离出来。信托财产独立于受托人的配偶、继承人或债权人。它是信托的另一个核心要素：不仅是区别委托合同或代理合同的主要特征，而且是确保信托财产安全的关键。既能有效地防范风险，又能充分利用受托人的专长获取利益，这是资产证券化、投资基金和资金信托采纳信托的主要原

因。我国信托法继受了具有资产分割功能的权利担保。我国《信托法》第16条第1款规定，信托财产与属于受托人所有的财产相区别；第2款规定，受托人死亡或者依法解散、被依法撤销、被宣告破产而终止，信托财产不属于其遗产或者清算财产。对于信托所体现的资产分割，可以运用不同理论进行解释。“物权说”认为信托财产的真正所有权人是受托人和受益人，“债权说”认为依据信托法的规定委托人和受益人享有法定默示担保的权利，“企业组织说”主张信托财产已经独立成为一个法人组织单独享有所有权。不过，将我国信托法的这些规定理解为受益人依法享有的法定默示担保权，也未尝不可。

综上所述，笔者认为我国信托法更多地采纳了合同理论，为信托合同提供了一套强制性的标准化条款。在信托受益权方面，几乎全部权利均可用合同理论予以合理解释。显然，我国信托法放弃了信托“物权说”。尽管我国许多学者错误地理解了“Equitable Title”，但立法者不希望因为引入信托制度而动摇整个民法体系和所有权制度。如果将“Legal Title”和“Equitable Title”解释为所谓的“双重所有权”，那么它将与大陆法系的所有权制度存在不可调和的矛盾与冲突。目前，学术界对信托制度的批判也印证了我国信托法的确建立在合同理论基础之上。有学者认为“我国信托法所定义的信托强调委托人的委托意愿，很容易让人将信托与委托合同关系混为一谈。我国的司法实践也充分证明建立在委托合同理论基础上的信托财产权利难以解释现实生活中所存在的信托法律关系，也不利于解决信托纠纷”，[1]“如果将信托制度构建在合同法之上，而我国现有的第三人利益合同的存在某种程度上可以解决类似于信托的关系，那么，我国移植信托制度

[1] 贾林青：“信托财产权的法律性质和结构之我见”，载《法学家》2005年第5期，第81~90页。

又有什么意义”?[1] 信托区别于一般合同之处，在于基于法律的强制性规定而使信托财产具有独立性，从而使信托具有资产分割的功能。从资产分割的效力来看，显然企业组织理论最强，物权学说其次，最弱的是债权说。由于我国学术界长期以来忽视甚至放弃对信托“企业组织说”的介绍和研究，所以人们对其知之甚少，最终导致我国《信托法》采纳了“合同说”。

我国信托法强调了信托受益权“对人”的效力，而忽视了对信托财产享有“物”的效力。这种立法上的忽视，导致了两个方面的制度缺陷：一方面，信托财产登记制度的模糊与含混，导致了信托财产登记在实践中几乎难以实行；另一方面，对于不需要登记的信托财产缺乏有效机制和相应措施确保信托财产区别于受托人的固有财产，即无法有效地实现资产分割。例如，2003年7月2日，金新信托在上海成立的“乳制品行业战略并购资金信托计划”，因改变信托资金用途而无法兑现。2005年12月30日停业整顿的金信信托，在许多资金信托产品的管理中存在严重挪用信托资金的情况。由于资金信托无需登记，所以即使受托人违反信托目的不当使用信托资金，相对人也无法知道。受益人当然也就无法行使我国《信托法》第22条规定的撤销权。因信托财产登记制度的欠缺以及无法确保信托财产与受托人个人财产的有效分割，所以信托受益权缺乏有效保障。这将严重减损信托作为投资工具的功能。事实上，信托所具有的灵活性远远超出人们的想像。信托兼具有对人的效力和对信托财产的效力，是对人的义务和对财产的义务的结合。“物权说”强调对物的效力，“债权说”偏重对人的效力，“新权利说”看到了对人和对财产义务的结合，突出资产分割功能。笔者认为，我国信托法在强调对人效力的同时，还应注重信托财产的公示，并确保信托具有资产分

[1] 陈雪萍：“论我国商事信托之制度创新”，载《法商研究》2006年第3期，第68~75页。

割功能。

第三节　专利信托的含义

世界各国对信托的理解和规定各不相同，信托实践存在明显的差异，信托分类亦是多种多样。信托依设立的原因可分为任意信托和法定信托，根据利益归属的不同可分为自益信托和他益信托，以是否营业为标准又可分为民事信托和商事信托。其中，常用的一种分类方式是依据信托财产的属性，分为资金信托、不动产信托、有价证券信托和知识产权信托等。专利信托的产生源于信托制度是否允许以专利作为信托财产，专利信托的发展取决于权利人运用专利的能力。

一、专利信托的历史沿革

信托财产是指被纳入信托的财产或财产利益。信托最初的财产形式主要是土地。从14世纪初到17世纪末，为了规避僵硬的继承制度和沉重的税收，土地信托成为一种重要的财产转移工具。土地作为家庭财产，通过信托的方式在家庭之间自由转让。现代信托不再是土地转移的工具，而是一种对金融资产组合进行管理的工具。信托财产形式发生了巨大变化，现代社会许多财产呈现金融资产的形式。例如股票、债券、保险、养老金和银行存款等。现代信托就是将这些复杂的金融资产组合在一起，通过受托人专业化并富有技巧地管理获取利益。笔者认为，以专利为核心的知识产权信托的出现主要基于以下三个原因：首先，专利逐渐成为现代社会非常重要的一种财产形式，在经济中的作用发生了巨大变化；其次，信托功能从财产转让功能逐步变化为金融管理功能；最后，世界各国信托立法对信托财产的规定逐渐由限制到放任，完成了从“列举”式到“概括”式立法模式的转变。

（一）专利作用的变化

从企业资产的角度，专利已经从获得市场垄断的法律保护手段转变为创造价值的工具。据史料记载，早在1200年威尼斯就已经授予挖泥机、制面粉磨机等垄断性权利。1474年3月19日威尼斯颁布的专利法案，被誉为现在专利法律制度的先驱。专利制度的本质是赋予专利权人一定时期的专有权或垄断权。这种权利在很长时间内是作为打击侵权行为并维护市场垄断的一种手段。专利权人通过专利侵权诉讼，不仅可以获得巨额的专利损害赔偿费用，而且可以排除竞争对手达到独占市场的目的。但随着市场的需求越来越大以及专利权人欠缺相应的运用能力，专利不再是一种防护手段，而开始成为权利人的营利工具和经营策略。

越来越多的企业将专利视为一种金融资产，而不仅仅是一种权利。金融资产是一个组织为了创造利润而拥有的财产。从金融资产的角度看，专利是可以或尚未实现的未来现金流的一系列权利。[1] 在200年前，金融资产具有两个特征：拥有的风险性和难以交易性。拥有的风险性，是因为即使是最稳定和低风险的资产，如公司债券或政府债券，也可能忽然被宣告为一钱不值。难以交易是因为没有交易中心和金融工具去买卖它们。具有210多年历史的华尔街规则和架构，提供了强有力的降低风险的金融工具，能够安全可靠地进行股票和债券交易。这种安全促使股票、债券、房地产利益和那些可交易的、流动的、明显具有金融性的财产份额的大量交易。金融资产能以这种方式进行交易，是因为它们是证券——为了从他人经营中获得利润而对利益分割享有。华尔街的金融工具和结构，使得金融资产拥有和交易的风险降至最低。但专利不是证券，仍然具有拥有的风险性和难以交易性，不能为了获得利益而分割所有权。如果承认专利是金融资产，那

---

[1] Bruce Berman. *From Ideas to Assets*: *Investing Wisely in Intellectual Property*, John Wiley & Sons. Inc. 2002, p. 117.

么也应该承认专利在金融市场交易的安全性，华尔街的大部分基础设施也可以运用于专利资产。基于这种认识，美国公司越来越重视专利资产，更多的资源开始优先配置到专利的经营管理当中。根据美国标准—普尔的统计，现在公开公司大概 87% 的市场价值归功于无形资产，有形资产的总值仅为 13%。与 20 世纪 70 年代无形资产仅占 50% 的比例相比，发生了急剧变化。[1] 因特网的运用和金融工具的创新，使得专利交易能以更为合理的方式进行，获得和处理专利资产变得更加容易和安全。专利许可执行网络、发明者—科学家、技术经纪人，构成世界专利买卖和许可的交易系统。由于专利作为金融资产交易的两个障碍被清除了，所以专利资产管理的商业活动、买卖和许可专利的交易行为将快速发展。

（二）信托功能的转变

经历了数个世纪，信托功能已经从财产转移转变到金融资产管理。从 14 世纪一直到 19 世纪后期，信托主要是作为土地和房地产转移的工具，信托制度一直被视为财产转移法的一个分支。随着财产形式的急剧变化，金融资产开始代替土地和房地产成为现代社会的一种重要财产形式。如同 1922 年美国著名大法官庞德所说："在商业时代，财富主要是由允诺构成。"[2] 1927 年，日本民法学者我妻荣在考察了不动产、生产设备、商品和货币与债权的结合之后，提出"财产债权化"，使债权具有优势地位。债权已不是取得物权和物利用的手段，它本身就是法律生活的目的。经济价值不是静止地存在于物权，而是从一个债权向另一个

---

[1] Bruce Berman. *From Ideas to Assets: Investing Wisely in Intellectual Property*, John Wiley & Sons. Inc. 2002, p. 114.

[2] Roscoe Pound, An Introduction to the Philosophy of Law, 236 (1922). Wealth in a commercial age is made up largely of promises.

债权不停地移动。[1] 以有效管理金融资产为目的的信托的大量出现，是信托实践对财产形式急剧变化的一种回应。管理信托的出现使得信托关系从无偿、业余管理向有偿、专业化管理转变。在以转移土地为目的的信托时代，受托人通常不会收取报酬。为了帮助委托人规避法律转移土地，具有良好声誉的社区政治家往往会无偿出借其姓名和荣誉。直到19世纪后期，仍有法学家在说："几乎所有的知名人士都是受托人。"尽管这种无偿的民事信托在现代社会仍然存在，然而有偿的、专业化管理的商业信托已经成为现代信托的主要类型。这种变化引起信托法律制度的重大变革：一方面，为了防止受托人滥用权利，信托法更加强调对信托受益人的保护；另一方面，为了保证受托人拥有必要的交易性权利，信托法强调受托人谨慎和忠实义务。

管理信托的核心特征是专业化资产管理，在谨慎和忠实原则的指导下，通过资产分割功能将信托财产与管理者破产相隔离。管理信托已经被实践证明是一种有效的资产管理工具。它具有如此巨大的吸引力和适应力，已经从传统的家庭财产转移核心功能转变为广泛运用于养老金信托、共同基金和资产证券化信托的众多用途的商业信托。通过商业信托聚合在一起的资产远远超过民事信托，其比例达到20：1。[2] 在过去的一个世纪，信托已经从持有和转移土地的一种方式演变为管理金融资产的一种工具。

（三）信托制度立法模式的转变

世界各国在制定信托法时面临着一个基本的法律问题：是否需要对信托持有的财产形式作出任何限制性规定？从历史发展来看，信托法对信托财产的规定经历了从"列举"到"概括"的演变。18世纪早期的信托投资业务以"低风险，低回报"的投

[1] ［日］我妻荣著，王书江译：《债权在近代法中的优越地位》，中国大百科全书出版社1999年版，第7页。

[2] John H. Langbein, Rise of the Management Trust, *Trusts & Estates*, October 2004, pp. 52 ~57.

资为主，特别是以政府债券和抵押证券作为主要的信托财产。直到19世纪，英国的信托立法和美国各州的信托规则仍倾向于将信托财产的种类限制在很小的一个范围，即采用“列举式”的立法模式。在很长一段时间内，包括专利在内的知识产权并不能成为信托财产，甚至被一些国家的信托法排除在信托之外。20世纪初，日本为了促进企业融资，率先在大陆法系国家引入信托法，并沿袭了英美法系“列举式”的立法模式。1922年的《日本信托业法》第4条规定，信托公司不得承受下列以外的财产信托：（1）金钱；（2）有价证券；（3）金钱债券；（4）动产；（5）土地及其固定物；（6）地上权及土地租赁权。可见专利并未成为可信托的财产，所以专利信托长期以来无法开展。究其原因，笔者认为主要有四个：第一，日本当初引入信托的目的在于促进企业融资，扩宽企业融投资的渠道，因此重点发展资金信托、有价证券信托和不动产信托。第二，日本理论上对信托的理解存在许多争议，民法理论的物权原则对信托法有着深远影响，更多的是从“有体物”的角度限定信托财产。第三，在当时所处的时代，专利尚未完成从保护手段到金融资产的转变，专利对经济和社会的影响非常有限。1927年日本民法学者我妻荣在讨论“财产债权化”过程中，重点考察了不动产、生产设备、商品和货币与债权的结合，而没有论及知识产权债权化或专利债权化。显然，20世纪20年代专利衍生出来的债权并不多，专利也没有转变为金融资产。第四，那时的信托立法趋于保守，采用列举式的立法模式严格限定信托财产的类型。

随着市场经济的发展和资本市场的繁荣，越来越多的财产可以成为信托的投资范围。英国学者劳森在《财产法》一书中将财产分为5类：（1）土地，包括一切不动产；（2）货物，主要指动产；（3）无形动产，包括债务、商业证券、债券和股票、商誉、知识产权；（4）货币；（5）基金。[1] 可供选择的信托财产日益增加，使得极端保守的“列举式”立法模式难以适应信托业的发展。为了追求投资安全而限制信托财产形式的做法与信托投资日趋多元化的发展趋势，开始出现越来越多的摩擦。自 20 世纪开始，许多国家的信托理论及其立法开始取消对信托财产的限制。《美国信托法重述（第 3 版）》第 40 条对信托财产几乎没有任何限制，规定只要具有合法的信托目的，“任何财产均可作为信托财产”。当然根据信托的特性，信托财产必须满足一定条件才能是适格的：第一，必须是可转让的财产。除法律的特殊规定外，信托财产必须是可由财产所有者自愿转让的财产；不能转让的财产不得作为信托财产。第二，必须是可确定的财产。在设立信托时，财产必须是确定或可以确定。第三，必须是现实的财产。未来可能期待或希望获得的财产，或者尚不存在，或已经消失不再存在的利益，不能成为信托财产。只有满足可转让性、确定性和现实性这三个条件的财产或权利，才可以作为信托财产。由此观之，专利、商标或版权，甚至未获专利的发明，都满足上述三个条件，因而可以作为信托财产设立信托。

2002 年，日本在知识产权立国和知识产权战略框架下，开始制定积极的专利信托政策，排除专利信托的制度障碍，努力引导信托银行或信托机构进行专利信托实践。在《日本知识产权战略大纲》《日本知识产权基本法》和《日本知识产权战略推进计划》中，特别强调需要“利用信托制度来促进知识产权的管理和流通，实现利用知识产权筹集资金制度的多元化”。2004 年 6 月 16 日，修改后的《日本信托业法》废除了对可信托财产范围的限制，允许包括专利在内的知识产权设立信托。从此，日本企业利用信托筹措资金的渠道得以增加，可以开展各种类型的专利

[1] ［英］F. H. 劳森、B. 拉登著，施天涛译：《财产法（第 2 版）》，中国大百科全书出版社 1998 年版，第 59 页。

信托。

信托财产由最初的信托土地（Trust Estate）发展到信托资产（Trust Assets），再演变为可以为任何形式的信托财产（Trust Property）。作为交易对象的任何有价值的资产都可以视为财产。一些权利和利益转化为财产的原因，是在于它们具有价值并且人们愿意购买。因此，现在所说的“财产”，应包括财产本身及其衍生的各种权利。经过几百年的发展，专利作用、信托功能以及立法模式的变迁终于使专利信托成为一种可能。

二、专利信托的概念

专利信托是依据信托财产的不同而划分的一种信托类型。顾名思义，专利信托就是以专利权为信托财产的信托。但如果这样狭隘地理解专利信托，笔者认为不仅会使专利信托范围过于狭窄，而且无法发挥专利信托应有的功能。

从财产的角度来看，专利具有资产专用性。资产专用性是指在不牺牲生产价值的条件下，资产可用于不同用途和由不同使用者利用的程度。[1] 它主要是从资产所有者的角度来考虑投资的专用性或流动性。某种特定的资产只适用于某个特定的用途，把它改用于其他用途或者是不可能的，或者会产生很高的成本。威廉姆森在讨论资产专用性时，指出了4种不同类型的专用性或交易专用性沉没投资，即地点专用性、实物专用性、人力资本专用性和专门性资产。在已被经济学家普遍接受的这4种分类中不包括专利，不能不说这是一个疏忽。专利显然具有资产专用性的特质：(1) 专利比现有技术具有更高的生产效率。专用性资产的存在是因为它比通用性资产更有效率。发明专利在授权之前，需要对其“新颖性、创造性和实用性”进行判断。“新颖性”可确保申请专利的技术不同于现有技术，“创造性”可保证创新性技

[1] 陈郁：《企业制度与市场组织》，上海三联书店2006年版，第86页。

术更为高效，“实用性”则确认该技术工业实际运用的可能性。得到国家行政主管机关授权的专利，是对发明专利“三性”的权威认定。至少在理论上，专利应比现有通用性技术更有效率。(2) 创造专利需要进行专门化的投资。它包括研究与开发的投资和申请专利的投资。(3) 一旦不需要将发明专利使用在特定用途上，对专利专门化的投资不会产生利润，甚至会无法收回。仅有专利不会产生任何收益，专利必须与其他互补性资产一起向市场提供商品或服务。但专利权人缺乏将创新技术转变为竞争优势所必需的资产时，创造专利的专门投资就形成沉淀成本，而无法获得收益。(4) 从专利使用情况来看，中断专利创造既可能损害下游的专利使用者，也可能损害上游的专利供给方：改变专利的供给可能使专利使用方承担巨大的转换成本，丧失专利的买主也可能使作出了专门化投资的专利供给方无法收回投资。因此，专利是典型的专用性资产。

与资产专用性相对应的一个概念是资产“流动性”（Liquidity）。流动性是指以合理价格迅速成交的能力。它反映了资产从一个投资者向另一个投资者转让的程度。虽然流动性是许多金融资产的一个重要特征，但它却难以准确量化。通常从三个维度来衡量资产的流动性特征：第一个维度是即时性（Immediacy），即资产是否具有交易的便利性，能否迅速地达成交易，或者说达成一个市场交易所需时间的长短；第二个维度是市场宽度（Market Width），即资产能否以合适的价格成交；第三个维度是市场深度（Market Depth），即以适当价格在同一时间资产交易的数量。

专利因具有资产专用性而缺乏流动性。专用性资产的优势在于市场上很少有这种资产出售，可以获得市场的垄断性；缺点在于难以通过市场交易转让，缺乏流动性。资产的专用性越强，流动性也就越差。“利用”是财产价值实现的惟一途径。我们在考察专利的财产属性时，可将其区分为专利使用价值和因具有使用价值而获得的专利交换价值。专利的使用价值是一切财产价值的

基础。在专利上存在的权利也因其各自客体不同而区别为两种财产权。以专利的使用价值为客体，称为使用权；以专利潜在的交换价值或资本价值为客体，称为价值权。由于自身不具备最大限度地利用专利以全面获取经济利益的资源，所以权利人转而寻求专利的交换价值。权利人自己利用专利使用价值，就是专利实施；将专利使用权转让给他人，就产生专利许可；行使专利价值权的结果，就是设立专利质押；对专利的全部权利予以让渡，就出现专利转让。权利人在向他人行使专利使用权或价值权的过程中，权利悄然发生变化：专利权转换为债权或质押权。因此，专利权的利用既包括处分使用权，也包括行使价值权；既可由权利人行使，也可由他人利用。国家知识产权局2007年对全国2 716家企业知识产权状况的调查显示：2000年以来，这些企业授权专利实施率小于30%的占一半以上，拥有自主知识产权产品的销售占总销售额达30%的企业只有1/3。[1] 这不仅表明我国企业应用知识产权的能力较低，而且说明我国对知识产权利用的理解多限于自己行使使用权。这种认识上的误区，导致了我国理论界和实务界对专利价值发现仍停留在权利人自己实施专利层面，忽视了专利价值权的行使与实现。

专利的资产专用性特征与现代社会财产高速流通的需求存在明显的冲突与矛盾。现代社会生产方式的特点在于利益的流动性，并要求这种流动具有可靠的保证。现代法律不仅使债权转让成为可能，而且保障了受让人的安全地位。当抵押权（质押权）与流通证券相结合时，债权成为有价证券而连续流转。在市场经济中，一方面，许多企业需要大量货币资本；另一方面，社会上的闲散资金所有人有着向企业投资的渴望。抵押权（质押权）就成为这种大量投资的中介。制度的目的也由保障信用取得逐渐

[1] 田力普："加强知识产权保护为企业自主创新保驾护航"，载《中国科技产业》2007年第6期，第15～17页。

向资本投资转移。日本民法学者我妻荣称这一现象为“财产债权化”。其实质是将蕴含于财产中的使用价值和交换价值予以独立并加以流通。以专利权拥有为中心、强调权利人自己应用的法律模式，已经无法满足权利人获利、企业融资和公众投资的需求。专利在现代社会的经济作用已经发生了巨大变化。专利不再只是防护措施，而是公司经营策略的主要武器。❶ 权利人通过专利许可或专利质押，可以实现专利债权化。利用信托灵活的制度设计，将债权与有价证券相结合，就可以实现专利资产的有效流通。这不仅克服了专利资产专用性的局限性，而且能有效地提高权利人运用专利的能力。从价值形态来看，越是重视专利使用权，专利的资产专用性也就越强；越是强调专利价值权，专利越具有流动性。如图 2 –6 所示。

随着现代社会对专利的价值权日益重视，权利人放弃对专利的直接支配，转而收取价金或获取金钱融资。这种权利价值化的倾向，使得一切具有经济利益的专利及其衍生出的各种权利，都可以成为信托财产。在专利运用过程中，专利可以衍生出许多权利。对于专利衍生出来的债权或质押权，也可以设立信托。相对于以专利本身作为信托财产的信托，债权信托或质押权信托具有更悠久的历史和便利。因此，应从更广阔的范围来理解专利信托。本书认为，专利信托是指专利权人基于对受托人的信任，将专利权及其衍生权利委托给受托人，由受托人按委托人的意愿以自己的名义，为受益人的利益或者特定目的，进行管理或者处分的法律关系。

❶ 欧洲专利局编著，郭民生等译：《未来知识产权制度的愿景》，知识产权出版社 2008 年版，第 19 页。

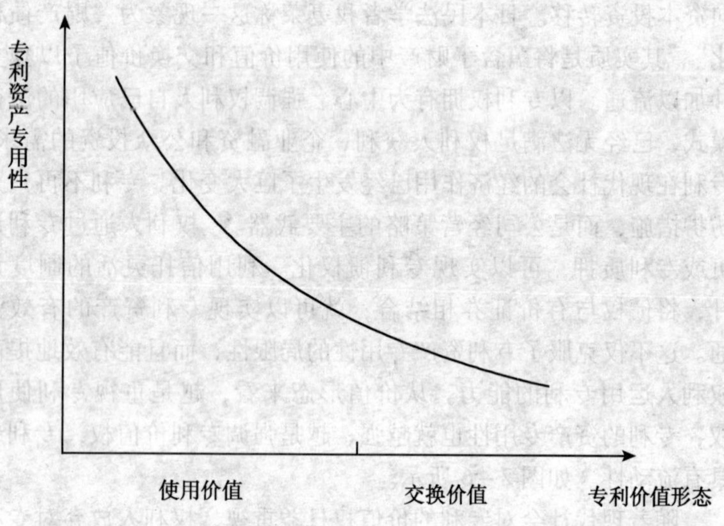

图 2－6　专利价值形态对专利资产专用性的影响

第三章　专利信托的功能

第一节　我国专利利用状况及其原因分析

一、我国专利利用状况

我国《专利法》自1985年4月1日施行以来，经过24年的发展，专利申请量已经超过了500万件。截止到2009年3月16日，我国受理的专利申请总量达到5 002 143件。这充分显示了我国专利数量高速增长的态势，标志着我国的专利竞赛已经初具规模。❶ 专利申请量作为一项重要的衡量指标，只是说明专利申请行为的活跃程度。专利申请量越多，表明专利申请越积极。但是衡量权利人的技术创新能力，不能仅看专利申请数量，还需要考察专利本身的质量。

专利指标应用在专利信息分析当中已有几十年的历史，一些组织和学者非常重视专利指标的研究与分析。美国CHI研究公司从1968年逐步建立了一套评估企业专利价值及其技术实力的量化指标，并成为最具影响力的专利指标评价体系之一。这些指标包括7个：专利数量、被引证数、引证指标、技术力量、技术生命周期、科学关联性以及科学力量。由于我国没有强制性要求专利引用或论文引用情况必须在专利申请文件中予以说明，所以对专利被引证数以及相关指数在我国无从查起。CHI研究公司创造

---

❶ 袁真富："中国专利竞赛：理性指引与策略调整"，载《电子知识产权》2006年第11期，第20~23页。

出来的这套专利指标评价体系，目前在我国专利信息分析中无法使用。根据我国的国情，反映专利质量的指标还应该包括：专利授权量和有效专利量。专利授权量，表明符合法律规定并获得独占实施权的专利数量。专利无效程序或权利人主动放弃，均可能使授权的专利无效。有效专利量更能体现专利质量和反映专利利用的状况。研究表明：高质量专利且选择性申请专利的权利人比低质量专利但积极申请专利的权利人，更容易获得成功。拥有高质量并积极申请专利的权利人往往是该工业领域的技术领先者。虽然无法知道准确的专利利用状况，但通过比较专利授权量和有效专利量，可以基本了解我国专利利用的现状。

反映我国专利行为的专利申请量较高，但反映专利质量的国内发明专利授权量较低，而且随着时间的推移，国内发明专利的有效量急剧下降。截至 2008 年 12 月 31 日，国家知识产权局共受理三种专利申请 4 853 506 件。其中发明 1 623 248 件，占 33.4%；实用新型 1 695 751件，占 34.9%；外观设计 1 534 507件，占31.7%。其中国内4 028 393件，占83.0%；国外825 113件，占 17.0%。2008 年累计授权专利 2 501 268 件。其中发明 458 157件，占 18.3%；实用新型 1 164 939件，占 46.6%；外观设计 878 172件，占 35.1%。其中国内 2 142 785件，占 85.7%；国外 358 483件，占 14.3%[1]有效专利 1 195 196件。其中，发明、实用新型和外观设计有效量分别为 337 215 件、469 729 件和 388 252件，分别占总量的 28.2%、39.3% 和 32.5%。其中，国内 924 928件，占 77.4%；国外 270 268件，占 22.6%[2]我国专利基本状况如表 3－1 所示。通过国家知识产权局公布的公开信息，可以得出以下结论。

---

[1] 国家知识产权局规划发展司：《专利统计简报》2009 年第 3 期，第 1～6 页。

[2] 国家知识产权局规划发展司：《专利统计简报》2009 年第 5 期，第 2～3 页。

表 3-1　我国专利基本状况（截至 2008 年 12 月 31 日）

	总数（件）	发明专利（件）	国内（件）	国内发明专利（件）
专利申请量	4853506	1623248	4028393	911520
专利授权量	2501268	458157	2142785	190977
有效专利量	1195196	337215	924928	127920

资料来源：根据国家知识产权局网站专利统计简报整理。

第一，在我国拥有授权和有效发明专利的主力不是企业，而是非企业。长期以来，我国企业申请或授权发明专利量占全部国内发明专利申请量或授权量的比例均不超过 50%。尽管近几年企业发明专利的申请量和授权量持续增长，但企业不是我国发明专利申请和授权主力的局面仍未改变。以 2001～2008 年的统计数据计算，我国企业申请发明专利量占国内全部发明专利申请量的比例大概为 33.96%，我国企业授权发明专利量占国内全部发明专利授权量的 41.78%。2001～2008 年，我国发明专利申请和授权中企业所占比例如图 3-1 所示。以截至 2007 年 6 月 30 日的统计数据计算，我国企业拥有的有效发明专利也仅占全部国内全部有效发明专利量的 39.5%。国内有效专利申请人类型分布如表 3-2 所示。这充分表明：在我国个人、大专院校、科研院所和机关团体获得并拥有大部分发明专利。

表 3-2　国内有效专利申请人类型分布（截至 2007 年 6 月 30 日）

申请人类型	发明	实用新型	外观设计
非职务	23113	177909	138800
职务	59905	144425	88510
企业	32764	125531	86516
大专院校	16599	8636	1155
科研单位	9901	8725	536
机关团体	641	1533	303

资料来源：国家知识产权局规划发展司：《专利统计简报》2007 年第 13 期。

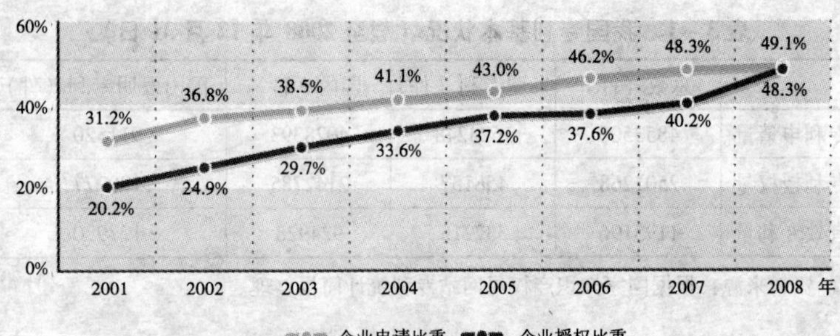

图 3-1　2001~2008 年我国发明专利申请、授权中企业所占比重

资料来源：国家知识产权局规划发展司：《专利统计简报》2009 年第 3 期。

第二，授权后的发明专利有效维持率比较低。截至 2008 年 12 月 31 日，国内有效发明专利中，有效期不足 7 年❶的占 82.1%，而国外这一比例只有 47.1%；国内有效发明专利中，有效期超过 10 年❷的只占 4.8%，而国外这一比例达到 24.9%。❸国内外有效发明专利维持年限分布如图 3-2 所示。这些数据表明：我国发明专利的平均有效率仅为 66.98%，❹ 约 33% 的发明专利在授权之后没有利用，最终被专利权人放弃。

第三，权利人管理专利的成本是非常高昂的，但专利带来金钱收益的概率却是非常小的。例如，日本每年有超过 40 万件的发明专利申请，提出实质审查的大约占 55%，获得专利授权的大约只占提出实质审查申请的 50%。获得专利后，自己公司实际使用专利的仅占 20%，占专利申请量的 3%~5%。许可专利或涉及警告、诉讼等使用权利的概率更低，大约仅占专利申请量

---

❶ 即申请于 2002 年 1 月 1 日或之后。

❷ 即申请于 1998 年 12 月 31 日或之前。

❸ 国家知识产权局规划发展司：《专利统计简报》2009 年第 5 期，第 6 页。

❹ 我国发明专利的平均有效率 = 我国有效发明专利/我国授权发明专利。以截至 2008 年 12 月 31 日的数据计算，大约为 127920/190977 = 66.98%。

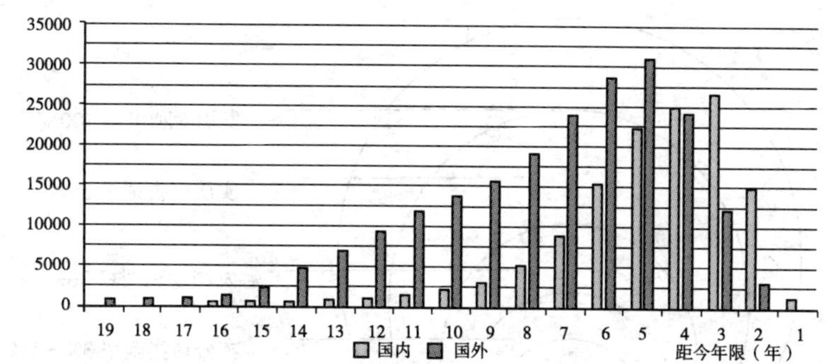

图 3－2　国内外有效发明专利维持年限分布

资料来源：国家知识产权局规划发展司：《专利统计简报》2009 年第 5 期。

的 0.3% 。[1] 在日本，专利获取收益的概率如图 3－3 所示。我国申请专利获得专利收益的概率可能更低。国家知识产权局 2007 年对全国 2 716家企业知识产权状况的调查显示：2000 年以来，这些企业授权专利实施率小于 30% 的占一半以上。[2] 1998～2008 年之间，在国家知识产权局备案专利实施许可合同仅有 2 703 个。[3] 截止到 2006 年 9 月，在国家知识产权局进行过专利权质押登记的合同有 295 个，涉及的专利技术有 682 项，仅仅占我国当时 140 万项授权专利的 0.5‰。2008 年全年登记的专利质押合同只有 97 个，涉及的专利技术也只有 228 项，占 2008 年我国国内 352 406件专利授权的 0.647‰。虽然我国关于专利实施、许可和质押的相关统计并不完整，但从现有公开的信息来看，专利权人获得专利收益的概率还是比较低的。

专利申请在世界范围内出现了所谓的全球“专利浪潮”。近

---

❶ 池内宽幸著，丁英烈译：《专利激情在燃烧》，知识产权出版社 2003 年版，第 68 页。

❷ 田力普：“加强知识产权保护为企业自主创新保驾护航”，载《中国科技产业》2007 年第 6 期，第 15～17 页。

❸ 根据国家知识产权局公布的专利实施许可合同备案信息统计数据整理得出的结论。

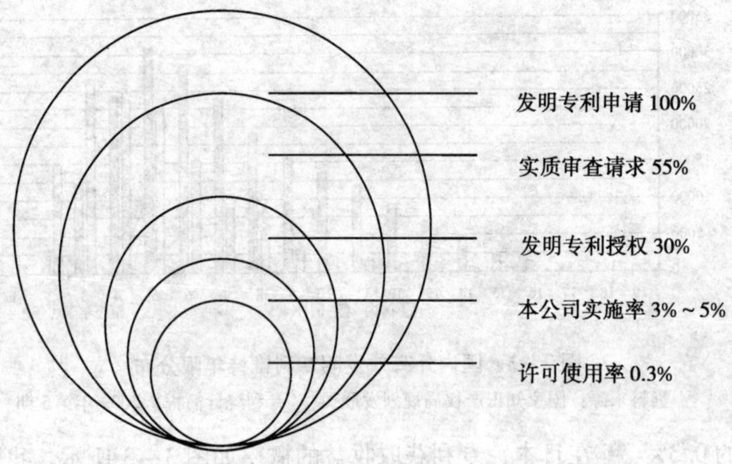

图 3－3 日本专利获得收益的概率

20 年来，通过美国专利和商标局、欧洲专利局和日本专利局申请的专利每年以平均 4.9% 的速度递增，而且美国专利和商标局每年授权的专利数量以 3.4% 的速度增长。2001 年以来，我国的发明专利申请受理量年均增长率超过 25%。专利数量激增说明创新行为非常活跃。虽然获得并维持专利是需要成本的，但现实中许多权利人在获得专利后不能或不打算立即将这些专利商业化。学者将这种不能带来收益的专利形象地称为“沉睡专利”（Sleeping Patent）。“沉睡专利”的大量存在，不仅使专利制度对权利人的正向激励功能无法发挥，而且导致研究开发投入过多的沉淀乃至资源的浪费。有人甚至估计我国处于沉睡没有利用的专利大约有 80%，其中大部分是非企业所有的专利。如何尽可能地减少沉睡专利或唤醒沉睡中的专利，有效地发挥专利在经济中的作用，利用专利创造价值，这将是一个永恒的课题。研究“沉睡专利”产生的原因并提出相应防治策略，对促进技术创新和专利信托在我国的运用具有重要意义。

二、沉睡专利的界定

国内外许多学者已经注意到沉睡专利这一特殊现象，并努力进行解释。1958 年，Machlup F. 在《专利制度经济评论》一文中估计，未使用的专利大约占全部专利的 80% ~90% 。❶ 1977 年，Kitch 运用“专利勘探理论”（Prospect Theory of Patent）对沉睡专利进行了解释。❷ 他将创新活动比做勘探矿藏，而申请专利就像是获得在某个区域进行排他性开发的许可证。厂商申请专利最大的作用在于圈定市场，消除由于专利竞赛而给厂商带来的不确定性。由于技术和市场原因，厂商申请专利后并不会立即开发最终产品，由此就导致了“沉睡专利”的情况。1982 年，Gilbert 和 Newbery 通过一个拍卖模型证明：垄断厂商通过“沉睡专利”保护其核心专利进而获得更高的市场垄断利润。垄断厂商甚至向竞争对手购买那些沉睡专利，其目的不是利用而是将其搁置起来以遏制竞争的发生。1983 年，Salop 和 Schcffman 针对企业申请专利但不开发专利的原因进行了分析，认为这样可以提高竞争者进入市场的成本并实现“阻挠策略”。1992 年，Gallini 认为，其他厂商对专利产品进行不侵权创新的成本与专利保护宽度成正向关系。通过申请多个相互关联的沉睡专利，可以增加总体专利保护的宽度。2006 年，我国年轻学者寇宗来将专利的排他性特征引入实物期权模型，解释了企业持有专利期权而不去开发是理性的选择。❸ 这些理论在一定程度上可以解释某些技术领先企业

---

❶ Machlup F. An Economic Review of the Patent System . Study No. 15 of the United States Sub—Committee on Patent, Trademarks and Copyrights（US Government Printing Office, Washington, D. C, 1958）, p. 12.

❷ Kitch E. The Nature and Function of the Patent System. *Journal of Law and Economics*, 1977, pp. 265 ~290.

❸ 寇宗来：“沉睡专利的实物期权模型”，载《世界经济文汇》2006 年第 3 期，第 42 ~51 页。

将专利闲置的原因，但无法说明大学、研究机构和个人闲置专利的原因。唐家要等学者认为，我国专利沉睡现象的出现是因为存在一些制度障碍、缺乏有效的信息平台、有些公司滥用专利和“泡沫专利”。❶ 朱雪忠教授认为，专利闲置是由于专利技术本身或专利权人的动机存在问题。❷ 这些因素在某种程度上影响着沉睡专利的形成，但不是决定性因素。2004 年，Razgaitis 调查了在美国和加拿大进行专利许可的472 家企业，发现43% 的专利许可未获成功；而终止的原因是谈判的主体太多或者不能将有用的专利组装在一起。2007 年，Giuri 调查了 9 000个欧洲专利权利人，进行专利许可的有 11%，但仍有高达 7% 的专利权人愿意许可却未能成交。❸ 韩继坤认为专利技术的特殊性以及制度激励约束软化，决定了专利技术交易具有较高的成本。❹ 较高的交易成本可能导致专利市场交易失败，但不必然导致专利闲置，专利权人可以选择自己利用专利。现有理论忽视了专利的资产专用性和互补性，很少从专利所具有的独特经济属性的角度来解释沉睡专利。本章运用制度经济学理论，着重从三个维度来分析专利市场交易，分别探讨专利市场化和专利一体化失败的原因，并提出防治沉睡专利的相应策略。

尽管“Sleeping Patent”一词出现在一些文献中，但对于什么是“沉睡专利”并没有一个确定的概念。有学者将沉睡专利解释为专利权人既不自己使用，也不许可给他人使用。笔者认为

---

❶ 唐要军、孙路：“专利转化中的‘专利沉睡’及其治理分析”，载《中国软科学》2006 年第 8 期，第 73 ~ 78 页。

❷ 朱雪忠、陈荣秋、柳福东：“专利权的闲置及其对策”，载《研究发展与管理》2000 年第 3 期，第 39 ~ 42 页。

❸ Reiko Aoki and Aaron Schiff. Promoting Access to Intellectual Property: Patent pools, Copyright Collectives, and Clearinghouses. *R&D Management* 38, 2, 2008, pp. 189 ~ 204.

❹ 韩继坤：“专利技术交易成本的制度经济学分析”，载《科研管理》2008 年第 3 期，第 105 ~ 108 页。

这种解释不够准确。专利利用应该包括积极开发和消极利用。前者主要是指专利技术的转化，包括权利人自己实施、许可、出资、信托或质押等。可称为“活跃专利”（Live Patents）。后者主要是指不是为了转化而是为了防止竞争对手通过创新绕过基础专利的保护范围，获得防御性专利的行为。虽然消极利用专利没有形成新产品、新工艺或新材料，但通过遏制竞争对手开发出替代产品来确保专利权人的垄断利润，获得间接收益。从权利人的角度来看，只要专利能够利用，不管是积极开发还是消极利用，均具有维持的价值。对于那些虽未开发但能有效阻止潜在竞争对手进入市场的专利，不属于真正意义上的沉睡专利。Machlup 称之为“抑制专利发明”（Suppression of Patented Inventions），美国联邦贸易委员会称之为“阻碍专利”（Blocking Patents）。尽管专利权人自己不运用，但也拒绝许可给他人使用并阻碍其他专利使用。因此，严格意义上的沉睡专利，是指既没有积极开发也不进行消极利用的专利，应排除阻碍专利。

本章分析专利有一个假设前提：专利是一种资产。资产是指过去的交易事项形成并由权利人拥有或控制，预期能带来经济利益的资源。资产的经济属性是能够为权利人提供未来经济利益，法律属性必须是为权利人所控制。问题专利因不符合资产的特征，必须予以排除。问题专利，即质量不高的专利，是指请求保护的范围过宽或专利本身不符合专利法有关规定的专利。[1] 问题专利虽然已获得授权，但因不完全符合法律规定可能被宣告无效。我国专利法对申请专利无效的主体没有限制，任何人均可以提起申请，每年被请求无效的专利在 2 000件以内。问题专利存在权利瑕疵，不能视为资产。笔者依据专利的利用状态，将专利分为活跃专利、阻碍专利和沉睡专利，并将沉睡专利限定于没有

[1] The Federal Trade Commission USA. To Promote Innovation: the Proper Balance of Competition and Patent Law and Policy . 2003, p. 5.

开发和利用的专利资产。专利种类如图 3 -4 所示。

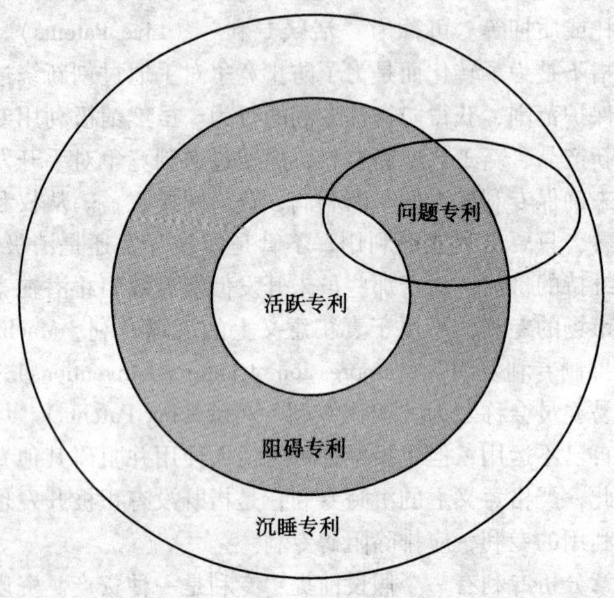

图 3 -4　专利的种类

三、分析方法

长期以来，我国学者在研究专利时更多的是强调其法律属性，而忽视了其经济特性。从专利产生到专利转化，需要经过很长的价值链。如果将专利视为一种特殊的独立的产品来看待，那么在专利的生产过程中也会出现交易。威廉姆森认为：交易的发生，源于某种物品或服务从一种技术边界向另一种技术边界的转移。此时，一个行为阶段结束，另一个行为阶段宣告开始（Williamson，1985）。专利交易就是专利资源的转移或专利信息的交换。

让我们来考察一下专利生产过程需要哪些阶段。首先有人对创造新知识进行投入，即研究与开发阶段；其次，当研发成功产生的技术成果满足“可专利性”时，提出专利申请并获得专利；最后，将专利运用到具体的商品或服务获得利益。专利生产通常需要经历研究与开发（创造知识）——专利授权（获得产权）——将专利运用到产品或服务（有效运用）三个阶段。创造知识是第一个阶段，获得专利为第二个阶段，专利有效运用是第三个阶段。获得专利只是专利生产的一个环节。近年来，在日本广泛使用的“知识产权创造循环”理论，将上述三个阶段分别称为知识产权创造、保护和利用，并强调其封闭式的循环。当生产实现专业化之后，产品在到达最终消费者那里要几经易手。当某个企业独立完成这三个阶段，专利就实现了纵向一体化，将发生一笔研发成本以及取得、维持和保护专利的成本，还有开发运用专利的成本。如果这个生产过程在企业间进行分工，通过市场进行交易，则有些成本可得到节省。上游企业将自己的中间产品卖给下游企业，从而实现专利的市场交易。这样看来，专利仅仅是整个生产过程中的中间产品，如图3－5所示。

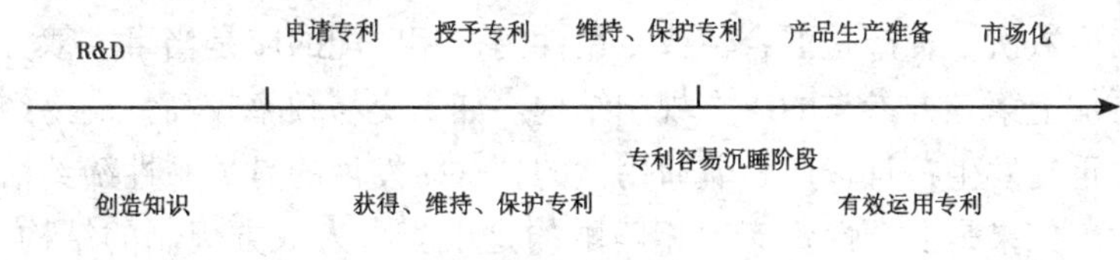

图3－5　专利生产的各阶段

沉睡专利出现在第二阶段，无法延伸到第三阶段。交易成本理论能够有效地解释某项特定资产究竟是自己利用还是市场交易的原因。从交易成本角度研究企业制度和市场组织以及它们之间的替代选择，构成了现代企业和市场理论的一个最主要的方面。理解了纵向一体化，也就理解了企业的存在；说明了纵向一体化的程度，也就说明了企业和市场的边界。合理解释了获得专利与有效运用一体化与市场化的边界，也就揭示了沉睡专利存在的

原因。

四、专利市场交易的维度分析

市场交易应是专利权人的首要选择。交易成本理论认为：在交易成本可忽略不计的情况下，“宁买勿造”一般是获得某种物品最节省成本的方法；导致交易失败的主要原因是市场交易成本过高。可以认为，阻碍专利通过市场交易从第二阶段转移到第三阶段的原因在于高额的市场交易成本。那么，这些交易成本体现在哪些方面，是个值得思考的问题。威廉姆森在描述交易基本方面时，使用了三个维度：（1）不确定性；（2）交易发生的频率；（3）资产专用性程度。不确定性假定足够大，合同关系有必要不断进行调整。交换频率假定为两类：一类是交易只发生数次，是不经常性的；另一类是经常重复发生。资产根据其专用性程度假定可分为三类，即通用性资产、专用性资产以及介于两类之间的混合性资产。如果是通用性资产，则无论交易频率的大小和不确定性程度，相匹配的是市场规制结构。如果交易频率较低，只发生数次，资产是混合性或专用性的，相匹配的应是当事人双方再加上第三方参与的三方规制结构。如果交易频率较高，交易经常重复发生，且资产是非通用性的，这时发生的是关系性缔约活动。如果是混合性资产，相匹配的是由当事人双方规制的结构。如果是专用性资产，相匹配的是由一方当事人统一规制的结构，企业纵向一体化变产生了。资产专用性在交易中占据重要地位。笔者拟运用该理论，从专利的专用性程度、不确定性和交易频率三个维度，对专利市场交易进行分析。专利的资产专用性已在上章讨论，这里就不再赘述。下面主要考察专利交易的不确定性和交易频率。

（一）专利交易的不确定性

不确定一直以来被经济学家认为是影响交易的一个重要因素。专利交易究竟是在企业内还是在市场间发生，很大程度上取决于使用市场价格机制的交易成本。一次交易通常包括搜寻、考察、订约、施行、控制和执行6种交易活动。科斯认为两种成本非常重要：(1) 搜索成本——发现相对价格的成本；(2) 签约成本——谈判成本和交易双方就发生在市场上的每一笔交易签订不同合约的成本。威廉姆森强调因机会主义产生的执行成本。本杰明则通过分析可被有关当事人占有的专用性准租，来界定市场交易成本。衡量不确定的两个重要指标，是信息的完全程度和是否存在可占用性准租。

1. 不完全的交易信息

由于专利具有资产专用性，所以专利的创造和运用是基于对未来进行交易的预期。但无论是专利的供给者还是专利的使用者，均无法准确获得交易场所需的全部信息。这种信息的不完全性主要体现在三个方面：第一，买卖双方的信息不对称。专利对使用者的益处是买方的“私人信息”，对此买方比卖方更清楚；而专利的生产成本则是供给方的私人信息，对此卖方比买方更清楚。不掌握信息的一方只能以把握概率分布的方式猜测该变量的数值。例如，潜在的专利使用者估计专利权人创造专利成本会是一个什么样的概率分布。在信息不对称的情况下，如果由不掌握私人信息的一方来规定专利交易价格，就会为了使自己预期利益最大化而规定一个非社会最优的价格。在这个价格下，可能无法达成交易。第二，买卖双方与第三方之间的信息不对称。在专利市场交易中，通常需要由第三方对专利价值进行评估。尽管有些信息可能被买卖双方预见到，但这些信息不能被第三方如评估机构所证实。有些信息是可观察的，但对第三方而言却是不可证实的。例如，专利使用者需要对购买的专利进行改进，需要与专利权人达成共识。改进专利需要权利人进行投资。专利改进的效果如何，只有等到改进完成之后才能知道。在专利交易时，对专利改进的投入和提高质量的信息是可预测的，但无法向评估机构证实作为确定价格的依据。第三，买卖双方与自然之间的信息不对

称。在未来技术发展趋势和市场需求方面，买卖双方均面临许多不确定性。

2. 可占用性准租

本杰明认为：在一项专用性投资之后，准租就产生了，机会主义行为的可能性也就变成了现实。准租被定义为某项资产最优使用者超过次优使用者的价值。在专用性资产投资沉没之前，尽管事先可能存在大量竞争，但由于“锁定”效应，潜在的交易主体被特定化并得到一定程度的垄断权。对于某一特定使用者可能有许多潜在的专用性资产供给者，可是一旦对这种资产进行投资，对于某一特定使用者资产可能是如此的专用，以至于产生垄断或买方市场垄断力量，或两者兼而有之。在现实中，有关交易主体都想尽可能地占用这部分准租。例如，某项专利具有两个潜在的使用者。为了获得该专利技术的使用权，使用者甲愿意每年支付 2 万元的租金。第二个使用者乙愿意每年支付 1. 5 万元的租金。当没有出价次高的次优使用者乙加入竞价时，最优使用者甲会出次高价 1. 5 万元而不是出最高价 2 万元来使用该项专利。这样，全部准租 0. 5 万元（2 万 ~1. 5 万元）将被最优使用者占用。为达到占用准租的目的，会出现种种诸如恶意磋商、排挤竞争对手等不道德的或机会主义的行为。专利权人也有占用全部准租的激励。例如，他会利用竞价过程将专利的价格定在最高的竞争性价格上，甚至在这一价格之上。在上例中，为了获得准租，专利权人可能将专利租金定在 2 万元，甚至 2. 5 万元。由于每个交易主体看到的是扭曲的边际收益或边际成本，因此价格被扭曲了。买卖双方无法达成一致的交易价格，占据了专利交易失败的很大比例。

（二）交易发生的频率

对于大多数中间产品市场交易来说，本杰明将交易频率维度限定为买方在市场中的活动。就某一项特定的专利而言，主要从专利使用者的角度来考察该项专利交易的频率。本质上，买方的交易频率就是市场需求的程度。买方的交易频率越高，表明市场需求越强烈；反之，频率越低则需求越小。影响专利交易频率非常重要的一个因素，是专利的法律保护强度。如果专利受到法律的弱保护，那么潜在的专利使用者准备通过侵权的方式来使用专利。只有在强保护的情况下，潜在的专利使用者要么购买或许可专利，要么放弃交易行为。考虑到专利交易的特殊性，笔者将频率分为零次、一次或数次和经常。对于零次交易的专利，可能基于不确定性而无法达成交易。在市场无法交易时，只能选择企业内部一体化。但瓦尔克等的研究表明，当存在技术和需求高度不确定性时，企业倾向于市场治理而不是一体化。这取决于其他互补性资产。一次和数次交易之间不存在明显差别，可视为偶然性交易。专利交易频率很大程度上取决于下游专利使用者运用专利技术制造产品或提供服务的数量。如果专利使用者提供的数量非常有限，那么许可专利的频率非常低，一次或数次。但如果专利使用者凭借其先进生产设备，向市场提供大量产品或服务，那么许可专利就成为经常性交易。

通过上述分析，可以知道专利作为专用性资产，只有当专利使用者存在经常性许可时，才能降低交易信息的不完全性并减少可占用性准租。当缺乏许可需求时，专利是不可能通过市场实现转移的。对于偶然性专利许可需求，市场交易是否成功则取决于不确定信息和准租的多少。专利市场交易的基本条件如表 3－3 所示。

表 3－3 专利市场交易的条件

不确定性 / 交易频率	不完全信息	可占用性准租
零次	一体化	一体化
偶然性	混合	混合
经常性	市场交易	市场交易

五、专利一体化所需的互补性资产分析

当高额的交易成本阻碍了专利的市场化交易时，权利人的惟一选择就是自己进行专利转化，即实现获得专利与专利有效运用一体化。专利作为中间产品，只有与其他互补性资产共同生产出商品或提供服务才能产生收益。专利一体化的条件如图 3－6 所示。互补性资产（Complementary Assets）是用来将技术或创新转变为生产产品利润的资产。它是由提斯（1986）提出的一个概念，目的在于解释创新者为什么会被迅速的第二名模仿者，甚至更慢的第三名模仿者超越。❶ 根据属性不同，互补性资产可进一步划分为：一般性互补资产、专用性互补资产和共同专用性互补资产。一般性互补资产是指具有一般性用途不需要度身量制的资产；专用性互补资产是指创新必须单方依靠的资产；共同专用性互补资产是指与创新相互依靠的资产。运用互补性资产理论，可以进一步解释专利难以转化的原因。

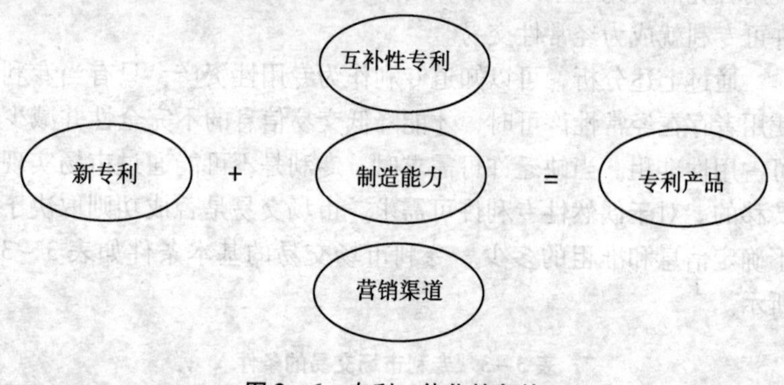

图 3－6　专利一体化的条件

❶ David J. TEECE, Profiting from Technological Innovation: Implications for Integration, Collaboration, Licensing and Public Policy, *Research Policy*, 15, (1986), pp. 285～305.

与专利转化相关的互补性资产，可以进一步划分为技术性互补资产和商业性互补资产。技术性互补资产主要是指互补性专利，即可以与新专利一起使用，并彼此之间不能替代的专利。根据非侵权创新理论，只有研究与开发出能够绕过现有专利保护范围不构成侵权的技术，才能形成替代专利。当存在积累创新和连续性创新时，一项新专利是其前期互补性专利的积累和延续。在集成创新中，新专利可能是已有多项专利技术的集成。对新专利的开发与利用必须依赖互补性专利，互补性专利若想产生更高的价值也必须依靠新专利。新专利与互补性专利之间存在相互依赖的关系，所以互补性专利属于共同专用性资产。由于资产的专用性，由一个企业单独拥有全部互补性专利几乎不可能，最优的解决方案是不同专利的权利人相互联合交叉许可。

商业性互补资产主要包括制造能力和销售渠道。制造能力确保将专利技术运用到产品或服务中，在满足消费者快速增长需求的同时保持产品的品质，包括营销诀窍、足够数量的销售队伍、与分销系统的关系、销售服务和支持网络在内的营销渠道，这将有助于更快地进行市场渗透占领市场。制造能力与营销渠道是否属于专用性资产，取决于投资规模、建立时间和关键程度。虽然厂房、设备或人员可以通过市场购买，但如果这些需要很大的投资、花费很长时间并且非常关键，那么这些资产就可能属于专用性互补资产。

一个追求商业利益的专利权人在作出专利一体化决策之前，必须考虑是否拥有互补性资产。在技术方面，首先应考察是否依赖于其他互补性专利。如果存在互补性专利，那么需要通过交叉许可或者联合的方式获得互补性专利。只有在不侵权的情况下，再考虑制造能力和营销渠道。如果制造能力和营销渠道是一般性互补资产，专利权人可以通过市场交易直接获得。只有那些具有专用性的互补资产，才由专利权人自己建立。在资金允许的情况下，通过市场交易或自己建立的方式获得互补性资产之后，专利

权人就可以实现专利转化。图 3 -7 表示专利一体化的决策过程。

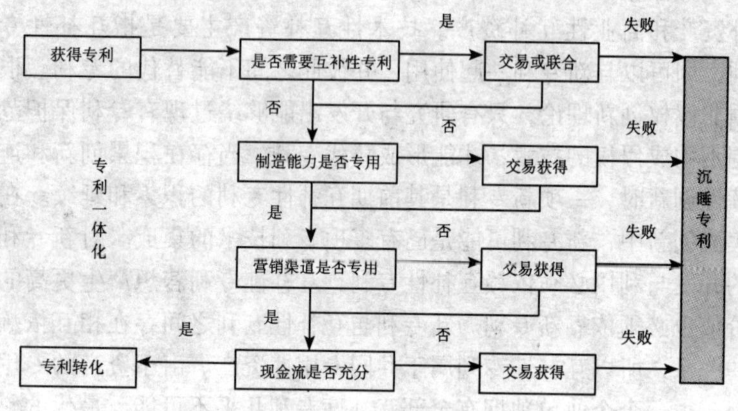

图 3 -7 专利一体化决策

专利的资产专用性特征，使得权利人只有拥有互补性资产才会选择专利一体化。企业比大学、科研院所或个人通常拥有更强的制造能力和更好的营销渠道，更愿意选择专利一体化。只有当缺乏某种专用性或共同专用性互补资产时，才会选择市场交易或联合。专利市场交易中普遍存在的不确定性和可占用性准租，随时将准备进行交易的双方分开。沉睡专利是权利人在一体化和市场化两次努力失败之后的无奈选择，是缺乏互补性资产和高额市场交易成本的产物。

六、唤醒沉睡专利的建议

影响专利一体化和市场化决策选择的两个重要因素，是市场交易成本和互补性资产。欲唤醒沉睡中的专利有两个基本办法：(1) 向权利人提供所需的互补性资产；(2) 降低市场交易成本。

(一) 提供专利一体化所需资金

当专利权人缺乏专利转化所需的互补性资产时，市场中应存在向权利人提供获得互补性资产的途径。尽管制造能力和营销渠道有时也体现为专用性互补资产，然而在时间和资金允许的情况下也是可以获得的。因此，资金和互补性专利是非常重要的互补性资产。互补性资产的有效供给，就是保证专利权人能够顺畅地获得资金和互补性专利。

在专利转化之前，无论是专利的使用价值还是交换价值均未体现。即使有强烈的融资需求，专利权人也难以通过专利质押的方式获得融资。只有那些敢于承担风险并能准确预测专利价值的风险投资资本，才愿意向尚未开发的专利进行股权投资。发达的风险投资是资金有效供给的保证，是专利权人获得一般性互补性资产非常重要的途径。我国著名创新性企业深圳市朗科科技有限公司，就是在获得了一项闪存盘的基础专利——用于数据处理系统的快闪电子式外存储方法及其装置——之后，获得了512万元的风险投资支持才发展起来的。尽管我国风险投资经过几十年的发展取得了不少进步，但在资金规模方面偏小，而且投资领域狭窄。我国应积极引导风险投资企业向专利权人提供互补性资产，确保所需资金的有效供给。

（二）建立专利交易场所和专利池

累积创新、集成创新和连续性创新，使得许多专利必须与互补性专利一起运用才能产生价值。在某一产品或服务中聚集了太多的专利，容易产生经济学家所说的“专利丛林”问题。过多相互重叠的互补性专利使创新者难以将专利商业化。为了解决“专利丛林”问题，必须确保不同专利人之间能够顺利实现交叉许可。以专利池为代表的专利集体管理方式，是实现交叉许可、促进专利转化的一条有效途径。衡量专利市场交易的三个维度，专利资产专用性的经济属性是不变的，交易频率是由买方需求决定的，惟有不确定性是可以由制度来调整的。专利交易场所和专利池可以降低交易的不确定性，进而增高交易频率，增强专利资产的流动性。

为了促进专利权人与专利使用者交易，专利交易场所在技术

市场中扮演着中间人的角色。设立专利交易场所可能存在多种目的：提供专利信息、确认专利权人、促进许可、代表权利人收取专利许可费并监督专利的使用。根据交易场所发挥的功能，Van Zimmeren 将专利交易场所划分为 5 种类型：（1）以获取信息为目的的交易场所；（2）以获取受法律保护的可许可的发明信息的技术交换交易场所；（3）公平免费获得和使用并可自由进入的交易场所；(4) 基于标准化许可获得和使用的交易场所；(5) 基于标准化许可、收取许可费并具有独立争端解决机制的许可费集中管理交易场所。[1] 随着功能的增加，5 种交易场所提供的交易信息越来越全面，专利交易的不确定性越来越低。2006 年 2 月 5 日，国家知识产权局发布了《关于实施全国专利技术展示交易场所计划的通知》，先后认定了 32 个国家专利技术展示交易中心。从功能来看，专利技术展示交易场所是向专利技术供需各方提供专利技术及产品展示、交易及其他相应的一系列相关服务，属于第二种类型交易场所。但它只能提供专利权人、专利的真实性等有限信息，对专利许可费的确定、收取和争端解决等重要信息仍不能确定。而另一种专利交易场所——专利池——实现了专利的集中管理，属于第四种和第五种类型交易场所。集中管理是指权利人授权特定管理组织管理其权利，监督相关专利技术的使用，与潜在使用者谈判或对侵权者提起诉讼，在合适的情况下进行许可，收取合适的许可费，并向权利人进行分配的机制。缺乏经验和信息的各个独立的权利人将专利委托给掌握更多信息的管理组织，不仅可以获得更多信息，而且可以增加谈判实力。专利池制定了专利许可政策，直接确定了许可费的支付方式，并有其独特的争端解决机制。2002 年 3 月 18 日，我国成立了第一

[1] Van Zimmeren, E., Verbeure, B., Matthijs, G. and Van Overwalle, G. A Clearing House for Diagnostic Testing: the Solution to Ensure Access to and Use of Patented Genetic Innovations? *Bulletin of the World Health Organization*, 84, pp. 352 ~ 359.

个专利池——数字音视频编解码技术标准（AVS），为权利人之间的交叉许可和专利许可提供了一站式服务。目前，我国在专利交易场所方面的探索和建设才刚刚起步。不仅数量少，而且功能有限，类型单一。通过建设不同类型的交易场所，特别是专利池，可以降低专利交易信息的不完全性。

（三）加强实施专利强制许可

准租源于专用性资产偶然性交易滋生的机会主义行为。欲减少专利交易中的准租，既可以通过鼓励专利交易，增加专利资产的流动性，也可以由国家或政府运用法律或者政策进行规制。降低交易信息的不确定性和鼓励专利许可，可以将具有专用性的专利资产转换为具有一定流动性的债权——专利许可费或应收账款，从而达到减少准租的目的。专利实施的强制许可是减少专利权人可占用性准租的重要制度。当专利权人基于阻挠策略或机会主义目的拒绝许可或要求高额许可费时，专利许可的权利将由特定的国家机关行使，由国家机关决定是否许可甚至许可费的多少，从而解决可占用性准租问题。

综上所述，沉睡专利是权利人在一体化和市场化两次努力失败之后的无奈选择，是缺乏互补性资产和高额市场交易成本的产物。尽可能地提供专利一体化所需资金，可以解决商业性互补资产；建立专利交易场所和专利池不仅可以解决技术性互补资产，而且还可以减少专利市场交易的不确定性；加强实施专利强制许可可以有效解决机会主义滋生的可占用性准租问题。

第二节　专利信托的功能分析

欲唤醒沉睡专利提高权利人的专利运用能力，必须使专利权人获得专利实施所需的互补性资产或者降低交易成本。我国台湾学者王志诚和赖源河教授认为，信托制度具有独特的保全功能、

增值功能、公益功能和导管功能。[1] 日本学者铃木认为信托具有四个基本特征和功能：（1）“破产隔离”。即使受托人破产，信托财产也受信托法保护免受追偿。（2）“税收透明”。只有一个实体真正获得了经济利益才会成为纳税主体，而信托是为了受益人利益或特定目的，通常被免税，因此，信托在税收上具有优势。（3）“转换功能”。通过设立信托，将财产权转化为可投资的信托受益权。（4）“弹性”功能。信托可以通过委托人和受托人签订富有弹性条款的协议而设立。这些颇具吸引力的特征使得信托称为一种便捷的工具。[2] 专利信托将信托制度运用到专利权领域，以发挥其保值与增值功能，促进专利实施或专利交易，对我国具有特殊的现实意义。近几年来，专利信托成为知识产权界关注的热点问题之一。2000 年 10 月 25 日，为了解决我国“专利转化难”的难题，武汉国际信托投资公司在全国率先推出专利信托业务。2001 年 4 月 28 日，我国颁布的《信托法》允许专利权作为信托财产，为专利信托的发展提供了制度保障。2007 年 1 月 23 日，中国银行业监督管理委员会颁布了《信托公司管理办法》，规定信托公司的经营范围包括专利信托在内的财产权信托。对专利信托功能的认识将直接影响专利信托的运用。笔者认为专利信托至少具有权利转换、资产分割、融资、投资以及集中管理功能。

一、权利转换功能

人类为了更有效地转移和管理财产，总是在不断寻求和完善更有效的制度设计。在大陆法系国家既有的制度框架内，赠与、遗嘱是两种主要的财产转移设计，而代理和公司则是两种常见的

[1] 王志诚、赖源河：《现代信托法论》，中国政法大学出版社 2002 年版，第 32～35 页。

[2] Yasuyuki Ishii. Strategic Use of Intellectual Assets Based on Trust System, *Report on the International Patent Licensing*, Seminar 2006, pp. 323～328.

财产管理设计。现代信托通过受托人的财产管理活动，实现财产转移的功能。尽管信托制度在财产管理上扮演着重要角色，然而专门针对专利权开展专利信托业务仍是一个崭新领域。分析日趋多元化的专利信托功能，将有助于我国专利信托制度的运用。专利信托具有的首要功能是实现专利权的权利转换（Conversion Function），即专利权主体的转换和专利权性质的转换。

权利转换的第一层含义是指权利主体的转换。专利或其衍生权利从专利权人手中转移到专门从事专利信托管理的受托人，从而使专利管理由内部管理转变为外部管理。经济学家认为，专利制度以静态效应——由于垄断而使价格上升为代价提高了动态效应——激励技术创新和进步。这里存在一个假设：私人企业存在的创新能力，正在等待由知识产权制度所提供的保护予以释放。企业管理专利的最终目的是获取商业利润。创造、保护和运用专利都只是一种手段，专利的商品化和产业化则是连接手段和目的的桥梁。通过专利的商品化和产业化来获取企业的商业利润：一方面，专利权本身就是商品，可以像其他商品一样进行交易。企业将专利权进行许可或转让，就是将专利权视为一种商品。另一方面，专利权可以被运用到生产过程中，内化为具有竞争优势的产品。但是不管专利权如何具有创造性，如果不把它们转换为企业的商业利润，那么这些专利也将毫无价值。只有将专利权的价值扩展到企业的经营活动中，并成为带给消费者价值的核心能力的一部分，专利权才有价值。如果专利权不能产生经济收益，那么企业就不愿意取得并维持专利权。传统信托偏重在因保值功能而设定信托，其主要目的在于防止财产的丧失或减少。有时受托人为了追求利润，而甘愿承担投资风险来实现增值功能。专利信托实质上是一种财产转移与财产管理的制度设计，目的在于使享有专利的知识产品保值和增值。保值的目的是防止专利价值的丧失或减少。增值就是通过将专利商品化和产业化，获得商业利润。当一些专利权人既缺乏专利转化所需的互补性资产又面临高

额的市场交易成本时，将通过专利信托这种外部管理方式来获得互补性资产或降低交易成本。

权利转换的第二层含义是专利权性质的转移。无论是以专利权还是以专利许可费作为信托财产，一旦设立信托，权利性质就随之发生变化。以专利权作为信托财产设立信托，是将专利权转变为受益权；以专利许可费作为信托财产设立信托，是将债权转换为受益权。大陆法系许多国家或地区已经开始将受益权证券化，出现了受益证券。受托人依信托合同约定，将受益人所享有的受益权转换为受益证券，以促进受益权的流通，进而成为资产市场的投资商品，俨然为资产金融的一种手段。常用的一种专利信托是首先将具有资产专用性的专利转换为具有债权属性的许可费应收款，然后设立信托将债权转换为受益权，最后通过证券化的方式将受益权转换为有价证券。通过一系列的权利转换，将不具流动性的专利转换为具有高度流动性的有价证券，在资本市场上自由交易。这种权利转移功能将减少专利的资产专用性，增强其流动性，更有利于促进专利的有效利用。专利信托的权利转换功能如图 3-8 所示。

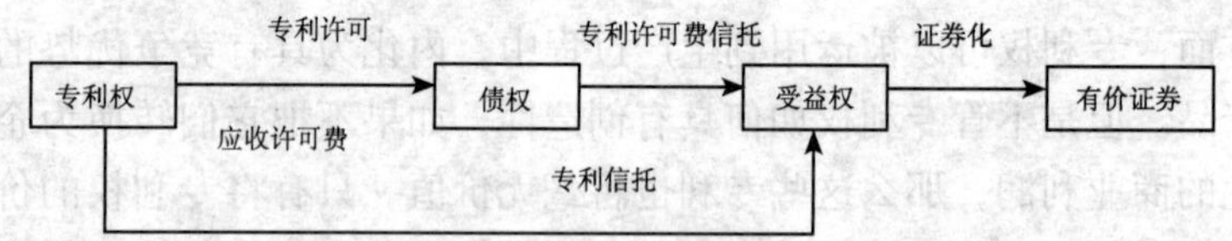

图 3-8　专利信托的权利转换功能

实际上，公司也具有权利转换功能。股东以出资为代价获得公司股权，出资财产或财产权亦从股东转移到公司。在权利主体发生转换的同时，权利性质也发生转换。但信托比公司具有更为灵活的权利转换功能。当缺乏互补性资产时，专利权人以专利出资与有能力的竞争对手共同成立公司，也是一种获取利润的战略选择。专利权人将专利作为财产出资换取股权，公司实现了将专利权转换为股权的功能。但公司的权利转化具有诸多局限性：

(1) 专利权人只能以自己的专利权出资，而且是自己担当股东。股权具有很强的身份性，只有实际出资的人才能成为股东；(2) 专利权人一旦出资，将丧失专利的所有权，无权对专利进行使用；(3) 公司的决策权将由组织机构完成，专利权也将由公司来行使，股东无权干涉。信托则完全克服了这些局限性，无论是委托人还是受益人将享有更多的权利。他益信托的存在使得受益人可以在不承担任何义务的情况下获得受益权。专利权人希望将一部分财产权转移给第三人享有，但考虑到某些因素（比如第三人未成年、缺乏管理能力等），又不愿意立即直接向第三人转让专利。这时专利权人交付信托，通过受托人的中介设计，从而使第三人享受到与转让专利相同甚至更为优厚的好处。专利权人即使在设立信托之后，仍然享有诸如监督权、撤销权和解任权等诸多权利，受托人按照委托人设定的信托目的管理专利权。信托的这些功能比公司更为灵活，是公司无法比拟和代替的。

二、资产分割功能

按照资产分割理论，企业对资产分割可分为三个步骤：(1) 形成一个相对独立的具有担保功能的资产池。(2) 形成包括“优先受偿权”和“清偿保护”在内的积极性资产分割。资产池的债权人比相关利益主体的个人债权人，对资产池享有优先受偿的权利。在相关利益主体破产或无力清偿到期债券时，个人债权人不能直接将资产池清偿个人债务。(3) 体现为具有不同程度的消极性资产分割，即资产池的债权人对与资产池相关的利益主体的个人财产是否享有请求权。资产分割的效率优势，在于以合适的方式将一特定的资产池建立并区分开来。其目的是将该资产池作为抵押物对各类债权人提供财产担保，降低企业的信用成本与风险。

信托具有形成独立资产池的功能。信托一旦设立，信托财产立刻与委托人、受托人和受益人的固有财产相区别，形成不同的相对独立的资产池。信托财产形成的资产池，在信托法上被称为信托财产的“独立性”。信托财产在法律关系上，归属于受托人，名义上亦为受托人所有，但信托财产应受信托目的的拘束，并为信托目的而独立存在。换言之，信托财产具有与各信托当事人相互独立的地位，实际上自应与受托人的固有财产分别管理，使其个别独立以实现信托目的。学者并称此信托财产的特性为“独立性”，以彰显其特殊性。[1] 信托财产之“独立性”可自独立于委托人、受托人及受益人三方债权人追及范围之外充分体现。[2] 按照资产分割理论，信托财产的独立性是完成资产分割的第一步——形成独立的资产池——的集中体现。

信托不仅对“优先受偿权”进行了合理分配，而且建立了独特的“清偿保护”制度，具有积极性资产分割功能。在实践中，信托更多的是作为一个静态的法律实体出现的，主要以投资者或债权人的身份出现，很少以债务人的身份欠下债务。即使受托人在管理信托财产过程中产生了债务，存在信托债权人，由信托财产组成的资产池不仅优先而且惟一清偿信托债权。信托委托人、受益人和管理人的个人债权人都不能对信托财产提出任何权利主张。即使信托委托人破产，信托财产也因具有独立性而免受信托委托人的债权人的追索。这种功能被学者们称为“破产隔离”或“风险隔离”机制，现被广泛运用于资产证券化中。一般而言，信托具有“一般性清偿保护”，即受益人的个人债权人可以对信托受益权提出主张，将信托受益权用于清偿债务。在公益信托或特别约定的信托中，受益人的个人债权人甚至不能主张以信托受益权清偿到期债务。我国《信托法》第47条规定，受益人不能清偿到期债务的，其信托受益权可以用于清偿债务，但

---

[1] 王志诚、赖源河：《现代信托法论》，中国政法大学出版社2002年版，第81页。

[2] 方嘉麟：《信托法之理论与实务》，元照出版社2003年版，第44页。

法律、行政法规以及信托文件有限制性规定的除外。这些特殊类型的信托体现出极强的“排他性清偿保护”。

信托同样具有以“有限责任”为核心的消极性资产分割功能。由于信托财产独立于委托人、受托人和受益人的固有财产，所以委托人、受托人和受益人的个人债权人对各自的固有财产享有优先受偿的权利，信托债权人不能对信托相关利益主体的固有财产提出权利主张。不过，大多数信托是一种静态的法律实体，没有信托债权人。委托人、受托人和受益人对信托债权人承担有限责任的功能很少体现。信托中有一种特殊的有限责任，那就是信托受托人对受益人承担有限责任。我国《信托法》第 34 条规定，受托人以信托财产为限向受益人承担支付信托利益的义务。受益人无权对受托人的个人资产提出请求，只能对其信托财产享有排他性的担保权益。这种排他性的权利也属于“有限责任”。在信托法上，消极性资产分割功能被称为“信托财产上的有限责任”。按受托人既系依信托本旨，为受益人管理或处分信托财产，故信托财产的利益或损失，俱应归属于受益人，乃当然的道理。受托人对于受益人的责任为有限责任，仅于信托财产现存的范围内，负有履行的责任。[1] 因信托事物所生之债，由信托财产独立承担清偿责任，并不涉及委托人、受托人和受益人的自有财产。无论债务属于何种类型，委托人、受托人和受益人都只以信托财产为界对第三人承担有限清偿责任。

对于企业法的资产分割功能，有的学者又称为“资本锁定”(Capital Lock-in)。“锁定”一词最初是在公司法语境下使用，并带有贬义色彩。它是指在封闭式公司中少数股东不能将其持有的股权出卖的悲惨命运，并且不能强迫公司向股东支付任何形式的资产或资金。股东难以出卖股权的原因可能是公司对股权转让的

[1] 王志诚、赖源河：《现代信托法论》，中国政法大学出版社 2002 年版，第 144 页。

限制，也可能是缺乏合适的股权转让交易市场。如今在公司法和信托法中广泛使用，主要是指作为独立的法律实体必须进行的全面的资产分割。这样既可以保护企业投资者免受企业债权人的权利主张，又能保护企业资产免受过早的消失和分解。[1]“资本锁定”理论把公司的资产分割分解为两个步骤：第一步是投资者将资产实质性交付给公司。美国乔治敦大学的布莱尔教授，将之称为“资源交付”（Resource Commitment）。在设立公司的时候，希望成为组织创立者的投资者应该实际转移其资产。这些资产将成为公司永久性资产的一部分。一旦完成了资产实际交付，这些最初的投资者就难以要求公司恢复到交付之前的原有状态。由此完成资产分割的第二步“资本锁定”。“资本锁定”理论运用到信托制度中，就形成了信托的“闭锁效应”。“闭锁效应”简言之，信托一旦设立，信托财产即自行封闭与外界隔绝。[2]委托人、受托人及受益人三者任何一方的债权人皆无法主张以信托财产还债，可免于被债权人追索。

与代理制度相比，信托因具有资产分割功能而更具优势。代理制度要求以委托人的全部个人财产为债权人提供担保。这种方法存在两个问题：一方面，增加了交易成本。第三人在接受代理时，需要对委托人和代理人进行风险评估。这将增加债权人信息收集成本和交易的不确定性。另一方面，代理人和被代理人均存在潜在的道德风险。由于代理行为产生的全部义务和责任都将归属于被代理人，因此代理人和被代理人都存在显性或隐形的激励，将代理的财产用于承担个人的债务或用于其他商业活动。代理制度存在的交易成本和道德风险，可以通过信托的资产分割予以有效解决。隔离出来的信托财产，单独组成资产池。债权人通

---

[1] Margaret M. Blair. Locking in Capital. What Corporate Law Achieved for Business Organizers in the Nineteenth Century, *UCLA Law Review*, 2003 (51), pp. 387 ~ 455.

[2] 方嘉麟：《信托法之理论与实务》，元照出版社 2003 年版，第 20 页。

过了解信托财产的状况，获得交易所需的必要信息，降低了考察委托人和受托人的成本。独立的资产池、优先受偿权的分配、清偿保护以及有限责任，可以有效地防止委托人和受托人可能出现的道德风险。与公司、有限合伙、普通合伙和独资企业相比，信托具有更为强烈的资产分割功能。各种企业组织资产分割功能的比较，如表3－4所示。

表3－4　企业组织与资产分割

企业组织类型	积极性资产分割（企业债权人对企业资产的请求权）	消极性资产分割（受益人、债权人对个人资产的请求权）
信托	一般性/排他性清偿保护	排他性优先受偿权
公司	一般性清偿保护	排他性优先受偿权
有限合伙	一般性清偿保护	排他性/无优先受偿权※
普通合伙	一般性清偿保护	无优先受偿权
独资企业	无清偿保护	无优先受偿权

※对于有限合伙人而言，消极性资产分割仍享有排他性优先受偿权，而对于普通合伙人而言则无优先受偿权。

三、融资投资功能

融资即资金的融通，是指资金在持有者之间流动，以余补缺的一种经济行为。[1] 投资是指以一定的资源投入某个特定计划，以期获得未来更大价值的一种有目的的经济行为。投入的资源可以是资金、债权、人力资源、知识产权或其他财产。通常狭义上的投资是指资金投资。投资与融资是一把双刃剑。对于需要资金的人而言，筹措资金获取资金即为融资；而对于需要投资的人而言，提供资金获取收益即为投资。联系投资与融资之间的桥梁或纽带，可以选择信托。信托所具有的特殊的资产分割功能，使其

[1] 许多奇：《债权融资法律问题研究》，法律出版社2005年版，第21页。

被广泛运用于各种投资与融资工具当中。信托投资广泛运用于各种投资基金，特别是证券投资基金。信托融资则普遍运用于资产证券化，特别是各种资产担保证券的发行与交易。当然，投资与融资用之得当可以促进资源合理流动和融通，促进经济发展；用之不当则可能适得其反，浪费或消耗资源，导致金融危机。

从资产专用型的角度来看，创造专利和运用专利均需要大量资金，专利权人也具有融资的需求和激励。在整个专利一体化过程中专利只是一个中间产品，所以无论是将专利转化为专利产品，还是将专利带来的收益再用于研究与开发，专利权人都需要大量的资金或其他资源。但是无论是专利转化还是专利创造都是一项高风险的事业，面临诸多不确定性和风险。按照传统的间接融资方式，银行或债权人基于安全的考虑，往往对专利权人的贷款申请比较谨慎。从资产流动性角度来看，有些投资者对投资知识产权具有许多顾虑，但愿意投资于基于知识产权产生的利润。[1] 专利本身意味着较高的技术壁垒。具有市场前景的专利可能意味着广阔的市场前景和丰厚的利润回报。许多渴望获取未来超额利润且甘愿承担风险的投资者，也希望投资于基于专利产生的利润。这样风险专利带来的市场垄断利益，又能有效地降低直接投资于专利的高风险。

专利信托的融资功能，主要是由专利资产证券化来体现的。专利资产证券化是指将流动性极差的专利资产按照一定的标准进行组合，以该组合资产为基础在金融市场发行流动性和信用等级较高的证券的过程。现代信托的发展，使得信托被利用为实现资产证券化的工具，具有资产证券化功能。亦即透过信托合同的签订，来分割委托人（创始机构）因信托设定所拥有的信托受益

[1] Yasuyuki Ishii. Strategic Use of Intellectual Property Assets Based on Trust System, *Report on the International Patent Licensing*, Seminar 2006, p. 324.

权，使其得以转让给投资大众，进而获取资金。[1] 为便于转让，将委托人所拥有的信托受益权进行分割，以受益证券或受益权凭证的方式来表彰受益权，则可达到资产证券化的目的。资产融资作为一种信用活动，其偿付的基础来源于两个方面：首先是资产直接可用性导致的交换价值，其次是资产运用能够获得的未来收益。资产融资最初的运用，主要依赖于资产本身的交换价值。随着金融市场和技术的发展，资产融资的价值来源逐步由资产的交换价值，向无形的预期收益拓展。例如，一个企业拥有专利资产，以前只能通过转让专利获得资金，现在可以专利许可产生的现金流为基础来融资。专利资产证券化的本质在于利用专利及其衍生资产募集资金的方式由间接融资转换为直接融资，即以专利作为基础资产来发行证券募集资金，具有快速、大量获得融资的功能和优势。

专利信托的融资功能，主要体现为专利投资信托或专利资产信托，即向不特定人募集发行或向特定人私募交付受益证券获取资金，并投资于特定的专利或专利组合资产。美国近年来开始出现一种类似于不动产投资信托的技术单位投资信托（Technology Unit Investment Trust）。单元投资信托是购买并固定持有股票、债券或其他证券等资产，在美国证券交易委员会注册的投资公司。信托中的“单位”被出售给投资者，单位持有者得到的单位信托是拥有该固定的资产组合权益的凭证。单位投资信托根据投资持有的资产而变化终止的期限。投资于长期债券可以保留 20 ~ 30 年。投资于股票也可以获得资本利益长达一年或几年。当信托解散时，证券将支付给单位持有者或再投资于其他信托。单位投资信托也可以集中于某个特定的细分市场。例如健康、能源、技术、房地产、通信或特定国际市场。专门针对技术进行投资的

[1] 王志诚：“跨越民事信托于商事信托之法理”，见王保树主编：《商事法论集》，法律出版社 2002 年版，第 161 页。

单位投资信托，就构成技术单位投资信托。拥有技术目前却无法产生现金流的公司，可以将技术交给技术单位投资信托。相类似的技术专利汇集在同一主题标签下，组成技术专利集群。专利所有者按照其在技术单位投资信托中所占份额获得投资。[1] 投资者购买技术单位投资信托的份额，代表专利群的部分权利并对未来许可现金流享有各自的请求权。

四、集中管理功能

传统专利管理模式是分散管理，即由专利权人自己申请专利、运用专利并保护专利。这种管理模式有利于充分发挥专利权人的积极性，但也使得专利权人必须承担高额的管理成本，并使专利交易主体需要支付高额的市场交易费用。目前，我国国内对专利战略类型的研究主要是针对进攻战略和防守战略。进攻型专利战略是指企业积极主动地将开发出来的技术及时申请专利并取得专利权，利用专利权保护手段抢占和垄断市场。防守型专利战略，是指企业在市场竞争中受到其他企业或单位的专利战略进攻，或者竞争对手的专利对企业经营活动构成妨碍时，采取的打破市场垄断格局、改善竞争被动地位的策略。[2] 两者的综合则称为混合型专利战略。此外还有衍生的跟进型专利战略，即自己不开发基础专利，跟着原始创新者开发相关技术，希望通过交叉许可的方式占据特定市场。这些专利战略类型的划分基于以下三个假设或前提：（1）企业已经开始实施专利，即已经实现或准备实现专利一体化；（2）企业对专利采取分散管理模式；（3）企业与竞争对手之间是一种对抗、非合作的竞争关系。这三个限制性假设或前提无疑约束着这些战略类型的适用范围。大学、科研

---

[1] Alex Arrow. *Management IP Financial Assets, from Ideas to Assets: Investing Wisely in Intellectual Property*. Bruce Berman. New York. John Wiley & Sons. Inc, pp. 132 ~ 133.

[2] 冯晓青：《企业知识产权战略》，知识产权出版社2001年版，第83页。

院所或企业放弃专利一体化而选择专利交易时，上述 4 种专利战略类型显然不能适用。战略的分类方法，在学术上极具价值。因为战略分类有助于进行统计分析而作出整体的观察，所以需要不断分析和总结新的专利战略类型。

专利信托的第二个功能是集中管理功能（Collective Management）。集中管理是指权利人授权特定管理组织管理其权利，监督相关专利技术的使用，与潜在使用者谈判或对侵权者提起诉讼，在合适的情况下进行许可，收取合适的许可费，并向权利人进行分配的机制。在商事信托中，受托人通常会接受许多专利权人的委托设立多个信托。集中管理功能体现在两个方面：一方面，设立专利信托可以使专利管理事务集中于具有专利管理能力和效率的受托人，达到权利人提高专利运用能力或降低专利管理成本的目的。例如，一些中小企业可能拥有一些专利，但欠缺专门管理专利的组织机构和管理人员。为了降低专利管理成本，中小企业不需要承担自己管理专利的成本，而是通过专利信托的方式进行专利管理。当一个受托人管理众多中小企业设立的多个专利信托时，专利管理机构和人员实现了集中，提高了专利管理效率。另一方面，设立专利信托可以实现特定技术领域互补性专利的集中。科学研究在很大程度上是一种积累创新。当一项创新产品投放市场时，创新企业很容易遭遇所谓的“潜艇专利”，善意侵犯他人专利权。拥有技术目前却无法产生现金流的权利人，可以将专利信托给受托人，受托人按照技术类型进行分类和集中，并进行组群化。例如，大学可以与某个特定技术领域的专利权人协商一致，将该领域的专利集中，以该专利组合作为信托财产设立信托。由于集中了特定技术领域的专利，所以专利组合信托具有高度的垄断性和很强的议价能力。专利权人可以分享由于专利集中带来的收益。

第三节 专利信托可运用领域

信托所具有的权利转换、资产分割、融资、投资和集中管理功能，使得专利信托具有广泛的运用领域和广阔的运用前景。作为在企业集团（Business Groups）和技术许可组织（Technology-licensing Organization，简称“TLO”）中集体管理知识产权的一种工具，或者基于知识产权融资或知识产权证券化的一种机制，信托制度因其实用性而备受关注。❶ 日本学者普遍认为信托可以运用于企业集团专利集体管理，促进中小企业专利运用，提高技术许可组织专利管理效率，并促进企业更便利地获得融资。而美国更注重利于其发明的资产证券化运用到专利许可领域，促进大学或企业利用专利获得融资。2000 年 7 月，美国 Royalty Pharma 公司将 Zerit 新药专利许可费实现了证券化，成为美国首例专利资产证券化案例。在美国专利资产证券化的鼓舞下，许多国家开始尝试以专利资产证券化的方式实现融资。2000 年 10 月 25 日，我国武汉国际信托投资公司也尝试性地开展了专利信托。因其发行了信托受益权凭证，故本质上仍然属于专利资产证券化。历时两年，于 2002 年 12 月 20 日正式终止了这项业务。虽然我国首例专利资产证券化最终没有获得成功，但在理论上掀起了专利信托研究的热潮。目前，学术界讨论的一个热点问题，是如何实现包括专利在内的知识产权证券化。综合近年来的学术研究成果，根据专利信托的功能，结合我国实践，笔者认为专利信托可以运用于两个方面：一方面，为了提高专利管理效率，可以利用信托的资产分割和集中管理功能，将专利信托运用于各类特殊组织的专利集中管理。例如，在企业集团、中小企业、大学技术转移组

❶ Yukihiro Misaka. Practical Issues Arising from the Introduction of the Trust System for Intellectual Property, *IIP Bulletin* 2004, pp. 68 ~ 76.

织，甚至专利池的专利管理中均可运用信托灵活管理的机制。另一方面，利用信托的权利转换与投资融资功能，将专利信托运用于专利权及其衍生权利的融资与投资中。例如，在专利资产证券化中选择信托作为风险隔离机制，实现融资目的。

一、专利信托在特殊组织专利管理中的运用

专利在现代社会越来越成为一种重要的资产。人们希望尽可能地创造更多的专利，以求在技术创新上保持领先优势；也渴求专利最大限度地得到有效利用，产生尽可能多的经济利益。但由于专利的资产专用性和不确定性特征，专利权人不仅需要支付高额的专利管理成本，而且还要承受经营不善导致变卖专利或以专利清偿债务的风险。现代社会的技术创新越来越依赖现有技术，累积创新开始成为创新的常态。一个专利权人不能仅仅依靠自己拥有的专利占领全部市场，往往需要与其他享有互补性专利的权利人相互协作。专利权的分散、高效管理的成本以及经营的风险，使得传统专利分散管理的模式无法适应时代的发展与变迁。对于某些特殊组织而言，需要跨越专利分散管理的藩篱，需要提高专利管理效率或降低专利管理成本的全新专利管理模式。专利信托可以为这些特殊组织提供更为灵活也更为高效的专利集中管理机制。

（一）专利信托在企业集团专利管理中的运用

首先需要引入专利信托的特殊组织是企业集团。现代社会企业组织形式已经跨越了单一企业模式，越来越多的企业选择了集团化和国际化的发展道路。企业集团在现代经济发展中扮演着越来越重要的角色，并已成为经济社会的主流。但对于什么是企业集团，国内外都存在许多争议。在大多数国家，企业集团是一个学术概念，而不是法律用语。对于由若干企业组成的群体，德国和我国台湾地区将之称为“关联企业”，英美法系和日本称之为“企业集团”，我国大陆则将“关联企业”与“企业集团”混合

使用。我国也有学者称之为公司集团，[1] 认为企业集团的成员仅限于公司。但也有学者表示反对，认为集团的成员企业不仅可以是公司，还可以是其他法律形式的企业。[2] 尽管在理论上存在诸多争议，然而企业集团通常被理解为“具有独立法律地位的受支配企业统一管理的企业联合”[3]。

日本已经成为世界上研究“专利信托在企业集团专利管理中运用”这一前沿问题最活跃和最积极的国家。那么，究竟是什么激励着企业集团选择专利信托这种全新的管理模式？日本知识产权协会的 Yasuo Sakuta 会长分析了在集团公司中集中管理专利的必要性。近年来，日本越来越多的企业集团开始收购重组，在其商业重组计划中开始剥离不同类型的商业业务。在这种环境下，每一个企业集团都面临一个紧迫问题：如何阻止诸如专利在内的知识产权资产从母公司流向关联公司？按照企业重组计划，许多企业集团希望他们的知识产权管理能够从分散走向集中。(1) 虽然企业集团各成员独立从事不同的商业活动，但是知识产权作为企业集团的整体资产具有至关重要的价值；(2) 企业集团有必要建立一个全面的且覆盖整个集团的知识产权战略，并且持续地促进知识产权战略清晰、准确地理解专利，并与每一个成员公司的商业活动保持紧密联系；(3) 对专利的管理与开发以及加强商业秘密运作的角度来看，有必要要求管理者承担更高的个人责任；(4) 企业集团有必要采取措施减轻管理和开发专利所需要的大量工作负荷。[4] 日本三菱 UFJ 信托银行结构金融部

---

[1] 赵志钢：《公司集团基本法律问题研究》，北京大学出版社 2006 年版，第 3 页。

[2] 王长斌：《企业集团法律比较研究》，北京大学出版社 2004 年版，第 27 页。

[3] 吴越：《企业集团法理研究》，法律出版社 2003 年版，第 123 页。

[4] Yasuo Sakuta. New legislation for Establishing Management Business on Patent, etc. Using Trust System, *Journal of Japanese Intellectual Property Association*, Vol. 3, No. 2, October 2003, pp. 38 ~ 40.

的铃木经理认为：当企业集团的每一个企业独立拥有一个知识产权部门时，为了更为有效地利用知识产权资源，或者有时为了加速企业重组，企业集团有时需要在集团内部成立一个联合部门集中处理整个集团的知识产权事务。在这种情况下，企业集团为了实现专利集中管理，需要设立一个专利信托。❶ 正是基于专利集中管理的考虑，日本学者和相关企业才不遗余力地促进专利信托在企业集团中的运用。

（二）专利信托在中小企业专利管理中的运用

中小企业（Small and Mediumsized Enterprises，简称 SMEs）是与大企业相对应的一个概念，很难给它下一个准确的定义。20 世纪 70 年代，英国博尔顿委员会曾提出识别中小企业的三个特征：第一个特征是占有较小的市场份额，对市场上的价值和数量影响力较小；第二个特征是没有定性的管理机构；第三个特征是不受母公司的控制，有决策的自由。美国小企业管理局认为"只要在行业内不占统治地位"就可以认定其为小企业。由于世界各国经济发展水平的差异，所以各国对中小企业认定的标准在不同时期存在巨大差异。在美国，资产在 10 亿美元以下或者销售金额在 85 亿美元以下的属于中小企业。在日本，企业销售金额在 2 亿美元以下的可认定为中小企业。我国通常认为企业销售金额在 3 亿元以下的是中小企业。❷ 中小企业作为一个相对概念，通常是指雇佣人员、资产总量和销售额比较小的企业。换而言之，中小企业就是人员、资产和市场集中程度非常低的企业。

如何在中小企业专利管理中引入信托制度，也是日本学术界热烈讨论的一个问题。日本中小企业在制造业中的地位已经发生

❶ Yasuyuki Ishii. Strategic Use of Intellectual Property Assets Based on Trust System, *Report on the International Patent Licensing*, *Seminar* 2006, p. 324.

❷ 2003 年 2 月 19 日，国家经济贸易委员会、国家发展计划委员会、财政部和统计局联合发布了《中小企业标准暂行规定》，规定了我国中小企业认定的具体标准。

了巨大变化。以前，中小企业只能从大企业那里获得产品订单，然后按照订单组织生产。在此过程中，中小企业不需要制定和实施企业“知识产权战略”。现在，许多日本中小企业为了增强竞争力，正努力与大学研究人员合作进行技术创新。为了更有效地保护和利用专利，许多中小企业开始从战略的角度考虑如何管理专利。中小企业通常会分两个步骤来管理专利：第一步是对其拥有的专利进行清理，列出现有专利的详细清单，了解专利的储备状况。对拥有哪些专利资源、如何运用以及对企业利润可能有哪些贡献这些必要信息，进行全面了解和分析。第二步是对不同专利进行战略性规划。许多企业并不愿意将自己正在使用的专利技术许可给竞争对手。对于自己不使用的专利技术，也必须清楚地了解现有产品将来是否会使用这些暂时闲置的专利。只有在收集到足够信息，并确认将来不会使用这些专利时，才会进行专利许可。当缺乏相应信息和知识作出明确判断之前，企业因担心专利许可风险而不愿意对外进行专利许可。企业需要明确哪些专利是自己的战略性专利、进攻性专利、防守型专利和不使用专利，然后根据不同分类选择不同的运用策略。中小企业也希望能够像大企业那样战略性地管理专利，但它们通常缺乏管理专利所需的充足的人力资源、资产或资金。对于准备许可的专利，中小企业由于获取信息的有限性和影响的局限性，很难顺利完成专利许可。由于中小企业人员有限，与其让企业内部员工单独管理知识产权，不如通过知识产权信托来实现知识产权的外部管理。这样，中小企业不仅可以降低知识产权管理成本，还可以吸引更多的潜在的被许可人。

2005 年，日本 Tokiwa Seiki 公司成为第一个设立专利信托的中小企业，标志着专利信托开始在日本中小企业专利管理中运用。日本东京大田区是著名的中小企业集聚地，这里大约有 6 000多家工厂。位于大田区的 Tokiwa Seiki 公司，是一家专门从事建筑机械制作的中小企业。它主要从事各种类型液压接头的制造和销售，特别是被称为“肘”的有角度接头。在制造肘时，锻造公司首先需要从供应商那里购买圆形铁块。然后将铁块切割成一定长度的铁片。将每片铁片加热到1 000℃，在锻造过程中将其弯曲成肘的形状。Tokiwa Seiki公司在购买这些肘之后，进行钻孔并刻画出螺纹。近年来，日本制造业由于受到中国相对较低劳动力成本的冲击，不得不削减高达30%的生产成本。简单的结构调整难以达到大幅度削减制造成本的目的，因此日本企业只能选择发展新技术。但制造工业技术的发展路径主要是通过多次试验来改良现有的制造工序，是渐进式创新而不是跨越式创新。现在突然需要削减30%～40%的生产成本，企业就不得不进行创新而不是改良。Tokiwa Seiki公司最终选择了技术创新战略，放弃了对传统制造工艺的改良，而是选择从新的视角来发展新技术。最终发明了一项“用于铲土机液压管制造方法”的新技术：先购买由坚硬物质做成的管子，然后将其削成特定长度，最后在加热过程中将其弯曲。这种新技术使得可制造的最小管子外径仅有14毫米，内径4.4毫米，长度50毫米。将这么小的管子弯曲90°，在传统技术看来几乎是不可能的。这项在加热过程中将一段铁管弯曲的技术，已在日本、中国、韩国和美国申请并获得专利。并且Tokiwa Seiki公司已经将该技术实现商业化，制造并销售使用该专利技术制造的液压弯管系列产品。

Tokiwa Seiki公司虽然获得了技术创新的成功，但在专利管理中存在许多困难。作为中小企业，Tokiwa Seiki公司没有无限的管理资源，必须集中其优势或特长以及有效的管理资源来发展新技术。许多中小企业面临着与Tokiwa Seiki公司类似的专利管理困难。首先是专利申请与维持的困难。当在多个国家申请并获得专利后，如何有效维持这些专利是一项长期管理的事务。其次是专利侵权诉讼和赔偿的困难。即使发现了专利侵权行为，中小企业在侵权损害赔偿争议或诉讼中也难以获胜。在这种情况下，一些中小企业宁愿通过专利保护其技术来获得市场垄断性利润，

也不愿意通过专利许可来获得收益。最后是专利许可谈判的困难。许多大企业希望获得中小企业专利的许可，这些大企业在市场和经济上具有优势，所以这种专利许可谈判往往并不顺利。日本东京大田区许多中小企业使用的技术多适合小批量、多品种生产，而且许多企业从业人员在10人以下，专利管理方面极其欠缺，所以许多企业遭遇了侵权或在与大企业进行的专利许可合同谈判中处于不利的境地。因此，中小企业渴望借助专利信托这种更有效的专利管理模式，实现有效保护专利、最大化获取专利收益并降低管理成本的目的。

基于这种考虑，在当地政府成立的产业振兴协会的帮助下，2005年3月29日，Tokiwa Seiki公司作为委托人与受托人日本三菱UFJ信托银行签订了日本第一个中小企业专利信托合同，以一项“用于铲土机液压管制造方法”的专利为信托财产设立信托。三菱UFJ信托银行作为值得信赖的著名企业，在专利信托生效之后，立即与一些企业签订了专利许可协议。[1]借助受托人强有力的经济地位和专业化的专利管理团队，委托人可以更有效地保护专利并最大化地获取收益。由此可见，日本Tokiwa Seiki公司注重的是信托的管理功能，希望利用专利信托进行专利许可并收取专利许可费。

对于中小企业如何运用专利信托，不仅日本学者进行了积极探讨，而且日本企业也进行了有益的尝试。这些研究与实践，对于我国探讨中小企业在专利管理中运用专利信托具有重要启示。中小企业在我国社会经济中发挥着越来越重要的作用。有些企业已经开始不断创新，产生了一些包括专利在内的知识产权。由于缺乏专利管理经验和充足的资源支持，许多中小企业要么无法将闲置的专利许可出去，要么在遭受侵权时难以获得有效的法律保

[1] Yasuyuki Ishii. Strategic Use of Intellectual Property Assets Based on Trust System, *Report on the International Patent Licensing*, Seminar 2006, p. 324.

护。对于众多分散而又弱小的中小企业而言，要求它们像大企业一样建立完善的管理机构并有效实施企业知识产权战略，显然不太现实。在这种情况下，通过专利信托的方式积极引导中小企业提高专利运用能力，不失为一个有效的方法。

（三）专利信托在技术许可（TLO）专利管理中的运用

大学一直是技术创新的源头，每年会产生大量技术成果或专利。如何促进大学科研成果向企业转移一直是困扰世界各国的难题。1980 年 12 月 12 日，美国国会通过了由参议员贝赫和多尔提出的《美国专利和商标法修正案》，即《贝赫—多尔法》，允许大学对政府资助产生的专利享有所有权。该法案的颁布与实施不仅极大地促进了美国的专利许可，而且使“技术许可办公室”（Offoce of Technology Licensing，简称 OTL），或者“技术转移办公室”（Offoce of Technology Transferring，简称 OTT）的管理模式获得了成功。而在此之前，美国大学在技术转移时普遍会选择“第三方模式”。“第三方模式”是由美国麻省理工大学创立的种专利管理模式。美国加州伯克利大学的科特雷耳教授，成立了一家从事专利管理的研究公司。1937 年，麻省理工大学与该研究公司签署合同，约定将学校完成的发明交给研究公司管理。“第三方模式”的优点在于可以降低大学的专利管理成本，并节约专利维持费用。其缺点在于因专利管理公司须同时管理许多大学的专利事务，难免应接不暇，有时还会在收益分配上与大学发生争议。1970 年，美国斯坦福大学首创了“技术许可办公室”模式，强调大学亲自管理专利事务，以专利营销促进专利保护。这种专利管理模式具有以下优点：一是技术经理作为负责人，对专利转移全程监管；二是大学专利管理实现自收自支，为大学盈利；三是允许专利发明人分享专利收益，激励发明人不断进行发明创造。斯坦福大学的成功激励着许多大学纷纷效仿。1980 年，全美最多有 20 所大学设立了技术许可办公室，到了 1990 年则达到了 200 所，2000 年几乎美国所有的大学都设立了技术许可办公

室。由此可见，美国大学对专利管理主要采取的是分散管理的模式，由各个大学自己负责专利管理和技术转移。显然，英国和美国尚未有将专利作为信托财产信托给 OTL 或 OTT 管理的计划。难怪日本学者感叹：作为信托制度发源地的英国和世界上信托最为发达的美国，专利专家和信托专家居然从不接触。[1]

近几十年来，日本不断修正其国家战略和科技政策，以保持其国际竞争力和领先地位。20 世纪 80 年代，日本政府奉行“跟随战略”，执行“科技立国”政策。20 世纪 90 年代，则采取“技术创新战略”，奉行“科学技术创新立国”。此时，日本开始从技术跟随者转变为技术创新者。这意味着基础研究与应用研究之间应该相互补充，大学与产业之间必须加强合作。在此背景下，1998 年颁布了《日本促进大学向产业技术转移法》，通过建立将研究成果顺畅转移的中介组织——技术许可（TLO）——来加速技术转移。故该法又被称为“TLO 法”，开创了日本全新的技术转移政策。那时，日本国立大学拥有许多资源，但有些资源属于个人。对于个人所有而非企业所有的专利，政府允许 TLO 处置这些发明。通过许可，那些属于个人的发明开始转移。2004 年，与国立大学合作并属于大学所有的专利也开始转移。从此以后，以美国贝赫—多尔法为代表的“美式技术转移模式”也出现在日本。进入 21 世纪，日本采纳了“知识产权战略”，实行“知识产权立国”政策。在支持战略性开发知识产权政策中，特别提出利用信托制度促进知识产权管理和融资。日本学术界正在探索 TLO 如何利用专利信托促进大学研发的专利向企业转移。

与美国大学设立的 OTL 或 OTT 不同，日本的 TLO 种类繁多。第一种分类是根据《日本促进大学向产业技术转移法》所作的法定分类。按照日本“TLO 法”的规定，TLO 可分为认证的 TLO

---

[1] Seiichi Ban. Legal Issues Concerning the Use of Trusts for Intellectual Property, *IIP Bulletin* 2003, pp. 48 ~ 55.

(Certified TLO）和批准的 TLO（Approved TLO)。认证的 TLO 是指按照 TLO 法满足一定条件并经法定部门认定的 TLO。负责对 TLO 进行认证的主管机关通常是经济贸易工业部。批准的 TLO 是指根据 TLO 法，经教育文化体育科技部和经济贸易工业部授权，负责执行特定大学技术转移运作计划的 TLO。两者在设立目的、活动范围、政府支持以及税收减免上存在一些差异。但基本目的是一致的，即促进大学或研究机构的专利技术向产业界转移。第二种分类是依据 TLO 与大学的关系进行的理论分类：(1）紧密型 TLO，即设立在大学内部并与大学一起工作的 TLO。(2）独立性 TLO，即在大学之外设立的，或者处理来自多个大学不同的专利。这是因为不同的 TLO 可能具有不同的使命，有的是代表大学和研究者的利益，有些则将地区利益放在首位。(3）混合型 TLO，即前两种类型的综合。日本许多大学设立了自己的知识产权管理办公室。因此，TLO 不同于大学内部的知识产权管理办公室。对于大学自己的专利申请由知识产权管埋办公室完成，而选择具有商业潜力、进行专利许可或转移的任务则由 TLO 承担。TLO 从事与促进技术转移相关的许多活动，例如发现、评估和选择能够商业化的研究成果，为特定研究成果提供信息，向企业提供专利许可，向专利发明人分配专利许可费，提供专利管理建议，向大学提供技术指导和金融支持，以及促进科技成果有效转移的企业必须采取的行为。

作为一个从事大学专利转移的非营利性的组织，TLO 必须避免大学与产业之间发生诉讼，正确处理技术转移。传统的专利管理办法在实践中存在许多潜在的问题：（1）在现有转移方法下，如何促进大学研究者保持创新的激情？如何将专利收益分配给专利发明人？如何解决在专利转移过程中的税收风险？（2）如何通过分许可的方式获得潜在专利被许可人的信任？（3）按照现有的授权方式，如何减轻科研人员的负担？为了解决这些问题，

日本许多学者建议将专利信托运用于TLO的专利集中管理。[1]作为受托人，TLO获得管理和处置专利的权利。当大学与产业合作进行专利许可时，大学可以通过专利信托的方式正确处理专利许可中的程序问题。2004年修改的《日本信托业法》允许TLO自己设立信托。当一个TLO将专利从大学转移给企业，TLO就能利用专利信托享有专利权。

我国一直努力建立具有中国特色的技术转移组织。2001年，教育部和原国家经贸委决定在全国重点高校建立的技术转移机构的基础上，首批认定了6所大学[2]的技术转移机构为国家技术转移中心。其主要任务是开展共性技术的开发和扩散、推动和完善企业技术中心建设、促进高校科技成果转化和技术转移。从管理模式上看，比较类似于美国的“技术许可办公室”模式，主要是通过在大学内部设立技术转移机构这种非营利性中介组织来实现技术转移。2007年12月5日，教育部、科技部和中国科学院为了深入贯彻落实党的“十七大”精神和《国家中长期科学和技术发展规划纲要（2006~2020年）》，积极发展技术市场，决定实施“国家技术转移促进行动”。2008年8月7日，科技部开展了首批国家技术转移示范机构试点工作，确定了大学、科研机构、技术交易机构等76家技术转移机构为首批示范机构。根据《国家技术转移示范机构评价指标体系》的规定，这些以促进知识流动和技术转移为主要目的技术转移机构分为两种类型：（1）具有企业法人资格的A类；（2）属于事业法人、社团法人或依托于大学、研究院所等各类法人的内设机构的B类。A类技术转移机构不以特定大学为服务对象，服务于整个社会；B类技术转移机构依托于特定大学或科研机构，服务于特定机构或行

[1] Seiichi Ban. Legal Issues Concerning the Use of Trusts for Intellectual Property, *IIP Bulletin* 2003, pp. 48~55.

[2] 这6所大学分别为清华大学、上海交通大学、西安交通大学、华东理工大学、华中科技大学和四川大学。

业。这种突破“技术许可办公室”模式的技术转移机构，更类似于日本的TLO模式。目前，这些技术转移机构多以风险投资的方式进行运作。要么通过设立创业投资公司的方式，对专利技术进行筛选或孵化；要么通过设立孵化器的方式，将专利技术孵化为小企业。这种股权投资的管理模式，不需要引进信托制度。但随着专利许可模式的出现，需要既能维持专利稳定又能将特定专利集中的管理模式。积极探索专利信托在A类技术转移机构中的运用，同样具有理论与实践意义。

（四）专利信托在专利池中的运用

我国理论界对“专利池”的关注与研究，源于2002年DVD专利许可费事件。1997年10月20日，日立制作公司、松下电器公司、三菱电机公司、时代华纳公司、东芝公司、日本胜利公司建立了与DVD专利有关的专利池。这6家公司的专利许可合同由日本东芝公司统一负责签订，松下电器公司和日立制作公司按地域分担相关交涉业务。这就是DVD专利领域中所谓的“6C联盟”。2002年6月，IBM公司加入该专利池。2005年4月18日，三洋电机公司和夏普公司亦成为专利池成员，形成了现在所谓的“9C联盟”。这9家公司将其拥有的用于DVD技术和格式的视频播放器、刻录机、驱动器、视频光盘、可刻录光盘等核心专利，对拟获得这些专利许可的任何人以“一站式购买的方式”进行联合许可。其专利政策是专利许可使用费为产品销售价格的4%，但每台不低于4美元。此外，还有由飞利浦公司、索尼公司和先锋公司组成的所谓“3C联盟”，后来LG电子公司加入。由于成本优势，中国生产的DVD产品比同类产品价格低廉，畅销欧盟和美国市场。据2002年数据统计，中国DVD产量已占世界产量的90%。2000年，“6C联盟”出台了DVD专利许可激励计划，开始与中国DVD企业就专利使用费缴纳问题进行正式谈判。2002年4月，“6C联盟”与中国电子音响工业协会达成专利许可协议：中国公司每出口1台DVD播放机，支付6C联盟4

美元的专利使用费。2002 年 10 月，中国电子音响工业协会与“3C 联盟”达成协议，中国公司每出口 1 台 DVD 播放机向“3C 联盟”支付 5 美元的专利使用费。2004 年，所谓的“1C”汤姆逊公司同中国电子音响工业协会达成意向，向中国 DVD 收取每台 1 ~ 1.5 美元专利使用费。国外专利企业对我国 DVD 企业不断征收专利许可费，直接导致我国 DVD 生产企业的生产成本增加，利润减少，曾经繁荣的 DVD 行业从此一蹶不振。我国企业应以此为鉴，认真吸取其中的教训。理论界更多地关注如何应对专利池对我国造成的不良影响，并努力寻找相应的应对策略。许多学者建议，企业针对不合理专利许可费应积极应诉。而更多的学者建议，我国应建立专利池的反垄断审查机制和相关制度。

“专利池”作为一种全新的专利管理模式，如同一把双刃剑：用之不当，可能滥用权利、形成垄断并阻碍产业发展；用之得当，则可以提高专利管理效率、降低交易成本并提高人民福祉。“DVD 专利许可费”事件对我国 DVD 行业造成了巨大损失，给予我们的教训是：应当提高企业的研究与开发能力，正确回应专利池对企业带来的影响，并建立专利池反垄断审查制度。与此同时，也给予我国极大的启示：如何引导我国企业有效地利用专利池，实现专利集中管理，既避免企业之间恶意竞争，又提高企业专利运用和保护能力。因此，我国既应研究专利池的反垄断问题，更应注意专利池的治理结构研究。信托具有强烈的资产分割功能，并呈现灵活多变的表现形式。信托的资产分割强调形成独立于委托人、受托人和受益人的信托财产，即形成独立的“资产池”。信托的形式可以是合同，也可为企业。如果从专利池内部治理结构的角度分析，笔者认为将信托运用于专利池，将更有利于专利池的发展。不仅可以维持专利池的稳定性，而且可以保持专利池随时增加或减少专利的灵活性。

企业集团、中小企业或专利许可组织等特殊组织，为了提高专利管理效率，将一些专利予以集中形成的专利组合，在某种程度上也可以理解为一种特殊的“专利池”。专利信托可以广泛运用于这些特殊组织的专利管理中，具有广阔的运用前景。笔者主要选择专利信托在“企业集团”和“专利池”专利管理中的运用进行进一步探讨，具体分析参见第五章和第六章。其他特殊组织对专利信托的运用，可以此作为参考或进行借鉴。

二、专利信托在专利资产融资与投资中的运用

企业利用专利获得融资的方式，主要包括专利质押贷款和风险资本投资。发端于美国20世纪70年代的证券化技术，使得以专利为核心的知识产权资产成为广泛的投资与融资对象。近年来，专利资产证券化开始成为一种全新的融资方式。世界知识产权组织认为：“知识产权资产证券化是一种新趋势。在承认知识产权存在担保利益的基础上，进行商业质押贷款和银行融资将在实践中不断发展。特别是在音乐产业、以因特网为基础的中小企业和高科技领域，知识产权产生的现金流较多，创造证券化的机会也就越多。”[1] 专利资产证券化具有许多优势，它促使一些流动资金匮乏的公司开始考虑以其未来专利许可收益权担保发行证券。[2] 笔者认为，证券化技术最大的优势在于将具有专用性资产——专利——转化为具有高度流动性的证券。这样不仅方便人们投资，分享技术创新带来的垄断收益，而且可以使不具有良好信用的专利权人在不改变股权结构的情况下获得融资。专利资产证券化的实质，是将基于专利许可产生的未来的应收账款信托给特殊目的机构，由其向投资者发行受益权凭证。在专利资产证券化中，投资者只对专利许可产生的应收账款的价值进行评估，而不需要对委托实施证券化的公司进行评估。证券化的信用是基于

---

[1] WIPO. The Securitization of Intellectual Property Assets – A New Trend. http://www.wipo.int/sme/en/ip_business/finance/securitization.htm, 2007-1-20.

[2] John S. Hillery. Securitization of Intellectual Property: Recent Trends from the United States. Washington. CORE, March 2004.

专利许可的可信度和现金流获得资金。通常创新公司没有很多有形财产，如土地、建筑物机器或设备，却拥有很多专利资产。虽然拥有技术优势或专利资产，但由于其尚未充分发展或获得足够的信用，通常难以获得商业上所需资金。考虑到创新企业对资金的高度需求（主要用于投资研究与开发项目）和高度不确定性，没有一个固定还款期限的股权融资似乎比有固定期限的债权融资更适合。但是对于不愿意公开或所有权人希望保留管理权的中小企业来说，通过风险资本的股权融资通常并不适合。在此环境下，强烈需要一种创新机制使创业公司能够基于专利许可产生的应收账款、独立于公司的评估来获得资金。所以专利资产证券化被认为是创新企业获得融资的一种有效方法。

从融资的角度来看，尚未充分利用的专利难以成为基础资产。其主要原因是专利权作为一种财产权，并不能当然地产生稳定的现金流。事实上，许多专利被权利人闲置，没有产生相对稳定、持续、可观的经济收益，当然无法证券化，纯粹的专利并不在基础资产之列。欲利用资产证券化这种新的融资方式，必须充分利用专利并确保获取稳定的现金收益，即努力将专利转变为金融资产。金融资产已经成为证券化的主要资产。如果能够利用一些交易方式将专利转换为金融资产，那么由专利衍生来的权益就可以证券化了。专利转换为金融资产作为基础资产的案例已经屡见不鲜。在考察专利的财产属性时，可将其区分为使用价值和因具有使用价值而获得的交换价值。专利所具有的使用价值是一切财产价值的基础。在专利上存在的权利也因其各自客体不同，而区别为两种财产权：以专利的使用价值为客体，称为使用权；以专利潜在的交换价值或资本价值为客体，称为价值权。由于自身不具备最大限度地利用专利以全面获取经济利益的资源，所以权利人转而寻求专利的交换价值。对专利使用权的处分，就产生专利许可；行使专利价值权的结果，就是进行专利转让或专利质押。权利人在向他人行使专利使用权或价值权的过程中，权利悄然发生变化：专利权转换为债权。债权的出现，就意味着现金流的产生。当债权产生的现金流稳定到具有足够信用的时候，专利衍生的债权就可以作为基础资产。所以稳定的专利许可费和专利质押贷款均可以作为基础资产，由此就形成了专利许可应收款证券化和专利质押贷款证券化。

从投资的角度来看，投资于具有潜在价值的专利也可以产生稳定的现金流。真正意义上的专利资产证券化是受托机构成立专利投资信托或专利资产信托，向不特定人募集发行或向特定人私募交付受益证券，获取资金的行为。近年来，美国开始出现一种类似于不动产投资信托的技术单位投资信托（Technology Unit Investment Trust）。单元投资信托是购买并固定持有股票、债券或其他证券等资产，并在美国证券交易委员会注册的投资公司。信托中的“单位”被出售给投资者，单位持有者得到的单位信托是拥有该固定的资产组合权益的凭证。单位投资信托根据投资持有的资产而变化终止的期限。投资于长期债券可以保留 20 ~ 30 年。投资于股票也可以获得资本利益长达一年或几年。当信托解散时，证券将支付给单位持有者或再投资于其他信托。单位投资信托也可以集中于某个特定的细分市场，例如健康、能源、技术、房地产、通信或特定国际市场。专门针对技术进行投资的单位投资信托，就构成技术单位投资信托。拥有技术目前却无法产生现金流的公司，可以将技术交给技术单位投资信托。技术单位投资信托按照技术主题进行集中，并进行组群化。例如，形成 100 个关于半导体硅芯片的专利技术群、70 个关于易腐烂货物包装新材料的专利群、15 个基于网络的商业方法专利群。相类似的技术专利汇集在同一主题标签下，组成技术专利集群。专利所有者按照其在技术单位投资信托中所占份额获得投资。❶ 投资者

---

❶ Alex Arrow. *Management IP Financial Assets, from Ideas to Assets: Investing Wisely in Intellectual Property*. Bruce Berman. New York. John Wiley & Sons. Inc 2002.

购买技术单位投资信托的份额，代表专利群的部分权利并对未来许可现金流享有各自的请求权。例如，A－H8 家公司将各自享有的半导体硅芯片专利技术，转移给一家新成立的技术单位投资信托。这 8 家公司所拥有的专利数、评估价值以及所占比例，如表 3－5 所示。

表 3－5　委托人专利价值比例

公司	拥有的专利数	价值（百万元）	在 TUIT 中的比例（%）
A	6 项可专利技术	78.2	10.9
B	17 项可专利技术	127.6	17.8
C	1 项可专利技术	8.1	1.1
D	22 项可专利技术	266.8	37.3
E	9 项可专利技术	10.7	1.5
F	3 项可专利技术	1.6	0.2
G	36 项可专利技术	141.8	19.8
H	6 项可专利技术	80.3	11.2

技术单位投资信托被划分为 10 000 份，每份原始价格为 71 510元。在扣除必要运作费用后，每一信托份额的投资者将享有全部许可费收益的 0.01%。假设技术单位投资信托管理人，准备以每份“单位”24 000元的价格销售 600 份。那么，拥有专利的公司将基于其专利获得每份 71 510元。虽然数额不多，但相对于没有任何收益而言，技术单位投资信托还是很受专利权人欢迎的。如果技术单位投资信托管理人第一次只销售了 50 份，那么获得的资金为 50×24 000＝1 200 000。扣除 5% 的佣金 60 000 元，剩下的 1 140 000元将按照专利技术价值所占比例分配给专利权人。如表 3－6 所示。

表 3－6　技术单位投资信托第一次销售

公司	第一次销售获得的资金（元）	新的价值结构（%）
A	124260	10.2
B	202920	16.7
C	12540	1.0
D	425220	35.1
E	17100	1.4
F	2280	0.2
G	225720	18.6
H	127680	10.5

如果市场需求逐渐增强，A－H 公司可以不断以每份“单位”24 000的价格销售，直到10 000份“单位”全部售完。当一个企业为了开发或改进产品需要使用技术单位投资信托专利群中的一项或多项专利技术，该企业必须向技术单位投资信托支付许可费。由此可见，技术单位投资信托兼具融资与投资功能。由于技术单位投资信托主要是针对专利技术进行的投资，所以本质上也属于一种风险投资，具有专利开发与利用功能。由此可见，信托是利用证券化技术实现专利资产投资与融资的主要工具和渠道。

三、专利信托的类型

广义上的专利信托，不仅包括以专利权及其衍生权利为信托财产设立的信托，而且包括投资于专利的资金信托。根据信托财产的不同，广义专利信托可以进一步划分为4 种类型：专利权信托、专利许可费信托、专利抵押贷款信托和专利投资信托。（1）专利权信托，属于狭义上专利信托，即以专利权为信托财产设立的信托。（2）以专利许可产生的许可费应收账款为信托财产设立的信托，即专利许可费信托。这类信托实质上属于债权

信托，是在将专利权转换为债权后设立信托。（3）专利抵押贷款信托，以专利抵押贷款作为信托财产。它实际上是利用专利的实用价值获得贷款，以这些应偿还贷款为信托财产设立的信托。（4）通过信托方式形成产业基金或风险投资基金，可能投资于某些专利进行商业转化，由此形成专利投资信托。根据专利信托的用途，专利信托又可以划分为两大类：基于融资的专利信托和基于管理的专利信托。基于融资的专利信托，即融资型专利信托，是通过商业设计将具有资产专用性的专利权转换为具有一定流动性的债权、担保物权甚至有价证券。信托财产实际上是专利权衍生出来的各种权利。专利许可费信托、专利抵押贷款信托和专利投资信托，属于融资型专利信托。基于管理的专利信托，即管理型专利信托，是为了降低交易成本或提高管理效率，以专利权作为信托财产设立的信托。专利权信托属于管理型专利信托。专利信托的种类，如图 3－9 所示。

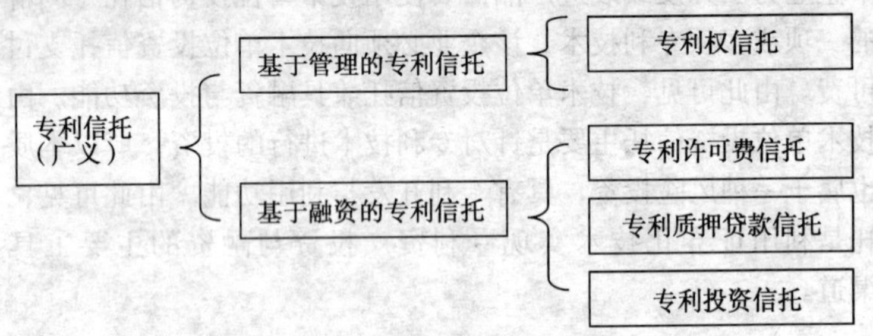

图 3－9　专利信托的种类

第四章　信托在专利资产证券化中的运用

第一节　专利资产证券化概述

一、证券化起源

历史上第一个抵押支持证券（Mortgage-backed Securities，简称 MBS），出现在 1970 年美国的二级抵押贷款市场。在此之前，银行是主要的信贷方，持有贷款直至到期或出售。这些贷款主要来源于存款或借款，银行将对这些贷款直接承担责任。这就存在一个相对静止和独立的抵押贷款一级市场。希望购买房屋的借款人，向银行或其他出借人贷款获得资金。从法律的角度来看，这是一个借款合同，借款人向贷款人借款，约定到期返还借款并支付利息。这种促进借款人与贷款人直接发生交易行为的市场，即为一级市场。在抵押贷款一级市场中，抵押贷款不具有流动性，作为“资金出借者”的银行只能持有其发放的抵押贷款。虽然已经出现了贷款出售（Loan Sale），将抵押贷款进行交易，但这些贷款没有完成证券化。第二次世界大战之后，简单的存款制度无法满足日益增长的购房信贷需求。银行和企业金融中介敏锐地洞察到市场机会，需要增加抵押贷款资金来源的方法。为了吸引投资者，投资银行最终发展了一种投资工具，首先形成独立并特定的抵押贷款池，然后将抵押贷款的信用风险分为不同级别，最后对由这些贷款产生的现金流进行了结构性设计获得融资。虽然发展有效的抵押贷款证券化结构花费了几年时间，但抵押贷款证券化发起人意识到这一工具也能非常容易地转换为其他类型贷款

证券化。

1970 年 2 月，美国住房与城市发展部创造了使用抵押贷款支持证券的交易，美国政府全国抵押贷款协会❶（Government National Mortgage Association，GNMA，通常简称 Ginnie Mae，即“吉利美”）首次发行了以住房抵押贷款为担保的抵押支持证券。抵押支持证券，又称为按揭❷支持证券，是指以相当规模的超额担保房地产为担保发行的一种证券凭证。按照证券面值的 110% ~200% 的数额提供超额担保，当借款人无法履行还款义务出现违约，那么管理担保物的独立托管人将担保物变现用于清偿债权。此后，美国房利美和房地美立刻跟随吉利美发行抵押支持证券，通过发展和繁荣住房抵押贷款二级市场促进美国民众拥有自有住房。

抵押支持证券具有传递（Pass Through）❸ 功能，成为二级抵押贷款市场中一个激动人心的创新。在整个借贷一级市场，抵押贷款的买方与卖方均不具有相对流动性，都面临抵押贷款风险。当贷款人希望以快捷和可接受的价格将其贷款组合出售时，贷款

---

❶ 1938 年，美国国会设立美国联邦国民抵押协会（Federal National Mortgage Association，FNMA，通常简称 Fannie Mae，即“房利美”）。它隶属于美国联邦住房管理局（Federal Housing Administration，FHA），向由联邦住房管理局承保的住房贷款人提供资金，以稳定经济大萧条之后的房地产市场与住房金融体系。1954 年，房利美开始吸收私人投资。1968 年，根据《美国住房和城镇开发法》，房利美被分拆。一部分成为私有股份制公司，保留使用房利美的名称，即现在的房利美；另一部分则成为一个政府机构，即吉利美。1970 年，美国国会通过《美国紧急住房金融法》（Emergency Home Finance Act），授权成立美国联邦住宅贷款抵押公司（Federal Home Loan Mortgage Corporation，通常简称 FHLMC，即“房地美”）。同时授权房利美和房地美购买经联邦保险的抵押贷款和一般按揭贷款。由此形成美国发行 MBS 和 ABS 的三个重要机构房利美、吉利美和房地美。

❷ “按揭”是香港对房屋抵押贷款的称谓，与购房抵押贷款含义基本相同。

❸ 我国有学者将 Pass Through 翻译为“过手”或“转递”。李传全在翻译斯蒂文·L. 西瓦兹的著作《结构金融——资产证券化原理指南》中翻译为“传递”。笔者认为“传递”更为合适。

人很难找到买家。如果贷款人继续持有这些贷款组合，则可能面临因利息上涨而导致贷款收益下降的风险。而且借贷款需要准备非常繁琐的法律文件，是一项交易成本非常高的商业行为。MBS的出现改变了这一切。通过将相类似的抵押贷款组合在一起形成一个资产池，政府的代理机构或其他组织将这些抵押贷款传递给合格的持有者或投资者。对二级抵押贷款市场中的投资者或借款方而言，这种改变非常具有吸引力。投资者可以选择具有流动性的证券投资。贷款方拥有可以随时将利率风险连同抵押贷款一起从资产负债表中删去的选择权。这种抵押支持证券表彰的权利是同等的，没有任何区别或差异。证券的发行者如同一个工具，左手从发起人那里购买抵押贷款资产，右手便把这些资产卖给投资者，仅仅起着传递功能。因此，这类证券又被形象地成为“传递证券”（Pass Through Securities）。在传递证券的交易中，投资者购买了未加分割的抵押贷款池的一些份额，获得了分享抵押贷款池产生利息收入和本金收入的权利。抵押贷款人按照质量、期限和利率等相关标准发放贷款，组成贷款池，而后将贷款池转让给信托，通过政府机构或私人发行载体或直接发行等方式把权利凭证出售给投资者。抵押贷款池产生的收益就被传递给投资者。

传递证券市场的不断成长不可避免地产生新的创新。发起人特别希望能够将 MBS 投资者的基础进一步扩大。出于对此需求的回应，1983 年 6 月，房利美发行了第一个抵押担保证券[1]（Collateralized Mortgage Obligations，简称 CMO），分为 5 年、12 年、20 年到期期限三档。这类证券是每间隔半年的时间支付一次收益：第一档证券在第 5 年到期时收回投资和收益；第二档在第 12 年末；第三档在第 20 年末获得投资和收益。CMO 是一种

[1] 国内许多学者将“Obligations”翻译为“债权”或“债券”，笔者认为这样无法解释 CMO 的“分级”功能与证券化的多元化。“Obligations”还有“合约、契约、证书和证券”的含义。由于美国将“合约、契约或证书”均可以视为证券，因此译为“证券”更为合适。

比 MBS 更为复杂的证券，将证券人为地划分为不同档次的信用级别、期限和收益率。从本质上讲，CMO 是 MBS 的一种衍生品种，或者结构性产品。依据不同的支付条件，CMO 通过对现金流的重新分配实现创造证券的功能。CMO 的主要目的在于解决发展 MBS 的主要障碍——提前支付的风险。MBS 投资者提前支付的风险体现为其投资本金的不可预期的收益。这主要是隐藏在证券背后的借款人通过抵押再次融资造成的。当贷款利率下降时，房屋业主更愿意选择抵押进行再融资，从而提前清偿高利率情况下签订的贷款合同。如此，对于投资者而言，也就转换为提前偿还了 MBS 的本金。投资者被迫将因提前偿还贷款合同而归还的本金再投资于较低收益的证券。CMO 顺应了投资者对较低提前清偿风险的喜好，通过证券分级的方式，改变偿还本金的时间顺序和长短。在 CMO 结构中，资产产生的现金流通常被重新分割成不同的“份额”或“部分”（Tranches），形成不同的证券。例如，在一个 CMO 中，投资者被划分为三个类别，分别称为 A 级、B 级和 C 级投资者。不同类型投资者的本金偿还的顺序不一样。但在本金没有全部偿还之前，投资者一直享有投资收益。A 级投资者可以提前偿还，直至获得全部投资本金及其收益；然后是 B 级投资者；最后是 C 级投资者。在这种情况下，A 级投资者承担提前支付的风险，而 C 级投资者则承担最后偿还的风险。现在，CMO 的期限档次呈现多元化。有的 CMO 有 50 级，甚至更多，而且不同份额还能够进一步分级。典型的 CMO 由 4 个“正规”证券和 1 个“剩余”证券构成。前三个正规证券自发行结束之后即开始支付收益，并依据先后顺序返还投资。第四个正规证券，通常被称为“Z”级证券，在前三级投资及收益支付完毕之前，必能计算并支付投资收益，不能偿还本金。当 4 个正规证券的投资及其收益全部支付完毕，剩余的现金流归属于“剩余”证券的持有人。

这种对“资产池”再次进行分割形成不同“份额”或“部

分”的证券化结构，被称为转付结构（Pay-through Structure）。其发行的证券被称为转付证券（Pay-through Securities），以区别在传递结构中发行的“传递证券”。传递证券与转付证券的区别在于是否采取将证券划分为不同等级或部分的技术。如果没有划分，则属于传递证券；如果将证券划分为不同等级或部分，那么则构成转付证券。我国许多学者在介绍证券化时，往往以证券的类型来区分传递证券与转付证券。一些学者将传递证券理解为一种独立的证券类型。李曜将之称为“过手证券”，认为是美国主要的证券品种。贷款人将抵押贷款集合在一起，然后出售给特设工具机构。该特设工具机构以此发行证券。资本市场投资者购买过手证券，享有相应权利，按月收取由特设工具机构“过手”来的本金和利息。其认为抵押支持证券与过手证券的区别在于两个方面：一是抵押支持证券是债权凭证，而过手证券是所有权凭证；二是基础资产的现金流进行了重新组合。[1] 实际上，抵押支持证券与过手证券是两种不同的划分标准。彭冰认为，如果SPV发行债券，这种资产支持证券一般被称为转付债券（Pay-through），如果是受益权证，则被称为过手证券（Pass-through）。[2] 洪艳蓉认为，在转递结构中，通常运用的是一种参与型权益载体，主要以受益权证的形式出现。在转付结构中，通常运用的是债券这种载体。一般认为这种债券因代表着对被证券化资产的一项债权而归属于债权类证券。[3] 许多奇认为，转递证券实质上是一种股权式投资工具，转付证券法律本质上等同于附担保公司债。[4] 这种以证券体现的权利作为区分传递证券与转付

[1] 李曜：《资产证券化——基本理论与案例研究》，上海财经大学出版社2001年版，第31页。

[2] 彭冰：《资产证券化的法律解释》，北京大学出版社2001年版，第32页。

[3] 洪艳蓉：《资产证券化法律问题研究》，北京大学出版社2004年版，第80页。

[4] 许多奇：《债权融资法律问题研究》，法律出版社2005年版，第177页。

证券的依据，笔者认为甚是不妥。目前，我国学术界对证券化的介绍许多是对英文的意译，或直接借鉴前人的成果。对“传递证券”和“转付证券”的解释，要么晦涩难懂，要么令人费解。出现这种状况的原因，笔者认为不外乎以下三点：（1）混淆了依据不同标准划分的证券类型。所谓“传递证券”或“转付证券”，是在证券化发展不同阶段出现的不同技术和结构设计，其本身并不表彰证券上的权利。而传统证券类型是依据证券所表彰的权利性质，将证券划分为股权、债权或受益权证等。如果将依据不同标准划分的证券种类强行放在一起进行比较，那么其结论难免有点滑稽。（2）将转付证券紧紧理解为债券，不仅是对“Obligations”的不当翻译，而且片面理解了转付证券的含义。“Obligations”一词具有“债权、合约、契约、证书和证券”等多种含义。我国许多学者习惯将“Obligations”翻译为债券，将Collateralized Mortgage Obligations 译为抵押担保债权，将 CMO 表彰的权利也就理所当然地解释为债权。《美国证券交易法》第3节第10款将“合约、契约或证书”或“投资合同”均视为证券。因此，将“Collateralized Mortgage Obligations”译为“抵押担保证券”更为合适。实际上，CMO 表彰的权利不仅包括债权，也可以是股权或信托受益权，主要看证券发行人选择什么样的发行组织和证券类别。以证券表彰的权利来区分传递证券与转付证券，是片面理解了转付证券的基本含义。（3）不能认识转付证券的本质，无法正确区分传递证券与转付证券的差异。转付证券是在传递证券基础上发展起来的一种新的证券化技术。因其使用了再次分割“份额”或“部分”（Tranches）的技术，从而使得不同级别的证券适合了不同投资者的需求和偏好，所以成为现代证券化普遍采用的证券化结构。因此，转付证券的本质在于对资产池和证券采取分级处理。

为了促进非抵押资产支持证券化，美国完善了证券化结构设计，并发展了商业信用增强服务。1985 年，在抵押贷款市场发展出来的证券化技术被首次运用于一类没有抵押的资产——房屋租赁产生的租金。1985 年 3 月，美国斯百瑞租赁融资公司[1]创造了以计算机设备租赁为基础的证券，成为第一个资产支持证券（Asset-backed Securities，简称 ABS）。在斯百瑞租赁融资公司案中，现金流来源于承租人支付的租金。Sperry 租赁融资公司将收取租金的权利出售给了一个特设机构。以此作为回报，特设机构通过保险公司将这些权利出售给投资者。1985 年 5 月，马林·米德兰银行发行了第一个以汽车贷款支持的证券。1987 年，美国特拉华州的公众银行发行了第一个信用卡应收款支持的证券，未支付的 5 000万美元银行卡借款是以私募方式发行的。该交易向投资者证明，如果收益足够高，借款池支持的资产销售比抵押贷款市场的收益高于预计损失和管理成本。这种类型的销售——在销售者与买受人之间不存在合同义务——允许银行出于会计和规则目的作为销售收入对待。同时允许其保留发起和服务费用。在这起最初交易成功之后，投资者逐渐开始接受信用卡应收账款，银行也将其发展成常规现金流结构。租金如同贷款利息，涉及可预测的现金流。随着 ABS 市场的成长，汽车贷款、可接受的信用卡贷款、住房贷款、建筑贷款、学生贷款甚至未来知识产权的许可费均演化为各种证券。组成资产池的资产不再仅限于抵押贷款，那些没有抵押的现金流是结构性金融非常好的替代品，它们比抵押贷款还款期更短，现金流发生的时间更容易预测，并且长期的履行数据记录给投资者以信心。信用卡应收款、汽车贷款和住房贷款占据了全部 ABS 的 60%。20 世纪 90 年代开始出现一些早期的私募，证券化技术被用于一些包括寿险和自然灾害保险和再保险部门。这种活力在美国 2006 年表现为发行了 150 亿美元。可选择风险转移领域，包括灾难债券、寿险证券化和车损再保险，均可以运用。

---

[1] Sperry Lease Finance Corporation 现改名为 Unisys.

证券化体现了金融市场的创新。利用资产池和现金流支持证券化，允许发起人挖掘不具流动性资产的价值，并向借款人或消费者提供较低的借贷成本。在颇具吸引力的领域，MBS 和 ABS 向投资者提供了一系列高质量的并且具有稳定收益的证券。2008 年，由证券化贷款支持的债权市场因次贷危机（Subprime Mortgage Crisis）而使信用难以评价而极其艰难，除非债券时由联邦代理机构担保。

证券化是涉及将能够产生现金流的金融资产汇集（Pooling）和重新包装（Repackaging）成证券并出售给投资者的结构性融资过程。"证券化"一词，来源于有价证券是一种从投资者那里获得资金的金融工具形式的事实。与一般公司债权不一样，作为基于分期偿还现金流的证券投资风险，债权证券化的信用质量不是静止的，而是容易随着时间和结构变化而改变。如果交易予以适当构架设计（Structured），而且资产池如同预期一样表现，那么各种类型的结构性债务的信用风险将得以改善。如果没有设计好，那么包装的类型将遭受引人注目的信用恶化并遭受损失。只有能够产生现金流的所有资产才可以证券化。证券化过程产生的结果——证券——被称为资产支持证券。从这个角度来看，证券化也被定义为引起资产证券发行的融资过程。

二、证券化交易结构

（一）证券化的基本交易结构

证券化是指发起人将缺乏流动性但能在未来产生可预见的稳定现金流的资产或资产组合出售给特殊目的机构，由其通过一定的结构安排，分离和重组资产的收益和风险并增强资产的信用，转化成可自由流通的证券，而后销售给投资者的过程。因此，证券化是利用资产融资的一种方法。它并不是将这些资产整体出售，而是将资产汇集在一起形成一个资产池，然后将这个资产池划分成许多份额，最后将这些份额出售给那些愿意承担风险并分享资产收益的投资者。它可以理解为类似于一个公司出售，或创新企业，将有利可图的商业组合成一个独立的实体。为了现在获取现金，它们将这些实体的所有权或债券进行交易，所有的收益和风险将在未来出现。为了便于理解，人们通常把证券化划分为两个不同阶段：资产分割阶段和证券发行阶段。资产分割阶段是指发起人将拟证券化的基础资产真实出售给为发行证券而成立的特殊目的机构，形成完全独立的并对拟发行证券提供支持的资产池。证券发行阶段是指特殊目的机构根据一定的信用等级确定拟发行证券的种类，并向投资者发行获得融资的过程。证券化的两阶段如图 4 –1 所示。

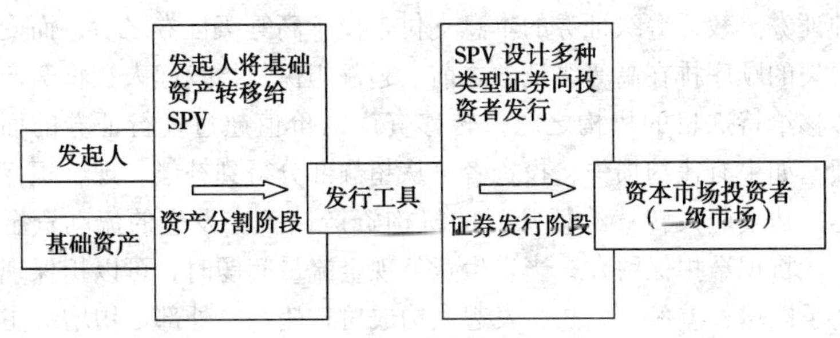

图 4 –1　证券化的两个阶段

如果进一步分析证券化的动态过程，那么一个完整的证券化过程应当包括以下诸多步骤：（1）发起人将拟证券化的抵押贷款或应收账款作为基础资产，汇集成一个同质的资产池。（2）发起人或第三方管理者成立拟发行证券的特殊目的机构（Special Purpose Vehicle，通常简称 SPV）。严格来讲，特殊目的机构同样属于一种特殊的组织，可以选择合伙、有限责任公司和信托形式。（3）发起人将拟证券化的基础资产真实出售给拟发行证券的特殊目的机构。真实出售是针对发起人和发行人的财产而言的。如果基础资产不再属于发起人的财产范围而成为发行人的资产，那么就构成法律意义上的“真实出售”。（4）设计拟发行证券的类型，并由信用增强机构对信用等级较低的资产增强信用，以吸引更多的投资者。在证券化过程中，证券持有人作为投资者不愿意看到由于债务人迟延支付而使自己不能得到每月或每季度的证券利息，更不希望因违约而拒不支付利息。为了规避这些风险，调动投资者购买证券的积极性，通常运用信用增级的方式来补充基础资产的信用。信用增级可分为利用证券化本身或现金流量创设的内部信用增级和由第三人或创设机构提供保证的外部信用增级两种类型。内部信用增级通常包括优先劣后结构、超额担保和现金担保三种方式。优先劣后结构是资产证券化最常见的信用增级方式。在证券化过程中，可以同时发行不同等级的数种证券。较低等级证券的本息支付是位于高等级证券之后，而受损失的顺序排在高等级证券之前。超额担保是指发起人在将资产转移给特殊目的机构之时，转移资产的价值超过发行证券的面额。如果有违约损失，投资者可从超额部分得到补偿。现金担保是指从发起人转移给特殊目的机构资产储备中发生的流动资金中，将现金担保留存。当发生意外现金流量问题时，可以担保现金予以填补差额，以防止发起人构成付款违约。外部信用增级主要是通过担保公司、银行或保险公司提供担保的方式来补充信用。（5）对拟发行的证券进行信用评级。公司债券或国债信用评级，主要是对发行主体偿债能力的评定。资产证券的评级重点不是发行证券主体的偿债能力，而是证券化融资结构的偿债能力。对支付本息的担保资产进行审查，并进行信用评级，以帮助投资者判断证券信用风险程度。好的融资结构安排，包括基础资产的真实销售、与发起人的破产隔离、发起人及第三方的信用增强等，都有利于提高资产证券评级。评级公司主要考虑以下风险：法律风险、支持资产的信用质量、主权风险、管理和操作风险。美国三个信用评级机构为：标准普尔（S&P）、穆迪（Moody's）、惠誉（Fitch IBCA）。（6）特殊目的机构发行证券，并出售给投资者。（7）特殊目的机构将发行证券获得是资金支付给发起人，作为购买基础资产的价款。（8）管理服务人收取到期的应收账款或抵押贷款本金及其利息，并存入托管人制定的账户。（9）托管人将到期的收益按照证券上标明的条件和期限支付给证券持有人。经过上述一系列步骤，完成证券化的全部过程。证券化交易的具体结构如图4－2所示。

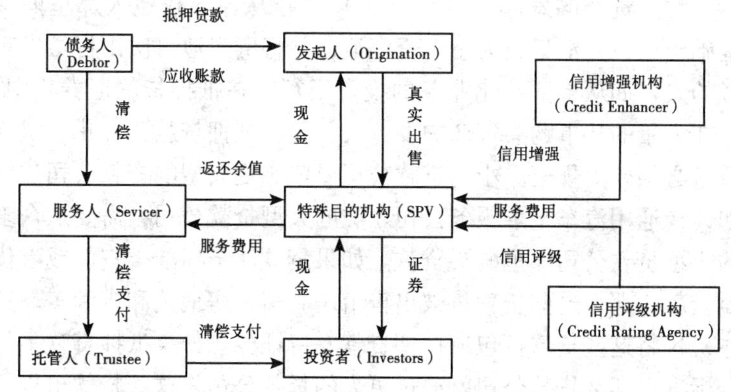

图4－2　证券化交易结构

（二）发起人

发起人是指拥有进行证券化交易的基础资产，并发起资产证券化融资的主体。它包括两类：一类是原始权益人，另一类是购买资产的发起人。不同类型的发起人如图4－3所示。发起人（Origination）通常是基础资产最初的拥有者，如拥有抵押贷款的银行，拥有贸易应收账款的企业，或者享有专利许可费应收款的专利权人。发起人拥有的资产。如公司融资的典型目的要么希望获得融资改善债权结构，要么调整其财务结构。在传统公司融资概念中，该公司有获得融资的三种选择：贷款、发行债券或发行股票。但是发行股票会稀释公司所有权和控制权，贷款或债券融资因公司信用等级和与之联系在一起的利率通常昂贵而无法承受。公司持续产生收益的资产通常比公司整体信用等级要高。例如，一个租赁公司假设某项资产能产生1 000万美元的租赁收益，

并在接下去的5年内获得这些现金流。它不能期望提前支取这些租金，也不能因需要而推迟。如果将从租赁获得现金流的权利出售给其他人，那么它就可以将这些未来的现金流现在一次性获得。实际上，原始权益人出售抵押贷款或应收账款是现在获得未来现金流的现在价值。

购买资产的发起人（Sponsor）是指从原始权益人那里购买基础资产，并汇集成为一个资产池，并将资产池再次出售给发行者的人，如从事证券化业务的投资银行。在抵押贷款证券化中，存在大量的从事购买资产的发行人。要将抵押贷款证券化，贷款数量必须要上规模。小的贷款公司要依靠更大型的贷款公司。例如，像通用汽车金融服务公司之类的大型贷款公司，需要从众多的小型贷款公司那里购买贷款。如果贷款属于标准类贷款或者优质贷款，那么这些贷款将被出售给房利美、房地美和吉利美。这些机构将这些贷款打包成抵押贷款支持证券。如果抵押贷款不符合标准，那么贷款公司就通过更大的贷款公司将这些贷款出售给其他的发起人，打包成非机构抵押贷款支持证券。证券化使传统借贷业务被重新定义。发放借款的贷款人从借款人那里收取利息的盈利模式，被改变为发起人向贷款人支付费用。这种模式成为次贷行业的基本运营方式。

（三）发行人

发行人（Issuer）是指从发起人那里购买基础资产，并发行资产支持证券的人，通常由特殊目的机构（Special Purpose Vehicle，通常简称SPV）充任。特殊目的机构，在美国又被称为导管（Conduit）。它是为了实现资产证券化这一特殊目的而设立的载体。笔者认为，适格的发行人必须满足以下三个条件。

第一，能够形成独立于发起人的资产池。适合的大量资产组合形成一个“资产池”，然后出售给特殊目的机构，形成一个为了资产融资的特定目的一个免税公司或信托。这一过程被称为“真实销售”。发起人将与拟证券化资产有关的权益和风险一并

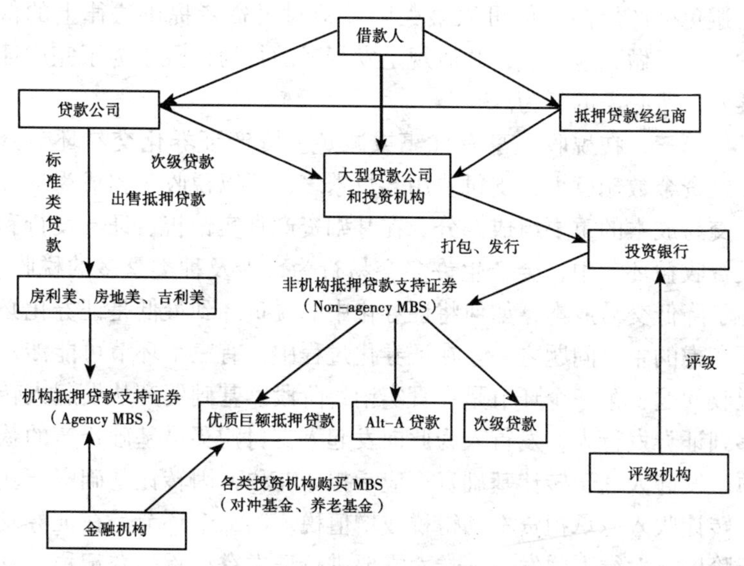

图 4-3　不同类型的发起人

转移给特殊目的机构，使特殊目的机构对资产享有合法权利。会计准则能够判断资产转移究竟是一次销售，还是一次融资，抑或部分销售或部分融资。在一次销售中，发起人被允许从资产负债表中将这些转移资产删除。而在融资中，相关资产仍保留在发起人的资产中。根据美国的会计标准，发起人完成向发起人的真实销售，发起人必须是合格的特殊目的实体（QSPE）。由于这些结构性问题，发起人通常需要一家投资银行的帮助，设立进行交易的组织结构。

第二，能够远离发起人、债权人的追索。资产一旦转移给发行者，通常不能向发起人提出任何主张。特殊目的机构必须具有“破产隔离”功能，即如果发起人破产，资产的发行者将不会向发起人的债权人进行清偿。特殊目的机构可以避免受到其自身破产和发起人破产的有害影响，从而确保借以发行的证券支持资产不会成为破产财产，可以为投资者提供充分的保护。虽然不能彻

底避免破产风险，但可以最大限度地对投资者提供法律上的保护。为了做到这一点，政府规定发行者的行为仅限于为了完成证券发行所必需的行为。

第三，在税收上享有优惠或减免。资产证券化交易环节众多，资金数额巨大，支付费用名目繁多，所以税收负担成为证券化交易成本的重要组成部分。在基础资产真实销售、证券发行和投资收益环节中，会产生许多交易行为，涉及种类繁多的税收。为了降低交易成本，如何将证券化中的税负降到最低是证券化必须考虑的主要问题之一。在证券化过程中，有三个环节可能涉及税收问题：第一个环节是在真实销售阶段。基础资产从发起人转移到证券发行人，发行人为此向发起人支付购买最基础资产的款项。发起人基于转让基础资产应承担印花税，因转让基础资产获得转让收入应承担资本利得税或增值税。第二个环节是在证券发行阶段。发行人因发行证券而需要进行证券登记承担登记税，发行证券需承担印花税，因销售证券获得一定收入而承担所得税。第三个环节是投资者购买证券获得收益。投资者因从发行人处取得证券获得收益而应承担所得税，或者投资者因转让证券而承担印花税。由于发行人只能从事与证券化相关的经营活动，不能开展其他经营行为赚取利润，如果按照一般的税收制度支付这些税负，那么证券化将无利可图。如果基础资产从原始债权人手中转移到发行人，发行人缴纳第一次所得税，发行人将同样的资产通过证券权益的方式支付给投资者，投资者缴纳第二次所得税，那么在整个证券化过程中针对同一资产缴纳了两次所得税。因此，要尽量避免现金流从资产债务人手中通过发行人再到投资者手中的损失，尤其是防止双重增税状况的发生。要么，投资者对自己的证券投资收益不缴纳所得税；要么，发行人不缴纳企业所得税。世界各国一般规定，投资者必须为自己的证券投资收益缴纳所得税，只要寻求发行人能够免交企业所得税。

根据美国联邦所得税法的规定，政府对个人、公司和遗产所得征税。个人和公司是最重要的纳税主体，需要缴纳所得税。而合伙和信托通常被视为一种“导管”，不用缴纳所得税。美国法律为了促进证券化产业的发展，创造了两种特殊目的机构。

第一个特殊目的机构被称为“不动产抵押投资导管”，即REMIC（Real Estate Mortgage Investment Conduits）。它是由《美国1986年税收改革法案》，即《美国国内税法》规定的。从1987年1月1日开始，只要符合“资产检验”和“权益检验”要求，REMIC就可以作为一个免税主体。资产检验，是指拥有“合格的抵押”和“被允许的投资”的资产。“合格的抵押”主要是指由不动产担保的任何债权，包括商业抵押和住宅抵押贷款，并且是在REMIC发行证券之日之前被转移，或者在起始日之后3个月内由REMIC依一个已生效的约定固定价格的合同买入。“合格的抵押”包括“合格的替代抵押”，如抵押贷款支持证券。“被允许的投资”是指现金流投资、合格的储蓄资产和被取消抵押物赎回权的资产。权益检验，是指REMIC发行的证券包括固定权益（Regular Interests），如债券、受益权和剩余权益（Residual Interests），如股权。REMIC作为一种法定的特殊目的机构，具有以下优势：（1）REMIC是美国联邦税法上的免税实体，允许发行人选择合适的组织形式。公司、合伙和信托，均可选择。甚至一个独立的抵押贷款组成的资产池，不具有法人资格，均可作为REMIC。（2）允许选择证券种类。以固定权利为内容的证券形式可以是股票、债券、合伙权益和受益权凭证。这些证券均可以被认为属于联邦税法上的债券，其权益的偿付，都可以作为税前项目予以扣除。[1]（3）确认资产证券的流动性，允许REMIC的剩余权益自由转让。（4）对REMICs发行证券的投资者规定许多优惠，扩大投资主体。允许REMICs发行的证券视

[1] 洪艳蓉：《资产证券化法律问题研究》，北京大学出版社2004年版，第134页。

为储蓄机构坏账准备金中的合格资产，允许不动产投资信托（Real Estate Investment Trust）对其投资，允许养老金计划投资于REMICs发行证券的收益提供部分税收豁免。

第二个特殊目的机构被称为“金融资产证券化投资信托”，即FASITs（Financial Asset Securitization Investment Trusts）。它是由《美国1996年小企业就业保护法》创设的一种特殊目的机构。设立FASITs必须满足以下要求：（1）自行选择被认定为FASITs；（2）在FASITs组成3个月之后，拥有的资产几乎全部是现金或现金等价物（主要是指功能性货币、美元标价的货币市场基金单位份额和即将到期的投资级债券工具）以及合规的债务工具和其他特定资产；（3）发行的权益性证券只限于单一所有权权益和合格的债务权益；（4）不属于《美国国内税法》规定的“受监管的投资公司”。2004年10月22日通过的《美国创造就业法》（American Jobs Creation Act）废除了FASITs，并于2005年1月1日生效。因此，美国现有的法定特殊目的机构仅有“不动产抵押投资导管”（REMIC）。

三、证券化类型

依据不同的标准，可以对证券化进行各种分类。从融资的角度，依据基础资产的不同可以将证券化划分为不同的证券化产品。从投资的角度，根据资金投向的对象可以将证券化分为不动产证券化、信贷资产证券化和企业资产证券化等。

（一）根据基础资产进行的分类

基础资产（Underlying Assets）是指能够产生现金流，并作为证券化信用支持的特定财产或财产权。选择和确定合适的基础资产，是实施证券化的前提。那么，什么样的资产可以证券化呢？

适合证券化的资产必须具有以下特征：（1）具有稳定的现金流。基础资产必须具有明确界定的支付模式，能够在未来产生可预测的稳定的现金流。（2）普遍化。基础资产必须具有适当规模，债务人具有广泛的地域和人群分布。[1]（3）同质性。基础资产具有标准化、高质量的合同条款。（4）长期的信用记录。发起人一般持有基础资产较长时间，对同类型资产拥有长期、良好的信用记录，即持续一定期限的低违约率、低损失率的历史记录。或者具有相对稳定的坏账统计记录，可以预测未来类似损失发生的概率。（5）明确的债务偿还期。能够准确预测并确定债务应偿还的时间。那些基础资产组合中资产数量较少，或者金额过小，或金额最大的资产所占的比例过高，或者还款时间不能确定或还款期限过长的资产，就不适合作为证券化的基础资产。具有标准化、高质量的合同条款的某项财产或财产权利具有潜在的预期经济利益，但尚未产生现金收入或者产生的现金收入不够稳定，这样的财产或财产权利就不适于证券化。因此，基础资产必须具“有良好的历史记录和可预见的、稳定的未来现金流”[2]。

美国资产市场中的基础资产主要包括三大类：第一类是消费信贷，包括居民住宅抵押贷款、汽车消费抵押贷款、信用卡应收账款等；第二类是商业信贷，包括商业房地产抵押贷款，贸易应收账款、企业贷款、资产租赁应收账款等；第三类是能够产生稳定现金流的其他资产，包括人寿保单、专利许可费、影视作品的版权许可费等。美国资本市场上曾流行一句话：证券化你的梦想。这意味着只要是能够想到的金融资产，均可以运用证券化技术将之证券化。证券化所说的“证券”则是以支持证券的基础资产作为划分标准，由此形成了不同类型的证券化产品。证券化产品的分类如图4－4所示。

基础资产可以划分为住房抵押贷款和非住房抵押贷款两大

[1] 王开国：《资产证券化论》，上海财经大学出版社1999年版，第11页。

[2] 斯蒂文·L．西瓦兹著，李传全译：《结构融资（第3版）》，清华大学出版社2003年版，第7页。

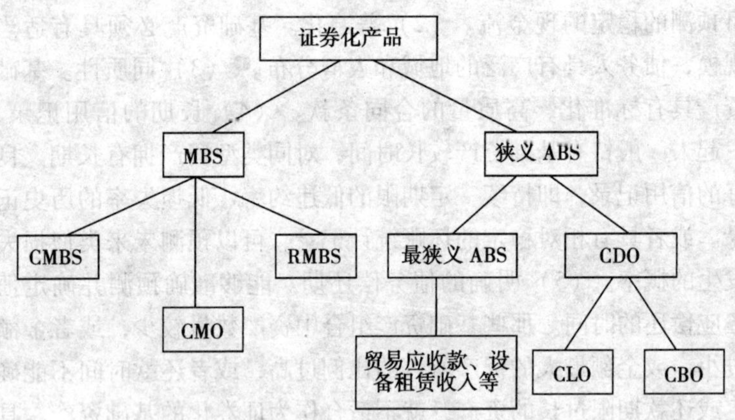

图 4-4　证券化产品的分类

类。其中，非住房抵押贷款又包括住房抵押贷款之外的其他商业贷款、企业应收账款、租赁收入、保险费收入、知识产权许可费收入等。由此就形成了两大类证券化产品：MBS 和 ABS。以住房抵押贷款为基础资产支持发行的证券，被称为抵押支持证券（Mortgage-backed Securities，简称 MBS）。以住房抵押贷款以外的商业贷款或应收账款为基础资产支持发行的证券，被称为资产支持证券（Asset-backed Securities，简称 ABS）。

基于住房抵押贷款的性质不同，MBS 又可以进一步划分为不同类型：第一类是商业地产抵押贷款支持证券（Commercial Mortgage-backed security，简称 CMBS），是指以商业地产抵押贷款为基础资产发行的证券；第二类是住宅地产抵押贷款支持证券（Residential Mortgage-backed Security，简称 RMBS），是指以个人住宅地产抵押贷款为基础资产发行的证券；第三类是抵押担保证券（collateralized mortgage obligations，简称 CMO），是指将作为基础资产的住房抵押贷款重新分割成不同的"份额"或"部分"（Tranches），从而形成不同种类的证券。CMBS 和 RMBS 都是证券化初期的产品，没有采取分级处理技术。CMO 则顺应了不同投资群体对风险的不同偏好，将证券分为不同信用级别、期限和收益率。

资产支持证券（ABS）在不同语境下具有不同含义。人们常常把“证券化”说成“资产支持证券”（ABS），即泛指以缺乏流动性，但具有稳定未来现金流的资产作为信用交易基础，通过结构重组和信用增级，发行证券的融资方式。[1] 因其涵括所有的证券化产品，所以可以说是广义的资产证券化（ABS）。非住房抵押贷款支持的证券，通常被称为狭义的资产支持证券（ABS）。基于基础资产究竟是应收账款还是商业贷款，狭义的资产支持证券（ABS）又可以划分为两类：一类是以包括贸易应收账款或设备租赁收入等在内的商业应收账款为基础资产发行的证券，它被称为最狭义的资产支持证券（ABS）；另一类是以信贷资产或债券为基础资产发行的证券，通常被称为担保债务凭证（Collateralized Debt Obligation，简称 CDO）。由此衍生出 CLO 和 CBO。担保贷款凭证（Collateralised Loan Obligation，简称 CLO），是指以信贷资产为基础资产发行的证券。担保债券凭证（Collateralised Bond Obligation，简称 CBO），是以市场流通的债券为基础资产发行的证券。

（二）根据投资对象进行的分类

证券化的目的和功能，在于将缺乏流动性但具有预期稳定收入的资产转换为具有高度流动性的证券。在从基础资产转换为证券的过程中，不仅使发起人获得了融资，而且使投资者获得了一种投资渠道。从资产流动性角度来看，不动产、动产和知识产权具有更多的资产专用性而缺乏流动性。从美国、日本、欧盟和我国台湾地区的实践来看，证券化基础资产主要集中在金融资产领域。金融资产通常是指个人或单位所拥有的以价值存在的资产。

[1] 斯蒂文·L. 西瓦兹著，李传全译：《结构融资——资产证券化原理指南（第3版）》，清华大学出版社2003年版，第5页。

它主要包括不动产抵押贷款、汽车贷款、租赁租金、应收账款、信用卡贷款以及中小企业贷款。这些资产在法律上主要表现为债权，故又称为债权资产或非固定资产。难怪我国有些学者认为证券化中的资产或资产组合在法学本质上是债权。[1] 事实上，证券化投资的对象不仅限于金融资产，还包括不动产、专利技术和企业动产等。不动产证券化（Real Estate Securitization）是非常重要的一种证券化种类。它主要包括不动产抵押贷款债权的证券化和不动产投资权益的证券化两种形式。[2] 不动产抵押贷款证券化的基础资产应当属于债权，只不过这种债权是基于购买不动产产生的。因此，不动产抵押贷款债权的证券化不属于严格意义上的不动产证券化。真正意义上的不动产证券化是指不动产投资权益证券化，即商业性不动产投资证券化。不动产作为一种投资商品，采用投资者用现金出资的方式运作，最后再用现金进行偿还。为了确保风险的分散和投资商品的增长，尽可能采用基金的运作方式，即需要有能够将投资者的资产自始至终地进行结算的基金管理者。不动产基金管理人不直接购买土地或是建筑物，他们运作基金中的收益不动产，或者说是以不动产项目中的基金部分、净值部分进行投资的。[3] 由此就形成了以投资不动产为目的的信托或基金。除此之外，还有前文所述的技术单位投资信托以投资专利技术为目的。

（三）证券表彰的不同权利

证券化技术经过近 40 年的发展，不仅得到世界各国的普遍认同，而且发展出独具特色的理论体系和专业术语。现有证券化产品是按照基础资产的不同进行的分类。这种分类方法无法清晰地表明证券所体现的权利性质。证券化过程中的“证券”与法

---

[1] 洪艳蓉：《资产证券化法律问题研究》，北京大学出版社 2004 年版，第 1 页。

[2] 吴弘、徐淑红、张斌：《不动产信托与证券化法律研究》，上海交通大学出版社 2005 年版，第 27 页。

[3] ［日］井出保夫著，徐峰译：《证券》，科学出版社 2004 年版，第 33 页。

律上通常理解的证券具有比较大的差别。法律上的证券通常是依据表彰的权利不同而进行不同的分类，由此产生诸如票据、股票、债券、提单等有价证券。法律上通常把证券理解为在特定的专用纸单上，借助文字或图形，表彰特定民事权利的书据。从法律的角度来看，证券具有表彰权利的功能。首先，必须把无形权利有形化于证券，使特定的民事权利与书据结合在一起，并表彰其上，使权利借助有形的载体得以体现。证券上记载着特定的民事权利。将无形的权利有形化于证券，使得权利借助有形的证券载体得以实现。其次，不仅使权利与证券结合于表彰行为，而且要使表彰的权利与证券结合一起，归属于一人。将无形权利有形化，即为“证券化”。证券虽非权利自身而仅为权利的外观，但对于具备权利的外观者，即推定其为权利自身的所有者。我国台湾著名民法学者史尚宽指出：“将一切财货使之证券化，而谋资本之流通，为现代经济生活之趋势。”[1] 由此可见，证券必须表彰一种权利。那么，证券化最终发行的证券究竟表彰了什么民事权利？一般来说，证券化中的各类证券表彰的权利，取决特殊目的机构的组织结构及其对证券类型的设计。特殊目的机构发行的证券种类包括债券、股票、受益权凭证，甚至参与权凭证（Participation Interests）。具体发行哪一种证券，则需考察特殊目的机构的组织结构。特殊目的公司一般发行债券和股票，信托发行受益权凭证或债券，合伙则发行参与权凭证。其中最常用的两种组织形式为特殊目的公司（Special Purpose Company，简称 SPC）和特殊目的信托（Special Purpose Trust，简称 SPT）。特殊目的公司发行股票或债券，表彰股权或债权。特殊目的信托发行受益权凭证或债券，表彰受益权或债权。上文提及的各类 MBS 和 ABS 究竟表彰什么权利，尚需结合发行证券的特殊目的机构的组织形

[1] 史尚宽：“有价证券之研究”，见郑玉波主编：《民法债编论文选集（下）》，台湾五南图书出版公司 1984 年版，第 1366 页。

式及其证券类型进行综合判断。

四、专利资产证券化的概念

现代企业融资的方式既包括传统的债权融资和股权融资，也包括创新于20世纪60年代末的资产证券化融资。用一个简单的比喻来描述这三种融资方式：当需要钱的时候，你可以向人借钱，也可以请人出钱，或者变卖资产取得现金。专利的价值在以财产利用为重心的现代社会日渐凸显。以专利为载体进行融资已经成为一种必然的发展趋势。可以运用融资理论，以专利资产作为支撑向他人借钱、请人出钱或变卖专利及其产生的收益。由此就产生了专利质押融资、专利吸引来的股权投资和专利资产证券化融资。世界知识产权组织认为："知识产权资产证券化是一种新趋势。在承认知识产权存在担保利益的基础上，进行商业质押贷款和银行融资将在实践中不断发展。特别是在音乐产业、以因特网为基础的中小企业和高科技领域。知识产权产生的现金流较多，创造证券化的机会也就越多。"[1] 美国、日本等国已经成功地实施了一系列知识产权证券化案例。近年来，在我国资产证券化试点实践中，出现了两种操作模式：信贷资产证券化和企业资产证券化。前者主要是银行业金融机构将信贷资产证券化，通过银行间市场交易；后者是证券公司以企业收费资产为基础，采用专项资产管理计划，在交易所市场大宗交易系统非公开发行证券。截止到目前，我国尚无成功实施知识产权证券化的案例。但知识产权证券化已经引起我国一些学者和地方政府的高度重视，并正在开展一些有益的探讨。

(一) 基础资产

什么是知识产权证券化？在当前可见的论述中，通常认为知

---

[1] WIPO：The Securitization of Intellectual Property Assets – A New Trend. http：//www. wipo. int/sme/en/ip_ business/finance/securitization. htm，2007年1月20日访问。

识产权证券化，是指发起人将其可预期的未来稳定现金收入流的知识产权（即基础资产），通过一定的交易结构安排对基础资产中预期风险与收益要素进行切割重组，转移给一个特设机构，由后者发行一种基于该未来现金流的可以出售和流通的权益凭证，据以融资的过程。[1] 从本质上讲，知识产权证券化是证券化的一种。而证券化划分通常是以基础资产为标准。那么，知识产权证券化的基础资产究竟是什么？从上述概念可以看出，其认为基础资产就是知识产权，[2] 即将“知识产权”证券化了。特设机构获取了该知识产权的独占转让权，发行以该知识产权产生的预期现金收入流为基础的资金支撑证券，并凭借对该知识产权的独占性转让权来确保未来的现金收入流首先用于证券投资者还本付息，剩余部分则为增值收益。[3] 这是一种狭义上的知识产权证券化，即以纯粹的知识产权为基础资产。

那么，纯粹的知识产权是否适合作为证券化的基础资产？我国理论界对知识产权证券化抱以厚望。有学者认为，就宏观层面而言，作为知识产权开发模式与融资模式的双重创新，知识产权证券化对于一国知识产权产业深化发展具有重要意义。[4] 以证券化推进专利实施与产业化，可以说既是国家和社会的需要，也是一种创新之举。实施专利资产证券化的目的就是吸收和吸收社会闲散资金，为专利技术产业化高速、高质量和高效率的发展服务。专利资产证券化或许是解决我国专利实施率低的有效途径之一，建议由政府出面，采取发行专利股票、专利债券和运用专利

[1] 李建伟：“知识产权证券化：理论分析与应用研究”，载《知识产权》2006年第1期，第33～39页。

[2] 余振刚：“我国知识产权证券化理论与发展策略研究”，载《科学学研究》2007年第6期，第1077～1081页。

[3] 焦洪涛、林小爱：“知识产权资产证券化”，载《科技与法律》2004年第1期，第69～71页。

[4] 李建伟：“知识产权证券化：理论分析与应用研究”，载《知识产权》2006年第1期，第33～39页。

信托等方法筹集资金，以证券化推定专利实施与产业化。[1] 理论的欠缺可能导致实践的失败。与理论界对知识产权证券化持续关注和期望相反，实务界非常平淡，到目前为止我国没有出现一起真正意义上的知识产权证券化案例。在知识产权创造和商业环境最为发达的国家，如美国、日本，知识产权的财务运营主流方式并非专利资产证券化。[2] 知识产权证券化的基本功能是融资，可以促使一些流动资金匮乏的公司开始考虑以其未来专利许可收益权担保来发行证券。[3] 但知识产权证券化并不具有知识产权开发功能。"以证券化推进知识产权实施与产业化"的愿望，恐怕是过分扩张了知识产权证券化的功能和作用，可能是对知识产权证券化的一种误解。笔者认为，以知识产权投资收益为基础资产在目前尚有许多困难。即使在证券化非常发达的美国，以专利技术投资收益为基础资产的技术单位投资信托仍在探索之中。

成为基础资产的核心要素是含有未来稳定的可预期的收入流。知识产权能否成为基础资产，关键在于知识产权能否产生所期望的现金流。长期以来，我国学者在研究知识产权时更多的是强调其法律属性，而忽视了其经济特性。知识产权制度赋予了权利人享有知识产权转化为商品或服务产生收益的权利，但并没有明确如何转化以及需要哪些资源来转化这些知识产权。笔者认为，以专利为核心的知识产权具有 4 个特性——价值的不确定性、资产专用性、拥有的风险性和处理的困难性——使得知识产权本身难以成为证券化的基础资产。拥有风险性是指因知识产权价值的不确定性，权利人面临技术、经济和法律上的诸多风险。

---

[1] 陈勇："以证券化推进专利实施与产业化"，载《知识产权》2006 年第 1 期，第 40 ~ 42 页。

[2] 王岩："知识产权飞财务应用——兼谈知识资本的资本化和证券化"，载《知识产权》2007 年第 5 期，第 25 ~ 29 页。

[3] John S. Hillery. Securitization of Intellectual Property: Recent Trends from the United States. Washington. CORE, March 2004. p. 13.

实际上，有些知识产权可能不会产生任何收益。专利这类知识产权甚至还可能成为负资产。专利权人在专利无法产生收益的情况下，为了维持专利的有效性必须承担必要的维持费用。知识产权在具有价值不确定的同时，还面临包括技术、经济和法律在内的许多风险。处理困难性是指权利人因资金、技术和管理等因素，将知识产权向市场转化非常困难。尽管我国已经建立了包括知识产权转让、许可、出资、质押等多种形式的交易制度，但因缺乏完备的交易市场和发达的交易工具，很多知识产权都难以实现市场化和产业化。知识产权的非流动性，使得投资者在判断失误、技术更新或市场发生变化之后遭受巨大损失。这种特征使得知识产权利用存在许多不确定性和困难性。知识产权作为一种财产权，并不能当然地产生稳定的现金流。事实上，正是基于“拥有的风险性”“处理的困难性”和“资产专用性”特征，许多知识产权被权利人闲置，没有产生相对确定、稳定、持续的经济收益。没有利用，没有产生现金流；缺乏长时间的利用记录，就不能形成稳定的现金流；没有充足信用保证的知识产权，就不可能成为基础资产，当然无法实现知识产权证券化。

知识产权是否可能成为未来的基础资产呢？从权利性质角度来看，知识产权与不动产更为相似。不动产证券化是指受托机构成立不动产投资信托或不动产资产信托，向不特定人募集发行或向特定人私募交付受益证券，获取资金的行为。不动产投资信托实质上是金钱信托，将募集来的资金组成基金并向不动产投资。而不动产资产信托是所有权人将不动产转移给受托机构，以达到获取募集资金的目的。不动产证券化借助信托制度和证券制度，实现了不动产与资金的相互流动。其成功的关键在于不动产能否被有效地开发和利用，进而获取经济利益。传统民法理论将知识产权作为一种独立的财产种类予以规范，在奉行物权制度的大陆法系国家，明确将物界定为有体物，不包括知识产权这类无形财产权。由于动产与不动产是世界各国对财产的最重要的基本分

类，因此人们在认识知识产权时，总是习惯于将其与动产或不动产进行比照。于是传统理论认为知识产权具有类似动产的属性。在采纳财产权体系的国家，将知识产权归属于无形动产。由于动产财富的显著增长，无形财产权这些新的财富只能置于动产这一“开发”的体系中。[1] 随着知识产权价值被人们逐渐认识，人们认为将其划归为不动产更具意义。这是因为知识产权价值呈现出越来越高的趋势，有些权利的取得和转移以登记作为要件。知识产权只要能够被有效利用，并产生巨大的经济利益，那么借助信托制度发行证券在未来也是可以预期的。即通过知识产权投资信托组建投资基金，以知识产权资产信托来利用和管理知识产权。因此，纯粹意义上的知识产权证券化是受托机构成立知识产权投资信托或知识产权资产信托，向不特定人募集发行或向特定人私募交付受益证券，获取资金的行为。目前，纯粹的知识产权资产证券化，即狭义的知识产权证券化仍停留在理论研究层面，实践仍处于探索阶段。

那么，能否将知识产权转换为可证券化的基础资产呢？“利用”是财产价值实现的惟一途径。将知识产权转换为债权，必须依赖知识产权的有效利用。根据不同的利用主体，可以把知识产权利用状况分为三类：（1）知识产权被闲置，没有利用主体，即无人利用。由于知识产权没有被任何人利用，所以无法转化为债权。目前，我国知识产权平均转化率大概只有10%左右。这意味着我国大量知识产权处于闲置状态，无人利用，无法产生现金流。（2）权利人自己利用知识产权，即内部利用。权利人通过利用，将知识产权转化为凝聚知识产权价值的商品或服务，从而实现知识产权的价值。由于是权利人内部管理和利用知识产权，所以不需要支付知识产权许可或转让费用，没有完成债权的

[1] 吴汉东、胡开忠：《无形财产权制度研究（修订版）》，法律出版社2005年版，第10页。

转化。（3）权利人之外的其他人利用知识产权，即外部利用。在考察知识产权的财产属性时，可将其区分为使用价值和因具有使用价值而获得的交换价值。知识产权所具有的使用价值是一切财产价值的基础。在知识产权上存在的权利也因其各自客体不同，而区别为两种财产权：以知识产权的使用价值为客体，称之为使用权；以知识产权潜在的交换价值或资本价值为客体，称之为价值权。由于自身不具备最大限度地利用知识产权以全面获取经济利益的资源，所以权利人转而寻求知识产权的交换价值。对知识产权使用权的处分，就产生知识产权许可；行使知识产权价值权的结果，就是进行知识产权质押。权利人在向他人行使知识产权使用权或价值权的过程中，权利悄然发生变化：知识产权转换为债权。债权的出现，就意味着现金流的产生。当现金流稳定到具有足够信用的时候，知识产权衍生的债权就可以作为基础资产。通过权利转换，稳定的知识产权许可使用费和知识产权质押贷款均可以作为基础资产。

国外一些成功的案例表明，将知识产权转换为金融资产是一种有效的途径。如果能够利用一些交易方式将知识产权转换为金融资产，那么由知识产权衍生来的权益就可以证券化了。从金融资产证券化发展的历史来看，基础资产经历了从住房抵押贷款到其他贷款，从应收账款到可产生稳定现金流资产的历程。20 世纪 60 年代末的基础资产主要是住宅抵押贷款，20 世纪 80 年代中期的基础资产是以汽车贷款、信用卡应收款、计算机贷款和其他商业贷款为主的银行信贷资产，20 世纪 90 年代的基础资产主要是各种公司应收账款。这些应收账款包括基础设施收费、贸易公司应收款、服务公司应收款、消费品分期付款、版权和专利许可费应收款。1997 年，英国超级摇滚歌星大卫·鲍伊（David Bowie）在美国以 25 个已经和未来将要发行的个人专辑许可费为担保，发行了 10 年期、利率为 7.9%、总额度为 5 500万美元的债券。此后，逐渐出现以版权、商标和专利等知识产权的应收许可

费为基础资产发行证券的成功案例。从历史的角度来看，基础资产主要是债权资产。专利衍生出来的债权作为基础资产的案例已经屡见不鲜。欲实现知识产权证券化，可行的做法是将知识产权转换为债权，即先实现知识产权债权化，再实现知识产权证券化。

（二）专利资产证券化的概念

专利资产证券化，是指将流动性极差的专利或其衍生资产按照一定的标准进行组合，以该组合资产为基础，在金融市场发行流动性和信用等级较高的证券的过程。其本质在于：利用专利及其衍生资产募集资金的方式由间接融资转换为直接融资，即将专利权转换为金融资产特别是债权，然后以该债权作为基础资产发行证券募集资金。它具有快速、大量获得融资的功能和优势。

笔者认为专利资产证券化至少包括三种类型：专利许可应收款证券化、专利质押贷款证券化和专利投资权益证券化。专利许可应收款证券化就是以专利许可产生的许可费应收款为基础资产。专利质押贷款证券化是以专利权为质押物向金融机构或企业贷款所获的本金及其利息为基础资产。专利信托投资权益证券化是通过资金信托的方式成立投资基金，将投资于专利技术产生的收益分配投资者的过程。从适用对象来看，专利许可应收款证券化可适用于创业企业，具有融资功能。专利质押贷款证券化主要用于支持专利质押贷款的金融机构，兼具融资和转移风险的功能。专利投资权益证券化本质上属于一种技术风险投资，既可成为人们进行风险投资的渠道，又具有促进专利技术开发和利用的功能。专利资产证券化的类型，如图 4 –5 所示。

（三）技术创新与专利资产证券化

专利产业化与技术创新紧密联系在一起，因此专利资产证券化的功能可能影响到技术创新的成败。技术创新始于研究开发，终于市场实现，以获取商业利润为目的，视市场实现程度为检验

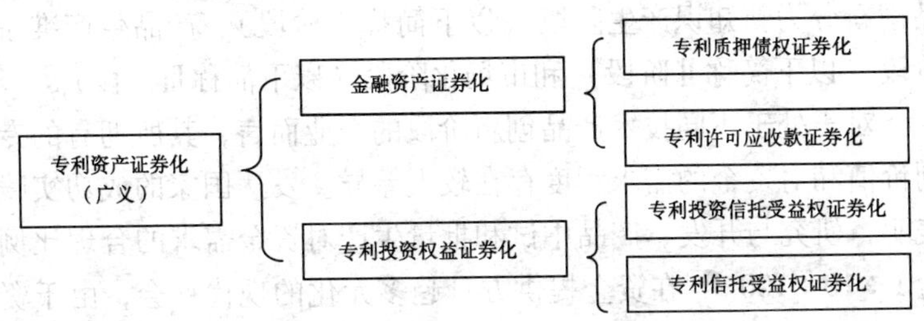

图4－5　专利资产证券化的种类

标准。[1] 资金是影响和制约企业技术创新的重要因素之一。“资金引进渠道不畅”一直是妨碍我国企业技术创新的主要因素。融资既是影响企业成功的关键因素，也是导致创业失败的重大因素。在知识经济时代，专利必将对企业竞争力作出更大贡献。专利不仅可以用于阻止竞争对手进入市场，而且能够成为融资工具。利用专利获得融资的方式主要包括专利质押融资、风险资本投资和专利资产证券化。那么，专利资产证券化可能出现在技术创新的哪个阶段，如何促进技术创新，即专利资产证券化的功能究竟是什么呢？

经济合作组织（OECD）发布的《奥斯陆手册（第二版）》（Oslo Manual）认为技术产品创新（Technology Product Innovation）是个复杂过程，通常分为三个阶段：第一阶段是新知识或思想的产生阶段，包括研究与开发以及获得已知或未知的技术；第二阶段是产品生产准备阶段，包括工业工程、为新技术产品或过程进行的技术设计以及产品试制；第三阶段是市场推广并实现市场化阶段，特别是指为了实现新的或改进的产品的市场化，而进行的宣传、销售等行为。[2] 借鉴这种分类方法，笔者将技术产

[1] 关于法律与技术创新的关系以及法律如何促进技术创新，可参阅笔者拙作《激励技术创新的法律制度研究》，华中科技大学出版社2007年版。

[2] OECD：Proposed Guidelines for Collecting and Interpreting Technological Innovation Date，Oslo Manual. 1997. pp. 40～41.

品创新分为新知识产生阶段（以下简称Ⅰ阶段）、产品生产准备阶段（以下简称Ⅱ阶段）和市场化阶段（以下简称Ⅲ阶段）。

对于处于不同技术产品创新阶段的企业而言，其所拥有的专利价值和对资金的需求程度存在较大差异。发达国家的成功实践表明，研究与开发、产品中试和批量生产对资金需求的合理比例为1：10：100。❶ 在资金提供方日趋多元化的现代社会，由于资金提供方对盈利水平的预期和风险的偏好不同，所以处于不同技术产品创新阶段的企业可选择的专利融资方式也不同。处于Ⅰ阶段的企业刚刚取得专利，对资金的需求是巨大的。由于专利还没有利用，所以专利无论是使用价值还是交换价值均未体现。即使企业具有强烈的融资需求，也很难通过专利获得融资。只有那些敢于承担风险并能准确预测专利价值的风险投资资本，才愿意向处于Ⅰ阶段的企业进行股权投资。处于Ⅱ阶段的企业，已经尝试性地将专利用于产品生产，专利使用价值开始实现。企业对资金的需求仍是非常强烈。除了可以吸引风险投资家进行股权投资之外，还可以尝试专利质押贷款。通常由于没有充足的有形资产和信用，企业无法获得一般抵押贷款。但为了促进技术创新，许多国家的政策性银行对于已经开始中试生产的企业开始提供专利质押贷款。处于Ⅲ阶段的企业，已开始将产品推向市场。专利产品的市场越广阔，专利价值权实现的可能性越大。当越来越多的竞争者开始模仿或涉足该专利产品时，通过专利许可可以顺利实现专利交换价值。当专利许可费金额达到一定程度并比较稳定时，利用证券化技术就可以通过专利许可应收款证券化获得融资。如果能将专利上升为同类产品的技术标准，那么所有竞争对手都必须许可使用该技术专利，专利价值将得到充分体现。此时，企业对融资的需求将降低，专利本身将成为一种盈利方式。专利在技

❶ 陈昭锋：《高新技术产业化与政府行为创新》，中国物资出版社2001年版，第98页。.

术创新不同阶段的融资方式如表4－1所示。

表4－1　专利在技术创新不同阶段的融资方式

	Ⅰ阶段	Ⅱ阶段	Ⅲ阶段
专利利用状态	取得专利	使用专利	许可专利
企业融资需求	最大	很大	较大
专利融资方式	风险投资	风险投资＋专利质押	风险投资＋专利质押＋专利许可应收款证券化
专利资产证券化类型	专利投资权益证券化	专利投资权益证券化＋专利质押债权证券化	专利投资权益证券化＋专利质押债权证券化＋专利许可应收款证券化

目前，专利资产证券化主要用于专利许可费。从未来发展趋势来看，证券化技术也可用于专利质押贷款和以技术投资为对象的投资资本，由此产生专利质押贷款证券化和专利投资权益证券化。专利质押贷款作为信贷资产，在我国已经具备实施证券化的政策环境，但缺乏足够的规模。不具备标准化、高质量和大规模的专利质押贷款，就无法组成发行证券的基础资产。银行利用专利质押贷款证券化可将专利质押贷款转移给特殊目的机构，既化解了专利质押贷款的风险，也为处于Ⅱ阶段和Ⅲ阶段的企业提供了专利质押贷款。与金融资产证券化不同的是，专利投资权益证券化需先发行有价证券组成信托，然后再由信托进行资本投资。基于不同的目的，投资信托可以分为产业投资信托、风险投资信托和证券投资信托。专利投资信托属于风险投资信托。通过证券化组成专利投资信托，就可以向Ⅰ阶段的企业进行风险投资。借助资产证券化工具，专利资产证券化可以为处于不同技术创新阶段的企业提供不同的专利融资渠道。

第二节 专利信托与专利资产证券化的关系

一、实践中问题

截至目前，我国公开报道的专利信托案例仅有一例——2000年10月25日，武汉国际信托投资公司在全国创新性地推出的专利信托业务。它是分析我国专利信托和专利资产证券化惟一的、最具典型特征的案例，因此显得弥足珍贵。该案例提出的第一个问题是：它究竟是专利信托，还是专利资产证券化？

为了解决“专利难以转化”的问题，2000年1月13日，武汉国际信托投资公司设计了“专利信托方案设计框架”。根据专利信托方案，专利权人可将专利委托给信托公司，在合约期限内，信托公司替专利权人打理专利相关事宜，并为其寻找买家，专利转让后的收益由专利权人和信托公司分享，信托公司将自己预期所得的专利收益权分割为若干个信托单位——风险受益权证，向风险投资人出售。武汉国际信托投资公司在其《专利信托业务章程》和《专利信托业务简介》中，规定了专利信托的概念及其经营模式。它所指的信托，是受托人根据国家有关法律法规规定接受专利权人的委托实施专利成果转化的一种信托业务。从这个概念可以看出，武汉国际信托投资公司强调专利信托的商业属性，属于典型的商业信托，其目的在于实现专利成果转化。它将专利信托过程分为三个环节：受托——经营——收益。首先，信托投资公司对受托专利的技术特性和市场价值进行适度包装和深度发掘，并通过多种手段向社会推出；其次，向社会投资人出售受托专利收益期权，或者吸纳风险投资，构建专利转化资本市场平台，从而获取资金流；最后，受托专利许可或转让产生的收益，由专利权人、信托投资公司、社会投资者按约定的比例分成。顺利实现专利转化以后，将获得的收益在受益人与受托人之间进行利益分配。《专利信托业务章程》第 6 章第 2 条规定："分配办法：参与专利信托业务的当事人及各合作方的收入从专利转化的标的额中按比例进行分配，具体分配比例是：委托人 60%、受托人 40%，其他相关合作伙伴、投资者的利益由受托人从 40% 的收益中进行分配，具体分配比例以协议的形式另行约定。"在这个专利信托模式中，武汉国际信托投资公司作为受托人，实现专利转化的方式主要是专利转让。受托人利用其资金、信息和经验的优势，为专利权人与专利受让方搭建了技术转让平台。《专利信托业务协议》第 11 条规定"信托期限为 2 年"。受托人严格限制了受托的期限。从受托人的角度来说，这是为了降低信托成本与风险。在全国专利转化率极低的情况下，受托人也面临难以转化的风险。当时武汉市虽然全市专利申请量以年平均 18% 的速度增长，但 1995～1999 年，全市专利年平均转化实施率只有 12%，而且维持专利有效还必须支付一定的费用。按照信托协议，在信托期间维持专利有效是受托人的义务，缴纳专利年费的负担也就随之从委托人转移给受托人。如果受托人不能及时地将专利转移或商品化，那么受托人将承担高昂的专利维持费用。基于这样的考虑，受托人将专利信托的期限设定为 2 年。

专利信托业务一经推出便引起了社会广泛关注，并被社会各界抱以厚望。认为该业务突破了传统的技术转化中介模式，建立了以金融信誉为资本，以专利产权为载体，以信托投资为纽带，把专利权人、信托投资公司、社会投资者的利益紧密结合起来进行专利转化的新机制。武汉市有关部门设想通过专利信托这种金融工具真正实现无形资产的最佳运营。在武汉市专利局和武汉晚报社的协助下，武汉国际信托投资公司从 2 000个专利项目中初选，经过重点走访之后，最终确定了 8 项专利参与专利信托项目。2000 年 10 月 25 日，武汉市政府召开新闻发布会，对社会宣布"专利信托"在武汉正式诞生。在此期间，最被看好的专利

是湖北省电力局高级工程师郁百超发明的“无逆变器不间断电源专利”。一方面，为了尽快实现专利转让，武汉国际信托投资公司加大宣传力度积极寻找潜在的市场购买者，曾一度达成700万元价格转让“无逆变器不间断电源”专利的意向；另一方面，武汉国际信托投资公司利用专利积极融资，作为受托人，它曾向社会发行了面值为6元的受益权证，出售了2 200份受益权证，共募集资金13 200元。武汉国际信托投资公司的专利信托模式如图4－6所示。

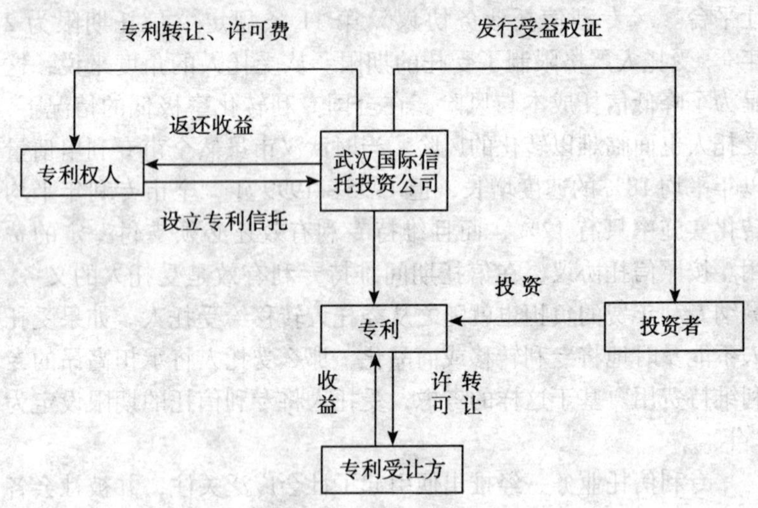

图4－6　武汉国际信托投资公司专利信托模式

武汉国际信托投资公司作为受托人，希望利用其资金、信息和经验的优势，为专利权人与专利受让方搭建技术转让平台，并通过向投资者发行受益权证的方式进行融资。当时，我国《信托法》尚未颁布，对于如何设立专利信托没有明确的法律规定。而且，理论界对资产证券化的研究比较薄弱，没有深入研究专利资产证券化的可行性与运行机制。我国首例专利信托业务在历时两年后，于2002年12月20日正式终止。这意味着武汉国际信托投资公司的专利信托模式最终没有获得成功。从此，我国专利信托和专利资产证券化的实践就处于长期停滞状态。

时隔10年，我国信托法和资产证券化理论研究得到了快速发展，信托实践也如火如荼。以现有专利信托和资产证券化理论来分析该案，是回顾过去、展望未来应完成的工作。笔者认为该案已经不仅仅是一般意义上的商事信托，由于向社会发行了一定数量的受益权证，因此虽不属于严格意义上资产证券化，但已经具备了专利资产证券化的雏形，或者“准证券化”，充分体现了专利信托的管理、保值、增值以及证券化融资功能。

二、专利信托与专利资产证券化关系分析

武汉国际信托投资公司在我国没有颁布《信托法》的情况下自发开展“准专利资产证券化”。那么，专利信托与专利资产证券化的界限是什么，两者具有什么关系？因此，有必要分析专利信托与专利资产证券化之间的关系，明晰其区别与联系。

（一）专利资产证券化的核心要素

证券化的目的和功能，在于将缺乏流动性的资产转换为具有高度流动性的证券。证券化从产生之日起就围绕如何发行证券、如何促进证券的流动性、如何吸引投资者购买具有高度流动性的证券而展开。证券化所具有的核心因素应是它区别于信托的本质特点。我国有学者认为证券化应遵循三个基本原理：资产重组原理、风险隔离原理和信用增强原理。[1][2] 笔者对此持不同意见，认为证券化的核心要素应该包括：资产汇集、资产分割和证券发行。

[1] 吴弘、徐溆红、张斌：《不动产信托与证券化法律研究》，上海交通大学出版社2005年版，第31页。

[2] 刘向东：《资产证券化的信托模式研究》，中国财政经济出版社2007年版，第51页。

1. 资产汇集

资产汇集是指按照证券化要求，选择具有同质性、能在未来产生稳定且持续现金流的基础资产，并汇集在一起形成支撑证券发行的资产池。尽管资产重组也包含部分资产汇集的含义，但更加强调资产的重新配置，而淡化了资产汇集的过程。证券化的第一步是形成能够产生持续、稳定并具有相当规模的资产池。在证券化早期，由于没有采取划分“份额”或“部分”的技术，所以基础资产很少进行重组，直接发行“传递证券”。只是随着证券化技术的发展和市场的开拓，才采用资产划分“份额”或“部分”的技术，对资产进行不同程度的分割与重组，形成“转付证券”。因此，证券化的本质特征不是资产分割，而应是资产汇集。

2. 资产分割

从财产归属和责任承担的角度来看，“资产分割”是指形成一个独立于投资者和管理者的资产池，并以此作为抵押物对资产池债权人的债权提供担保。美国汉斯曼教授和克拉克曼教授提出的资产分割理论，不仅包括积极性资产分割，而且包括消极性资产分割。将资产分割理论运用于证券化，就是由基础资产汇集而成的资产池独立于发起人、投资者、管理者及其债权人。如果能够真正做到资产分割，那么也就可以将“资产池本身的偿付能力与原始权益人的信用水平分割开来”。从本质上讲，资产分割与风险隔离的最终功能是一致的，均属于证券化的本质特征。风险隔离主要强调结果。资产分割的含义和适用范围更广泛，不仅强调资产分割的动态过程，而且突出资产分割的结果能够做到风险隔离。

3. 证券发行

证券化的最后一步也是最重要的一步，是向社会或特定主体公开发行资产支持证券。我国许多学者片面强调信用增强功能，将信用增强归属于证券化的核心要素。各种信用增强方式只是为了提高基础资产的信用等级，吸引更多的投资者购买资产支持证券。如果资产信用足以吸引投资者投资，那么信用增强就不属于证券化必须具备的要素。但缺乏证券发行环节，任何人均不可能完成证券化。根据发行人的组织结构和基础资产的权利性质设计并发行证券，是证券化必须具备的核心要素。专利资产证券化作为证券化的一种特殊类型，同样应该具备资产汇集、资产分割和证券发行这三个要素。

（二）专利信托的核心要素

信托的要素在我国更是一个颇有争议的论题。有学者认为信托应包含所有权与利益分离、信托财产的独立性、信托管理连续性和有限责任。[1] 笔者认为信托的核心要素包括：资产分割和权利分离。按照美国汉斯曼教授和克拉克曼教授的资产分割理论，信托具有比公司、合伙和独资企业更强的资产分割功能。积极性资产分割体现为信托财产的独立性，消极性资产分割体现为受托人管理的有限责任。我国许多学者强调的信托特征，诸如信托财产的独立性和信托管理的有限责任，均可以运用资产分割理论予以很好解释。将资产分割认定为信托的核心要素，比分散列举诸多要素更为精练和全面。信托的第二个要素是权利分割。由于笔者不赞同将所谓的“双重所有权”理解为信托的本质特征，所以也不同意信托的核心要素是“所有权与利益分离”。按照资产分割理论，信托财产具有很强的独立性，甚至可以理解为独立于委托人、受托人和受益人。在承认“一物一权”原则，特别是信托财产只具有一个所有权的前提下，信托财产的管理权与受益权实现了分离。因此，信托应包含资产分割和权利分离要素。专利信托作为以专利权及其衍生权利为信托财产的一种信托，同样具备资产分割和权利分离。

以上述标准考察我国首例专利信托案，分析其究竟属于专利

[1] 周小明：《信托制度比较法研究》，法律出版社 1996 年版，第 12～18 页。

信托，还是专利资产证券化。（1）考察专利信托的资产分割要素。武汉国际信托投资公司作为受托人是否实现了信托财产——无逆变器不间断电源专利——资产分割？虽然受托人与权利人签订了为期2年的信托合同，但对专利无法实现具有法律意义上的资产分割。从法律上看，作为信托财产的专利仍属于委托人所有。由于专利的权利取得、变更与消灭是以登记作为要件的，所以在没有作出专利所有权变更登记的情况下，资产分割显然没有完成。（2）考察专利信托的权利分离要素。根据信托合同的约定，受托人负责宣传、包装、推介和转让专利，负责专利的管理，并享有获得40%收益的权利；专利权人则享有获得由此产生的60%收益的权利。由此说明，该案实现了权利分离。（3）考察专利资产证券化的资产汇集要素。资产汇集必须将同质的基础资产汇集在一起，并且达到足以支持证券发行的规模。在武汉国际信托投资公司案中，尽管经过挑选确定了8项专利，但这些专利既不具有同质性，又没有这8项专利汇集在一起形成专利池，因此不具有资产汇集因素。（4）考察专利资产证券化的资产分割要素。如前所述，受托人没有将专利与委托人的个人财产独立开来，没有完成资产分割，不能实现风险隔离。（5）考察专利资产证券化的证券发行要素。受托人向社会发行了很少一部分受益权证。尽管这些所谓的“受益权证”是否属于我国法律上的证券，发行的数量、对象和规模是否达到了证券化的要求尚有疑问，然而毕竟发行了表彰受益权的凭证。基本上构成了证券化发行的雏形。严格来讲，武汉国际信托投资公司案既不是专利信托，也不是专利资产证券化，只是具备了其中的某些要素，初步具备了专利信托与专利资产证券化的一些雏形。

（三）专利资产证券化与专利信托的比较

将专利资产证券化与专利信托各自应具备的核心要素进行对比，就会发现两者的共同要素是资产分割，不同的是专利资产证券化还需具备资产汇集和证券发行，而专利信托则还需要具备权利分离。由此可以看出专利资产证券化与专利信托之间的相似之处与差别。两者的异同点如图 4－7 所示。

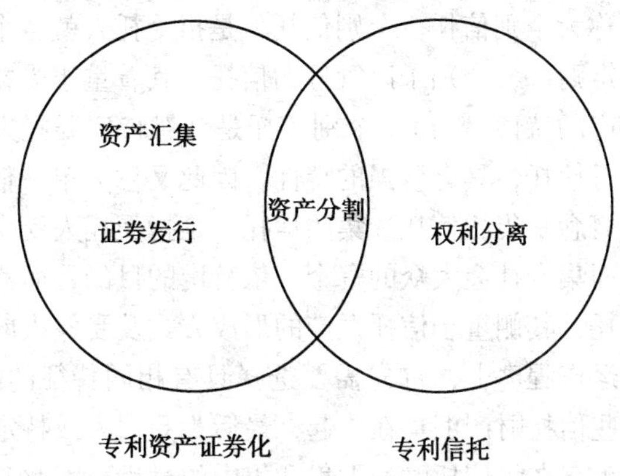

图 4－7　专利资产证券化与专利信托的异同

专利资产证券化与专利信托的共同之处，在于均需做到资产分割，即形成一个独立于利益相关主体的资产池。专利信托要求信托财产具有独立性，使得信托财产独立于委托人、受托人与受益人。同时，受托人以信托财产为限承担有限责任。从而使专利信托具有极强的资产分割功能。专利资产证券化的资产分割主要体现在资产池独立于发起人，发起人的债权人不能对基础资产提出任何法律上的主张。与此同时，投资者对其投资收益可主张的权利范围也仅限于基础资产，证券发行人也以基础资产为限承担有限责任。几乎所有的企业均具有不同程度的资产分割功能，差别只在于资产分割的强度不同而已，因此，专利资产证券化有多种可供选择的方案，可以选择信托，也可以选择公司、合伙甚至仅仅一个资产池。

专利资产证券化与专利信托的区别是非常大的。一方面，体现在资产汇集上的区别。专利资产证券化必须将足够规模的同质化基础资产汇集在一起，形成一个较大规模的资产池。否则，可

能因为资产规模过小而使证券难以成功发行。专利信托并不需要将同类资产汇集起来，可以接受一个信托财产进行信托。理论上，将之称为个别信托。个别信托，是指受托人就各个委托人所信托的特定财产，个别予以管理的信托，其着重于受益人的保护及信托财产的特性。❶ 由于个别信托是针对特定委托人的特定信托财产进行信托，具有极强的特性，因此又称为单一信托。与此相对应的概念是集团信托。集团信托，是指受托人受多数委托人的信托，而集合社会大众的资金，依特定的目的，而概括地加以运用的信托，其侧重于信托财产的形成方式及受益人的保护。集团信托在运作程序上，首先需要选择具有相同特征的信托财产，然后将这些信托财产汇集在一起，最后为受益人或特定目的集中管理。因为存在将信托财产汇集和集中的过程，因此又称之为汇集信托。汇集信托在某种程度上具有资产证券化中资产汇集因素。

另一方面，两者的差别体现在证券发行。是否属于专利资产证券化，需要重点考察是否发行了证券。证券的种类繁多，举不胜举。尽管世界各国对证券的法律规定千差万别，但证券化中的证券通常包括股票、债券和受益权凭证或受益权证。实行证券化的国家或地区，一般都承认受益权凭证或受益权证具有有价证券的法律地位。专利信托的受益人对信托财产及其收益享有受益权。如果专利资产证券化选择了发行受益权证，那么发行人就将受益权转换为具有高度流动性的证券。是否将受益权制作成为证券，是区分专利信托与专利资产证券化的分水岭。

（四）信托在专利资产证券化中的运用

虽然专利信托与专利资产证券化具有诸多区别，但信托却在专利资产证券化中得到了广泛运用。笔者认为广义的专利资产证

❶ 王志诚、赖源河：《现代信托法论（增订三版）》，中国政法大学出版社 2002 年版，第 39 页。

券化，应包括专利衍生的金融资产证券化和专利投资权益证券化。信托在这两种类型中均得到了运用。因此，专利信托与专利资产证券化具有紧密联系。

在金融资产证券化中，利用信托的企业组织属性，发起人通常会选择信托作为特殊目的机构。尽管特殊目的机构可供选择的企业组织形式，包括信托、公司和合伙，然而信托所具有的强烈的资产分割功能，更能满足证券化“真实销售”和“破产隔离”的需求。在专利衍生的金融资产证券化中，当发起人将基础资产真实出售给特殊目的信托时，广义上的专利信托便被设立了。

与金融资产证券化相比，专利投资权益证券化更多地运用信托制度，包括专利权信托和专利投资信托。专利权信托理想的运作模式就是技术单位投资信托。信托管理人将某一特定技术领域的相关专利汇集在一起集中管理，然后以这些具有排他性和市场垄断性的专利池为支持，向社会公众或特定主体发行投资收益证券，从而完成真正意义上的专利信托和专利权证券化。专利投资信托在本质上属于资金信托。信托管理人以投资于特定技术领域的专利技术为目的，向社会公众或特定主体设立资金信托，将数额巨大的资金汇集起来形成基金，并投资于特定技术领域的专利获得收益。与专利衍生的金融资产证券化相比，专利投资权益证券化的实践虽然仍在探索之中，但与信托联系得更为紧密。

综上所述，专利信托与专利资产证券化，既有区别也有相似之处。当以专利权或其衍生权利为信托财产的汇集信托发行证券时，专利信托可能演变为专利资产证券化。在各种专利资产证券化过程中，发起人通常会考虑或选择信托作为特殊目的机构，或以信托的方式管理基础资产。在个别信托中，由于缺乏资产汇集和证券发行环节，专利信托当然也就不可能形成专利资产证券化。

第三节 美国专利资产证券化

2008年6月5日，我国国务院印发了《国家知识产权战略纲要》，标志着从国家层面开始实施知识产权战略。提高知识产权利用能力是实施知识产权战略的重要组成部分。如何进一步发掘专利价值，利用专利融资促进自主创新，对我国更具战略意义，也是今后我国专利利用战略研究的一个重要课题。自20世纪60年代以来，证券化被广泛用做一种融资工具。近年来，基于知识产权产生的各种形式的许可收益迅速增长，知识产权资产证券化正成为一种新的发展趋势。遗憾的是，到目前为止我国尚未出现实施知识产权资产证券的成功案例。比较研究外国同类的法律制度和案例既可以反思本国法律制度和实践存在的问题，又可以启迪本国法律制度的改革与实践。在缺乏专利信托和专利资产证券化实践的我国，运用比较研究的方法从千差万别的理论与案例中寻找合理的解决办法是十分必要的。各国法律与实践的差异与其本国深厚的文化底蕴和经济状况紧密联系。比较只能揭示制度和实践表层的差异，却不能探究深层的经济与社会原因。这是比较研究难以克服的缺陷。在比较研究之后，还需要进行价值分析以便寻求其内在的合理性与必然性。结合我国实际，提出既符合我国需要又顺应时代发展趋势的专利信托或专利资产证券化所需的制度环境及其运作模式，是本书的最终目的。因此，笔者选择美国和日本为研究对象，比较分析美国和日本的专利资产证券化案例，希望为我国开展专利信托和专利资产证券化提供参考。

一、美国首例专利资产证券化

从美国的实践来看，较大规模的知识产权证券化集中在电影和音乐产业，专利资产证券化的比例还很低。尽管证券化已经成为美国的一种主流融资技术，并保持了较高的增长速度，[1] 然而知识产权证券化在资产证券化中只占很小一部分，而且已知的专利资产证券化案例更是只有两起。2000 年 7 月，美国 Royalty Pharma 公司首次尝试性地开展了药品专利许可费应收款证券化。Royalty Pharma 公司成立于 1997 年。其公司战略非常明确和简单：获取制药和生物技术领域领先技术的专利许可收益，并持有这些利益作为多元化资产的一部分。公司从不进行专利药品的发现、研发、制造、生产或市场化，而是从非职务发明人、大学、制药公司、生物技术公司购买药品专利许可的收益权，并利用这些权益进行融资。其利润主要来源于生物制药公司为已经上市或处于研究开发晚期的药品而支付的专利许可费。

1985 年，耶鲁大学发明了一种治疗艾滋病的新技术，并获得了多项发明专利。1987 年 12 月 23 日，耶鲁大学和美国一家大型制药企业 Bristol-Myers Squibb 公司（以下简称 BMS 公司），签订了专利独占许可协议，用来研制一种名为“Zcrit®”的新药。许可的专利，包括有效期至 2008 年 6 月 24 日的两项美国专利和有效期至 2011 年的几项非美国专利。1994 年，Zerit®新药被美国食品与药品管理局批准上市，用于治疗艾滋病。如同其他抗艾滋病药品一样，Zerit 新药非常昂贵。1997 年 Zerit 新药的销售额达到 3.98 亿美元，1998 年的销售额是 5.51 亿美元，1999 年是 6.05 亿美元，2000 年达到 6.18 亿美元。这意味着 Zerit 新药的销售额每年能以稳定的速度保持增长。专利许可费是根据 Zerit 新药制造和销售的数量、市场分布等诸多因素确定的。根据专利许可协议，1997 年产生的专利许可费收入为 2 620万美元，1998 年为 3 750万美元，1999 年为 4 160万美元，2 000年为 4 480万美元。2000 年 7 月，耶鲁大学为了进行项目融资，与 Royalty Phar-

[1] 李曜：《资产证券化——基础理论与案例分析》，上海财经大学出版社 2001 年版，第 7 页。

ma 公司签订了应收专利许可收费转让协议。将 2000 年 9 月 6 日至 2006 年 6 月 6 日期间的 Zerit 新药应收专利许可费的 70%，以 1 亿美元不可撤销地转让给 Royalty Pharma 公司。为了支付这笔转让费，Royalty Pharma 公司对 Zerit 新药应收专利许可收费，进行了证券化处理。

首先，在美国特拉华州设立了一家特殊目的机构——BioPharma Royalty 信托。然后，将未来近 6 年的 Zerit 新药应收专利许可收费，转让给 BioPharma Royalty 信托。BMS 公司保证每季度向 BioPharma Royalty 信托指定的账户存入每季度应当支付的专利许可费。最后，BioPharma Royalty 信托以此作为支撑，发行了三种证券：优先受益证券、次级受益证券和剩余受益证券。优先受益证券是指以应收专利许可费进行超额担保，并应当优先支付的受益证券。次级受益证券是在保证支付优先受益证券以后，才予以支付的受益证券，具有较高的投资风险。为了增强对投资者的吸引力，次级受益证券通常约定较高的利率，并进行了信用增级。由 ZC Specialty 保险公司以第三人身份，对次级受益证券进行保险。受益权凭证与股权比较类似，代表投资者对信托财产及其收益享有的剩余权益，分别由 Royalty Pharma 信托、BancBoston Capital 和耶鲁大学持有。由此可见，未来近 6 年的 Zerit 新药应收专利许可费，被划分为 4 个部分：耶鲁大学保留应收专利许可费的 30%、5 715万美元的优先受益证券、2 200万美元的次级受益证券和 2 790万美元的受益权凭证。每个季度 BMS 公司首先向耶鲁大学支付 30% 的专利许可费，然后支付 304.5 万美元的优先受益证券，再支付 120 万 ~133 万美元的次级受益证券，最后将剩余利益分配给持有剩余受益权凭证的受益人。Zerit 新药应收专利许可应收款证券化交易框架结构如图 4-8 所示。

在成功实现证券化不久，Zerit 新药的专利许可费开始急剧下降。由于 Zerit 新药用户的变动、市场份额的消减和药品价格的下降以及三种新药的出现，最终导致 2001 年连续三个季度无法

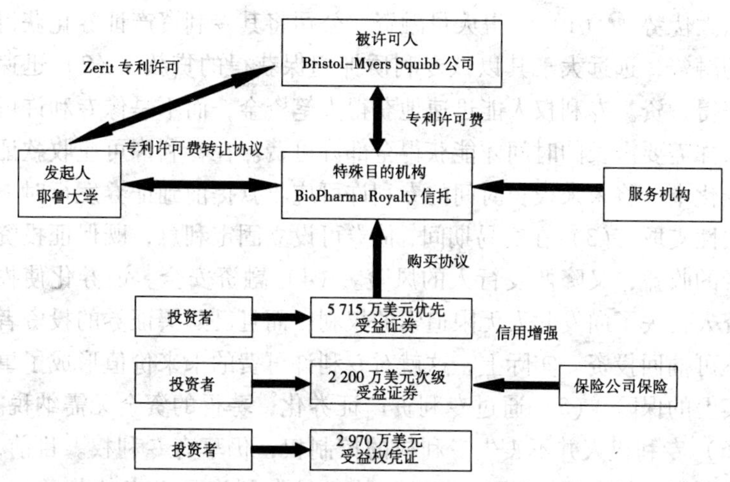

图 4－8　Zerit 新药应收专利许可费证券化交易框架结构

按照合同约定支付利息。2002 年 11 月底，根据 3/4 受托人的请求，BioPharma Royalty 信托提前进入清偿程序。美国首例专利资产证券化由此宣告结束。该案的失利引起了人们的广泛关注和思考。从理论上讲，专利许可费应收款证券化与其他应收账款证券化本质上是一致的，但面临一些挑战。例如：为什么要进行专利资产证券化？如何选择和构建基础资产？选择何种特殊目的机构更有利于资产证券化？这些问题值得探讨。

二、专利资产证券化的动因

世界各国普遍建立了专利许可和专利质押融资制度。在能够充分发掘专利价值的前提下，为什么还需要进行专利资产证券化？专利资产证券化既是传统应收款证券化在专利领域的延伸，也是一种制度创新。它源于人们对专利价值认识的进一步深入和对融资的进一步需求。

作为一种融资方式，美国学者普遍认为专利资产证券化具有

六大优势。[1]（1）获得大量融资。公司将其专利资产证券化获得的融资，远远大于其以该专利质押担保获得的贷款。（2）迅速获得融资。专利权人能迅速地获得大笔资金，而不是像专利许可那样需要漫长的时间才能获得全部许可费。在专利许可应收款证券化中，将未来很长时间的专利许可应收款提前到证券发行时一次性支取。(3）在交易期间，债券可设立固定利息，既保证投资者的收益，又降低发行人的风险。（4）融资安全。证券化使投资人丧失了向发起人无限追索的权利，而且已购买证券的投资者不可抽回投资。实际上，这就对专利许可费的未来价值形成了事实上的保险。(5）通过专利资产证券化，募得的资金无需纳税。(6）专利权人并不丧失专利权的控制权，仍享有专利权。目前，专利资产证券化“真实出售”的只是专利许可未来的收益权，而不是专利权本身。专利许可费收益权的出售不同于专利转让，专利权人可以继续拥有其专利权，也可保留部分专利许可产生的现金收益。这些优势的存在促使一些流动资金匮乏的公司，开始考虑以其未来专利许可应收款为担保发行证券。

证券化具有精巧的结构和复杂的法律关系，涉及诸多主体。在专利资产证券化过程中，专利权人、投资者、风险投资家、证券承销商和保险公司等相关主体既是最大的受益者，也是积极的推动者。运用利益衡量的法学方法，分析这些主体在专利资产证券化中可能获得的利益，将有助于了解推动专利资产证券化的经济动因。

（一）专利权人从证券化中可获得的利益

只有专利权人愿意出售专利许可收费权，专利资产证券化才具有存在的可能。专利权人出售许可收费权可能基于多种原因：缺乏运作资金，或出于税收的考虑，或者为了分散专利许可收益

[1] John S. Hillery. Securitization of Intellectual Property：Recent Trends from the United States，Washington，CORE，March 2004，p. 13.

过于集中的风险。相对于传统的专利质押融资而言，专利权人可以从证券化中获得更多的利益。（1）有限的财务状况披露。资产证券化的特点在于构造一个破产隔离机构，以减少融资实体财务状况的披露。投资者作为信用分析家，更关注基础资产的质量而不关心融资主体的信用。所以，该主体的信用与专利资产证券化交易的关联不大。购买证券的投资者通常无权向融资主体行使追索权，该主体因此受到保护，也就没有披露其财务状况的必要。（2）可以降低融资成本，提高资本结构和等级。被隔离的专利资产，能够以更高的信用等级进入资本市场。专利资产信用等级越高，用其支撑发行的债券利息率也就越低。因为担保证券的资产质量、信用加强以及破产隔离机制，专利资产证券化后其信用等级高于发起人的信用等级，购买证券的投资者风险降低，证券支付的利率因而随之降低，因此专利资产证券化能够有效地降低融资成本，实现专利价值最大化。而且，以专利支撑的融资属于资产负债表外融资。这样就使得专利权人的应付债务本息总额降低，偿债能力系数提高。（3）使专利发挥更大的杠杆作用。在实践中，专利仍是一种未得到有效和充分利用的资产。通过专利许可费支撑发行证券，可以从专利中获得更多的资本。最后，可以作为收购工具使用。在以公司和专利为目标的收购中，专利资产证券化也可以作为一种融资来源。收购方可以目标公司的专利为担保发行债券，从而达到专利杠杆式收购的目的。

（二）投资者从证券化中可获得的利益

专利资产证券化对投资者也颇具吸引力。（1）投资者获得更多的投资渠道。投资者可以直接投资于高新技术领域的专利，分享科技进步带来的利益，不需要向公司投资。（2）证券通常具有较高的固定利率，投资人可以获得较高的投资回报。（3）以专利支撑的交易，降低了管理技术的风险及其运作风险。

（三）风险投资家从证券化中可获得的利益

专利资产证券化这种结构，给风险投资家提供了更有利的投

资方式。与专利出资等传统投资方式相比，专利资产证券化使专利资产获得更快的流动性。这种金融技术，具有无限的运用空间和灵活的运用方式。一方面，通过专利互换或交叉许可，风险投资家能获得其他专利许可产生的现金流；另一方面，投资于以专利支撑的证券，可以避开专利所在公司可能面临的所有商业风险——市场、运作和金融风险，增加投资收益。投资者购买的不是公司的股份，无需参与公司的整个商业过程；投资者购买的是专利许可产生的现金流，提供了向特定技术领域或专利进行投资的机会。专利远离其所有者的商业、金融以及运作风险，有利于技术本身的健康发展。专利二级市场的创造和专利保险市场的平行发展，毫无疑问将降低风险，在增加投资和回报的同时降低融资成本。

（四）发起人、承销商和保险公司从证券化中可获得的利益

较早进入专利资产证券化行业的相关利益主体，可以在新型市场上获得分享最大利益的机会。随着专利资产证券化市场的发展，这些拥有经验和信誉的先驱者必将获得控制交易的强势地位。投资于一种新型资产所冒的风险，可能也会带来丰厚的回报。那些为降低风险而提供担保或保险的信用增级提供人，如保险公司，也可能成为这种新兴、富有发展潜力的融资领域的领头人。同时，专利资产证券化市场也为他们提供了新的投资渠道。

三、构建专利资产池

资产证券化是以资产所产生的现金流为支持，因此可预期的现金流是进行证券化的先决条件。一切基于专利产生的现金流，均可以成为证券化的基础。预计全世界专利许可费的价值大概在5 500 亿~6 500 亿美元之间。如果折算成股票，那么市值将达到8 000亿美元。每年美国大学履行着超过 3 300件的专利许可合同，收取70多亿美元的专利许可费。[1] 再考虑到世界上90%的公司净值是无形资产和知识产权，专利资产证券化具有巨大的潜力和广阔的市场。但为什么只有不到1%的专利许可在进行证券化呢？关键的问题是，选择何种专利进行构建？对于美国Zerit新药专利许可应收款证券化不成功的原因，有多种解释。有人认为是被许可人经营不当，导致销售额急剧下降。还有人认为是对Zerit新药的销售收入的评估方法有误。另有学者认为交易的根本弱点，在于只有一份许可协议作为支撑，交易安全完全依赖惟一的被许可人的财力和运营状况。而发起人Royalty Pharma公司则认为，单一的专利资产证券化是不安全的。与住房抵押贷款证券化一样，专利组合能降低单一专利许可现金流不足的风险，而且资产的恰当重组有利于进一步降低风险。[2] 笔者认为，专利许可费与源于商品出售或服务输出的标准贸易应收款相比，可能受到更多不确定因素的影响，具有预测的不确定性和违约的高风险性。Zerit新药应收专利许可应收款证券化的失败，可能基于多种原因。

（一）专利许可费评估的困难性

标准贸易应收款是已经发生的现实债权，买方可以根据以往的收款规模预测逾期和违约风险。而专利许可收费权是未来经营收入的求偿权，对其现金流和履约情况难以准确预测。这与专利许可独特的结构存在密切的关系。许可费通常取决于被许可方生产专利产品的产量或使用专利方法的次数，通过一定销售额的百分比来计算。这种支付方式是专利许可协议所特有的，有时被人们称为“浮动许可费”。这是因为它承认专利市场价值天然的不确定性和无法预见性。通过基础专利在市场中的使用情况，来体

---

[1] David Edwards. Patent Backed Securitization: Blueprint for a New Asset Class. p. 8. http://www.securitization.net/pdf/gerling_new_0302.pdf.

[2] Ronald S Borod. An Update on Intellectual Property Securitization. *Journal of Structured Finance*. Winter 2005. Vol. 10.

现和衡量其价值。浮动许可费使许可人和被许可人双方均不必承担事先预测市场价值的风险。事实上，在高达 90% 的许可交易中，许可费收入是不确定的。专利许可的这种结构，影响了许可各方对基础专利价值的评估，使量化现金流和确定现金流的变动状况更加困难，从而阻碍了将专利许可应收款证券化。与此同时，这种结构也使对专利许可费收入流的监管成本和对相关各方的管理成本增加。专利评估仍是一个有待发展的领域，对专利评估方法的争议，降低了人们对潜在的专利资产证券交易稳定性的信任。如果专利许可交易中各方能对基础专利的市场价值达成一致的意见，在专利许可协议中更加具体地约定许可费，像抵押或汽车贷款合同中贷款人将要支付的价款明确规定一样，那么专利资产证券化将会逐渐推广。

（二）面临专利侵权、诉讼或无效等法律风险

专利侵权行为能严重侵蚀专利资产证券化过程中的现金流，对专利许可的未来收入产生深远影响。为了保护证券化的专利，还必须把通过诉讼对抗侵权的计划放在首位。具有 3 ~5 年历史的许可收入流的专利，或可以准确预测未来专利许可收益的专利，通常面临专利侵权诉讼的挑战。此外，专利还有可能被宣告无效，受到非专利药品的冲击。制药商只需稍微改变制药成分，就能生产出与专利药品药效相差无几的产品。这种现象正日益严重地威胁着专利药品。这种非专利药品的销售，极大地减少了专利药品在未来获得专利许可现金流的能力。

（三）不可预料的技术进步可能降低专利价值

专利资产证券化期间出现的技术含量更高的专利，将使证券化的专利贬值。如在药品专利资产证券化时，一项新专利的出现可能使证券化的专利价值减退甚至消失。

（四）产品责任可能产生高额赔偿

由于专利许可费的计算通常与专利产品的销售额有密切联系，所以因产品产生的任何法律责任或诉讼都会对许可费的现金流造成影响。目前，美国专利资产证券化所选择的专利领域主要集中在医药领域。因药品副作用导致的损害赔偿，数额是巨大的。[1]

（五）行政管理的影响

根据研究，在美国医药领域从发现新成分到药品核准上市，平均需要 12 年的时间和 8 亿美元的经费。而且只有经过美国食品药品管理局的正式批准，药品才能制造和使用。在专利资产证券化过程中，还存在新药在等待行政机关批准上市前即面临专利即将过期的风险。

（六）高昂的专利实质审查的成本

由于上述风险的存在和专利许可的复杂性，专利资产证券化进行的实质审查比传统资产证券化要昂贵得多。在设计证券化结构之前，所有交易主体与专利许可相关的所有包含权利义务的法律文件都必须进行详细的实质审查。例如，拟证券化专利与其他相关专利的关联性、与该专利相关的诉讼、可能造成专利侵权的公开资料、专利实施的有效性、被侵权的可能性等。

为了降低专利许可预测的不确定性和违约的高风险性，选择合适的专利并构建专利资产组合就显得尤为重要。2003 年 7 月，Royalty Pharma 公司吸收了首例专利许可费应收款证券化失败的教训，开始改进专利资产证券化运作模式。首先，选择具有同质化的专利及其专利许可收益。然后，将这些专利许可应收账款汇集成一定规模的资产池。Royalty Pharma 公司先后购买了 13 种药品专利的许可收费权，构建了一个相对稳定的、以药品专利许可费为核心的资产组合，构成了一个具有相当规模的资产池。其中包括 Memorial Sloan Kettering 癌症中心（简称 MSKCC）的两种抗癌药品 Neupogen ®和 Neulasta ®的专利许可收费权。MSKCC 是

[1] ［美］Jay Dratler. Jr. 著，王春燕等译：《知识产权许可（上）》，清华大学出版社 2003 年版，第 283 页。

一家致力于创新研究、治疗和教育的机构。1984 年 8 月，它与 Amgen 公司启动了一项探索性的合作研究计划。Amgen 公司获得被许可使用任何 MSKCC 发明专利的机会。18 个月后，双方签订两种专利——Neupogen ®和 Neulasta ®——的许可协议，MSKCC 获得两种专利的许可费。2004 年 1 月，Royalty Pharma 公司以 2.63 亿美元向 MSKCC 购买了这两种专利许可收费权的一部分。同时，MSKCC 向 Royalty Pharma 公司投资 700 万美元。MSKCC 通过出售部分专利许可收费权，获得了其他研究项目所需要的资金，同时也使自身的资产呈现多样化。为了发行证券，Royalty Pharma 公司将 13 种药品专利许可收费权，出售给其成立的特殊目的机构——Royalty Pharma 金融信托。Royalty Pharma 金融信托，发行了 2.25 亿美元可转换金融债券。由 Credit Suisse 第一波士顿公司设计和承销，并由 MBIA 保险公司提供担保。债券分为两种——7 年期和 9 年期。从 2003 年 10 月起，按季度支付债券本息。预计在 2010 年 7 月 31 日到期，最终到期日为 2012 年 7 月 31 日。通过这两起专利资产证券化的运作，Royalty Pharma 公司进行了 14 次交易，拥有 10 种已市场化的产品和 4 种处于最后临床试验阶段的专利许可收费权。截至 2004 年底，其获得专利许可费达到 12.2 亿美元，运作的现金流达到 11.5 亿美元。Royalty Pharma 公司失败的教训和成功的经验告诉我们：专利许可预测的不确定性和违约的高风险性，可以通过汇集众多的专利资产组成一定规模资产池的方法予以克服。

四、特殊目的机构的选择

特殊目的机构就是在资产证券化过程中，专门成立用于发行证券的机构。其存在的目的是确保专利许可费与原始权利人和发起人彻底隔离，以避免发起人遇到麻烦或破产所带来的不利影响。这个机构可以选择信托、公司或者有限合伙。这里有一个值得注意的事实：发起人 Royalty Pharma 公司在两次证券化中均选择了信托，作为特殊目的机构的组织形式。而且还打算将未来获得的专利许可收费权放置在同一信托中，并准备增加对该信托的投资，购买更多的专利许可收费权，发行更多的证券，以增加其资产规模。该信托如同一个永久性的基金，将长期存在。由此就有一个颇为有趣的问题：究竟是信托这种组织形式更有利于专利许可收费权证券化，还是在美国信托比公司、有限合伙更具优势？

通过比较研究，笔者发现在日本首例专利许可应收款证券化中，特殊目的机构选择的是一种特殊的公司形式——特定目的公司。由此可见，信托并不当然有利于专利许可收费权证券化，主要原因在于美国传统的信托观念和信托法律制度。信托作为一种非公司制企业组织，早在美国建国之初就已经存在，一度非常普及，并发挥着重要作用。现代社会信托能否成为一种独立的企业组织，在世界各国，甚至在美国并没有得到全面认同。美国的一些州开始出现法定信托，使得信托真正成为一种独立的法律实体。法定信托是美国独特的一种信托，通常是依法登记注册，由管理协议创立，持有、经营、管埋、控制、投资、再投资或运作其财产的一种非公司制联合体。[1] 1998 年，美国特拉华州颁布了《特拉华商事信托法》，现已更名为《特拉华法定信托法》，引起信托组织立法的显著变化。法定信托必须在其成立的州进行注册登记，更为重要的是受托人和受益人均只对信托承担有限责任。信托作为一种独立的企业组织，得到了美国一些州法律的承认，相继已有 6 个州颁布了类似于《特拉华法定信托法》的法律。

美国特拉华州的法定信托相对于公司、有限合伙而言，具有三个明显优势：（1）法定信托是一种相对稳定的经济实体。它一般是基于某种特殊目的而成立，并不持续地进行营业性活动，但可以其获得的资产为支撑，发行受益权凭证。（2）一旦实现特殊目的，信托财产的剩余价值便返还给委托人。委托人通常保

[1] 参见美国 Delaware Statutory Trust Law 第 3801 条。

留剩余财产的请求权。通过这种方式，委托人放弃的不是经济利益，而是需要承担的大量管理工作。（3）避免缴纳企业所得税。独立的法律主体需为其盈利缴纳税款。而法定信托通常并不被视为纳税主体。选择法定信托作为特殊目的机构的一个重要原因，是可以避免缴纳企业所得税。正是基于这些优势，法定信托被广泛运用为资产证券化中的特殊目的机构，信托成为首选的组织形式。笔者注意到 Royalty Pharma 公司在设立信托时，选择的注册地就在美国的特拉华州。由此可见，发起人是在充分利用《特拉华法定信托法》提供的制度优势，选择了信托作为特殊目的机构的组织形式。

五、美国专利资产证券化的启示

以药品专利许可应收款支撑的证券化市场，被普遍认为最具有发展潜力和拓展空间。这主要源于以下几个方面的原因：（1）药品专利许可市场的巨大规模和增长潜力，以及专利权人强烈的融资与资本需求，使得专利许可收费权证券化被认为是一种具有广阔市场前景的融资工具。世界药品市场包含着巨大潜力：估计每年产生的药品专利许可费将近 3 000亿美元。[1] 包括大的医药公司、公共科研机构、小的生物技术公司和个人投资者在内的各种组织或个人，拥有各种“药品专利的许可权”。医药公司在增加研究投入自主开发新的药品技术的同时，还积极通过许可或购买的方式向外获得新技术。特别是在生物制药行业，分工越来越细致。能够研制出新的药品但不进行生产的大学和科研机构，需要迅速而便捷地获得融资。这一方面，是为了尽快收回前期投资；另一方面，也是为了有充足资金用于新的研究项目。

[1] Malcolm S. Dorris. Securitization of Drug Royalties: A New Elixir? Global Securitisation and Structured Finance 2003, p. 81. http://www.dechert.com/library/Securitization%20of%20Drug%20Royalties_Dorris-2003.pdf.

(2) 根据美国法律，药品专利的保护期限可以适当延长。以前，《美国专利法》对专利的保护期限是自授权之日起17年。1994年12月8日，修改为自申请之日起专利保护期为20年。但由于药品涉及人身安全，在上市之前必须得到美国食品与药品管理局的批准。美国国会考虑到专利药品在等待政府审批过程中浪费了时间，通过法律允许药品专利延长一定的保护期。专利保护延长的期限通常不超过5年。所以药品专利比其他领域的专利，可能具有更长的法律保护期限。这对专利资产证券化降低风险、增强许可费的稳定性尤为重要。(3) 对于治疗不到20万人所患罕见疾病的药品，还可以获得更为特殊的专利保护。这些药品被称为“孤儿药品”。孤儿药品自批准之日起，7年内可以排除其他类似药品的专利申请。这些受到特别保护的药品，可以成为理想的证券化对象。目前，美国的一些公司正在积极准备药品专利资产证券化。除Royalty Pharma公司之外，最突出的还有Royalty药品有限责任公司。Royalty药品有限责任公司目前正试图获取药品专利许可收费权、将来也可能将这些收费权予以证券化。该公司目前仍处在收购专利许可收费权、汇集基础资产构建由专利许可应收款组成的资产池阶段。

与此同时，还应看到：专利许可应收款证券化还具有高度的复杂性和风险性。正是前文反复提到的专利许可预测的不确定性和违约的高风险性，使得并不是所有专利或者任何权利人均可以尝试证券化。华尔街证券承销商Bear Stearns的工作人员Ira Wagner认为，大的药品公司不可能以一件专利为支撑资产发行证券，因为这样的成本比借债更高。小公司欲进行证券化，可能难以达到所需的投资级别。与其公司自行将其专利资产证券化，不如将专利许可收费权直接卖给专门从事证券化的专业公司。由众多专利资产组合成一定规模的资产池后，再进行证券化。这样既可以扩大证券化规模，又可以降低融投资风险，减少融资成本。

通过考察美国专利资产证券化的两个案例，可以从中得到一

些重要启示：(1) 美国首先在生物制药产业开展尝试专利资产证券化，并呈现扩大趋势。美国药品专利许可市场的巨大潜力和法律对药品专利的特殊保护，是专利资产证券化较为活跃的主要原因。但这种优势和特点在许多国家并不存在。例如，日本的首例专利资产证券化，是以多项关于光学技术的专利许可为基础的。专利资产证券化最有可能在专利众多、许可活跃、能够迅速汇集一定规模资产组成资产池并且具有相对较低风险的行业或产业发生。(2) 为了克服专利许可预测的不确定性和违约的高风险性，组建特定技术领域的专利资产组合是一种有效的方法。Royalty Pharma 公司的失败与成功，说明同一个问题：汇集同质化的专利资产并组建资产池的重要性。(3) 美国的一些法律制度能够有效地降低交易成本，促进专利资产证券化。最典型的莫过于信托制度。《特拉华法定信托法》使得信托成为发起人设立特殊目的机构的首选组织形式。而这些制度在许多大陆法系国家是欠缺的，至少是不完善的。因此，美国专利资产证券化的经验和教训具有一定的特殊性，对我国只能提供参考价值，并不具有完全照搬的可能性。

第四节　日本专利资产证券化

在 2002 年以前，由于专利资产的特殊性和日本法律的限制，专利资产证券化只是日本理论界研究和讨论的范畴，难以付诸实践。在“知识产权立国”的指引下，日本全面修改了限制专利信托的《日本信托业法》。在政府的帮助下，终于在 2003 年首次成功地实施了一例专利资产证券化。本节将以日本首例专利资产证券化案例为研究对象，分析日本专利资产证券化的理论及其相关法律制度，探究其专利资产证券化运作模式，希望有助于推动我国专利资产证券的研究与实践。

一、日本首例专利资产证券化案例

理论上通常把证券化划分为资产分割和证券化这两个阶段。资产分割，是指资产持有人将用于证券化的基础资产独立分割出来，成立一个能以自己名义持有和处分基础资产的法律主体。日本法律允许特殊目的机构采用的组织形式，包括特殊目的公司、信托、合伙、有限责任公司和股份公司。证券化阶段，就是以分割出来的基础资产为支持，发行有价证券进行融资的过程。由于有价证券是以表彰特定权利为内容的证券，所以能表彰哪些权利将直接决定有价证券的发行范围。资产证券化发行的有价证券，通常区别于资本证券（即公司债权和股票），主要是指受益证券和资产基础证券。受益证券是特殊目的信托发行的，以表彰受益人享有信托受益权的权利凭证或证书。而资产基础证券是特殊目的公司发行的，以表彰持有人对基础资产享有权利的凭证或证书。[1] 对日本首例专利资产证券化案例的分析，遵循这种思路，从资产分割和证券发行两方面予以考察。

创立于 1985 年的 Scalar 公司，是处于创业阶段的一家日本中小企业，拥有多项关于光学技术的专利，并致力于发展光学镜头业务。2003 年 3 月，它将 4 项专利权排他性许可给另一家同样处于创业阶段的 Pin Change 有限责任公司。未来若干年的排他性专利许可费，构成了本案的基础资产。在资产分割阶段，作为发起人的 Scalar 公司，选择了特殊目的公司作为特殊目的机构。将专利许可产生的未来应收许可费，转移给由信托银行控股的一家特殊目的公司。在证券化阶段，特殊目的公司向投资者发行三种证券——特殊债券、享有优先权的优先出资权凭证和特殊份额受益权凭证。特殊债券，类似于公司发行的公司债券，是特殊目的

[1] 王志诚：《金融资产证券化——立法原理与比较法制》，北京大学出版社 2005 年版，第 115～120 页。

公司发行的约定在一定期限内还本付息的一种有价证券。它是以被许可人 Change 有限责任公司每年按期支付的专利许可费作为保障来偿付的。为了进一步吸引投资者，由保证人对发行的特殊债券进行担保，作为债券信用等级增强手段。优先出资权凭证表彰了优先出资股东对基础资产享有的优先份额，类似于公司股票。但根据《日本资产证券化法》，优先出资权凭证只能发行一次。本案中最为特殊的一种证券是特殊份额受益权凭证。在资产证券化中，不同组织形式的特殊目的机构发行的证券是严格区分的。特殊目的公司只能发行资产基础证券，而不能发行受益证券。这是因为不同的组织形式在转移和处分基础资产时，产生的法律关系和享有的法律权利存在较大差异。投资者与特殊目的公司之间是一种投资关系，投资者享有类似于公司股权一样的权利。而投资者与特殊目的信托之间是一种信托关系，投资者享有的是信托受益权。本案之所以存在受益证券，是因为在证券化过程中运用信托制度募集了投资资金。这里存在一个特殊的机构投资者——信托银行。信托银行为了获得投资于专利许可应收款证券化所需资金，通过发行信托受益权凭证的方式募集资金，将汇集而成的资金组成基金，该基金作为机构投资者购买特殊目的公司发行的资产基础证券。因此，本案证券化结构设计得非常复杂，而且极其巧妙。在证券化过程中，不同机构进行了两次融资，共发行了存在较大差异的三种有价证券。特殊目的公司作为证券发行人发行了债券和出资权凭证。信托银行作为机构投资者为了购买资产支持证券，利用信托的融资功能，发行了受益权凭证。日本首例专利证券化交易框架结构如图 4－9 所示。

在 Scalar 案中，专利资产证券化计划在日本受到了高度评价，首开日本专利资产证券化之先河。但是，当对专利资产证券化成本与收益进行分析后，有些学者认为 Scalar 案实际上并未获得成功。由于相当高的成本通常被用于设计证券化计划，所以支付给律师事务所、会计事务所的费用是极其高昂的。在日本资产

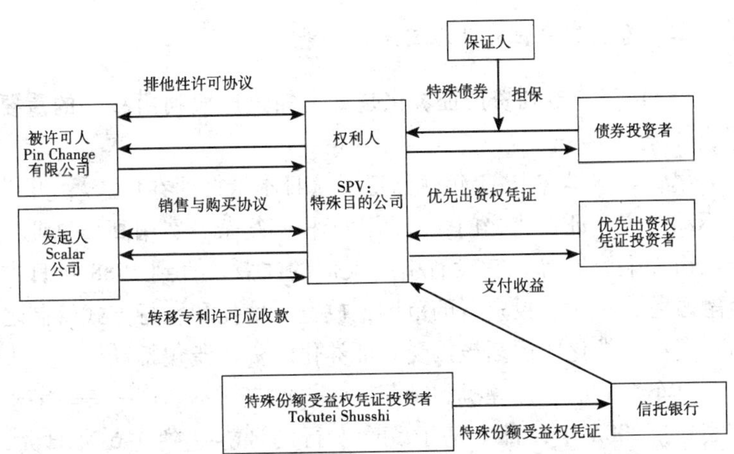

图4－9 日本首例专利证券化交易框架结构

证券化的标准成本，被认为在20亿～100亿日元之间。[1] 同时为了保护投资者免受损失或获得发行高级别的证券，在专利资产证券化过程中通常会采用信用增强措施。因此，证券化专利资产必须达到相当规模。而Scalar案作为日本政府部门的“试验品”，通过证券化实际获得的融资只有20亿日元。在支付给法律、会计、税收和金融事务专家以后，几乎没有剩余，难以获得利润。不管成功与否，作为一种尝试，Scalar案毕竟迈出了专利资产证券化的第一步。知识产权证券化在日本还处于早期发展阶段，需要克服许多障碍。专利资产证券化更是如此。

[1] Research Felloe. Hiroyuki Watanabe, Intellectual Property as Securitized Assets, http：//www. iip. or. jp/e/summary/pdf/detail2003/e15_ 20. pdf.

二、专利资产证券化在日本的功能

（一）实施专利资产证券化是日本知识产权利用战略的重要组成部分

尽管日本早在1931年就制定了《日本抵押证券化法》，开启了不动产资产证券化之门，然而由于程序复杂、费用高昂、证券未在市面上流通等，它没有引起人们的注意。直到1988年日本金融改革，扩大了投资者的范围，放宽了信托和发行方式管制之后，资产证券化才逐渐被接受。证券化的资产既包括动产——火车、汽车、船舶、计算机和制药设备，也包括不动产——写字楼和宾馆。2002年，日本基于资产发行的证券达到4.6兆日元，其成长速度远远高于发行的资本证券，但以专利为核心的知识产权因受到诸多法律的限制，难以进行证券化。

进入21世纪以来，日本政府一直将专利资产证券化从战略高度予以考虑，鼓励更多的日本企业通过专利资产证券化来获得融资。在知识产权立国的战略目标框架下，日本明确提出知识产权创造战略、保护战略、利用战略和发展人才资源战略。为了实施知识产权利用战略，日本将为企业实施基于知识产权的商业战略创造一个良好的环境，引导企业积极管理知识产权。其中一个非常重要的目标，就是建立一个完善的信托体系，促进知识产权资产证券化。[1]《日本知识产权战略大纲》要求探讨专利流通市场的进一步完善、专利资产证券化以及制度及其运用的改善问题。从2003年开始，日本知识产权战略本部每年发布《知识产权的推进计划》，均提到如何促进包括专利在内的知识产权进行证券化融资。2003年7月8日，日本发布了《知识产权推进计

---

[1] Japan Patent Office. Strengthening of industrial competitiveness and promotion of intellectual property policy, http://www.jpo.go.jp/shiryou_e/toushin_e/kenkyukai_e/pdf/03-chapter1.pdf.

划2003》，提出了270项需落实的具体措施。在其第三章“知识产权利用”中，特别强调“利用信托制度促进知识产权管理和流通，实现利用知识产权筹集资金制度的多样化”。为了进一步促进知识产权证券化，要求修订《日本信托业法》，并考虑如何确保合理的商业行为和投资者利益不受受托人在商业管理中滥用权利而受到打扰。[1] 2004年5月27日制定的《知识产权推进计划2004》指出：针对战略性知识产权管理和融资过程中利用信托制度的法律，日本将在2004年前后采取必要措施。2005年6月10日制定的《知识产权推进计划2005》，要求按照企业的需求采取措施进一步加速知识产权信托的利用。为了鼓励企业进行专利资产证券化，日本相继修改了与资产证券化相关的一系列法律，消除了法律对专利资产证券化的制度障碍。由于专利资产证券化制度框架极其复杂，为了便于表述，笔者主要分析日本专利资产证券化中的三项法律制度：特殊目的机构、破产隔离和证券发行制度。

选择和设立发行证券的特殊目的机构，是专利资产证券化的前提。1998年9月1日，日本实施了《日本特殊目的公司法》。通过设立特殊目的公司的方法，来促进以不动产为主的特定资产的证券化。但是该法严格限定了特殊目的公司可接受资产的范围，仅限于可获得的金钱、房地产和这些资产的收益。知识产权及其衍生的权利，不能作为证券化的基础资产。2000年5月31日，《日本特殊目的公司法》被修改并更名为《日本资产证券化法》，以扩大资产证券化的对象。其显著变化体现在两个方面：(1) 扩大了特殊目的公司可证券化资产的范围，简化了特殊目的公司设立手续，将可证券化的资产从不动产、指定金钱债权扩

---

[1] Intellectual Property Policy Headquarters：Strategic Program for the Creation，Protection and Exploitation of Intellectual Property，http：//www. kantei. go. jp/foreign/policy/titeki/kettei/030708f_ e. html.

大到一般的财产权，允许知识产权作为基础资产；（2）增加了信托作为资产证券化的工具，允许设立特殊目的信托。它确立了利用特定目的公司或者特定目的信托进行资产证券化的制度，确保了资产证券化的有序进行，使资产证券的购买者得到充分保护，也便于一般投资者进行投资。❶

由于涉及证券发行和投资者利益保护，所以专利资产证券化中专利许可必须远离发起人和被许可人，即实现破产隔离。破产隔离的一些功能由特殊目的机构完成，而另一部分则由日本破产法来承担。根据日本专利法的规定，只有办理了许可登记，许可人才可以对任何此后获得专利的第三方主张已存在的专利许可权。但是在实践中，专利许可双方通常认为登记制度不那么好用，不太愿意进行许可登记。因为许可协议的重要内容必须公开，交叉许可难以登记以及登记成本的问题，使得被许可人非常犹豫是否与许可人合作。如果发起人或许可人破产，特殊目的机构通常被认为是第三方。特殊目的机构可以否认已经存在但没有登记的专利许可，这样就不需要向投资者支付未来的专利许可费，但严重损害了投资者的利益。原《日本破产法》第59条规定：如果受托人认为没有必要或对破产财产有损害，有权终止任何发起人作为一方当事人的合同的履行。专利许可协议的履行受制于受托人的终止权。如果受托人选择终止许可协议，那么未来应收许可费将消失。基于此点，2003年9月10日，日本司法部考虑修改破产法：限制受托人的终止权并修改登记制度。2004年6月2日，日本大幅度地修改了《日本破产法》，并于2005年3月1日开始实施。

证券的发行是专利资产证券化的核心制度。以前的《日本信托法》和《日本信托业法》，均禁止将知识产权作为信托财产。

---

❶ 李宪明、朱燕："日本资产证券化（流动化）法律述评"，载 http://www.allbrightlaw.com.cn/xintuo/yewu/030714_1.htm. 2006.

原《日本证券法》和《日本证券交易法》严格限定证券的种类。现在日本资产证券化处于完全开放的时代，已经为债权证券化建立了一套完整的制度体系。1998 年 12 月 1 日，日本修改后的《日本证券交易法》将传统有价证券的范围扩充到包括投资证券、信托受益权凭证和表示权利的证券或者证书。2000 年修改了《日本证券法》，删去了可证券化资产范围的限制。由于可证券化资产范围的逐步扩大，所以基于资产发行的证券数量也随之增加。2004 年 12 月 30 日，修改后的《日本信托业法》开始实施。它扩大了商事信托的合法类型和信托资产的范畴，将特殊目的信托规定为资产证券化的一种方式，允许设立特殊份额信托。包括知识产权在内的许多资产和权利都可以作为信托财产，设立信托。在一些典型的专利信托中，专利的原始所有权人，可以通过向投资者出售信托中的受益权而获得融资。根据 2002 年 11 月《日本反垄断法》第 10（2）和 11 条的规定，解除了公平贸易委员会法令的管制，允许信托银行持有特殊目的公司 100% 的特殊份额。鉴于日本资产证券化法律制度的逐步完善，美国著名 Standard & Poor 评级机构得出结论：在满足《日本资产证券化法》规定的条件之后，同特殊份额信托和单一受益人的交易可以评级为 AAA。[1]

（二）专利资产证券化更有利于创新企业获得融资

利用证券化获得融资，是推动世界各国证券化发展的经济动力和主要目的。专利资产的特殊性，使得成功实施证券化的案例并不多见。据笔者了解，几起专利资产证券化案例主要集中美国和日本。美国专利资产证券化的目的是尽快实现专利技术的转移，创造专利的研发组织希望尽快收回研发成本和预期利润。故美国专利资产证券化，主要集中在高风险和高投入的生物制药行

[1] Takahiro Kobayashi. IP Securitization，http：//www.iflr.com/? Page = 17&ISS = 16413&SID = 515216.

业。而日本专利资产证券化是为了创新企业获得一种新的融资渠道，故主要集中在创新企业或中小企业领域。

如果专利资产能够证券化，那么投资者只对专利资产的价值进行评估，而不需要对实施证券化的公司（即发起人）进行评估。证券化的信用，是基于专利资产的可信度和现金流获得的资金。基于此，专利资产证券化预计将给创新公司带来巨大利益。利用专利价值进行融资的传统方式包括专利质押贷款和吸引风险投资。通常创新公司没有很多有形财产，如土地、建筑物机器或设备，却拥有很多专利资产。虽然拥有技术优势或专利资产，但由于他们尚未充分发展或获得足够的信用，通常难以获得商业上所需资金。考虑到创新公司对资金的高度需求（主要用于投资研究与开发项目）和高度不确定性，且没有一个固定还款期限的股权融资，专利资产证券化似乎比有固定期限的债权融资更适合。但是对于不愿意公开的创新企业，或所有权人希望保留管理权的中小企业来说，通过风险资本的股权融资通常并不适合。在此环境下，强烈需要一种创新机制，使创新公司能够基于专利本身、独立于公司的评估来获得资金。由此看来，专利资产证券化被认为是日本创新企业获得融资的一种有效方法。

三、日本专利资产证券化存在的主要问题

与传统的商品应收款和房地产贷款这些典型的可证券化资产相比，专利资产的一些独特性使其证券化非常困难。有一些困难是世界各国共同面临的，如专利资产的不稳定性，主要表现为技术风险和诉讼风险。在实践中，这些风险应在事前仔细评估，并向投资者充分披露。但是由于特殊目的机构通常没有这方面的人力资源，所以决定谁来处理这些诉讼也非常困难。又如专利资产评估的困难性，这可能与专利许可独特的结构存在着密切的关系。例如，专利许可是将中广泛使用的浮动许可费计算方法，使得专利许可费收入非常不确定的。专利许可的这种结构，影响了

许可各方对基础专利价值的评估，使量化现金流和准确预测现金流变动更加困难，从而阻碍了专利许可应收款证券化的快速发展。除此共同的困难之外，与美国相比，日本还存在一些特殊的困难。

（一）与专利第三方的关系难以处理

在专利资产证券化中，并不是所有的权利都能进行转移，有些资产是不能转移的：（1）发明人的荣誉权。[1] 发明人有要求在专利证书上记载自己是发明人的权利。对于这种权利，日本一些学者称为发明人的荣誉权，被认为排他性地属于原始发明人，不能转让。如果在不使用这些权利不利于特殊目的机构的情况下，有必要从发明人那里获得书面许可。（2）共有的权利。《日本专利法》规定，如果专利权被两个或以上主体享有，那么只有获得全部共有人的同意才能转移，任何一个共有人不能单独转移利益。即使获得同意一个或多个共有人将其利益转移给特殊目的机构，特殊目的机构也不能将其许可给任何第三方，除非其获得所有共有人的同意。

此外，转移给特殊目的机构的专利资产，可能包括从其他主体授权给专利资产的原始持有人（发起人）的许可。专利许可收入通常从许多相关专利那里产生，有些专利并非由发起人持有。在这种情况下，应从此类专利资产所有人那里取得必要的同意、许可。如果任何一个第三方许可人破产，他的受托人可以在此情形下拒绝接受此类许可。

（二）国际利用时法律适用的复杂性

虽然专利具有地域性特征，但它越来越呈现国际化的趋势。因为资产证券化相对于传统的融资方式而言，其交易成本是极其高昂的，所以基础资产的数量应充足到足以超过其成本。但通常

[1] 发明人有权要求在专利证书上记载自己是发明人的权力，我国学者刘春田教授认为是发明人的署名权，日本有些学者认为是荣誉权。

没有足够的专利资产在日本本国满足这一要求。有价值的专利通常在全世界范围内广泛使用。日本是一个专利许可大国，每年向国外许可产生的许可费远远超过向日本国内许可的费用。如果特殊目的机构和其投资者，希望获得在世界许多国家专利许可产生的全部现金流，那么就有必要了解这些国家所有相关的法律。

（三）缺乏资产证券化二级市场

从已有的专利资产证券化案例来看，几乎所有的证券发行均采用私募方式。私募发行是为了避开公众，向特定主体，特别是大的投资者或机构发行。私募发行证券的最大缺陷是其流动性极差，购买者必须持有证券达到数年之久。投资者购买资产基础证券或受益权凭证后，由于缺乏交易场所，故难以转让。资产证券化对投资者的吸引力也就非常有限了。现在主要是一些机构投资者在关注专利资产证券化，例如人寿保险公司。因此缺乏资产证券化二级市场，通常被认为是日本专利资产证券化面临的最根本的难题。这也是日本区别于美国专利资产证券化市场的最为明显的地方。

四、对日本专利资产证券化的展望

专利资产证券化这种新型融资工具，的确面临诸多困难。乐观者有之，悲观者亦普遍存在。其未来发展趋势及其成功与否仍难以预料。有些日本学者持否定态度，认为资产证券化这种方式并不适合利用专利进行融资。其主要理由可归纳为以下三点：第一，专利资产证券化的运用范围非常有限，除非专利权本身极易分割或专利产品与商业化直接联系；第二，实施专利资产证券化的成本是巨额的，所以构成专利组合的可证券化专利资产，应该足够优良并且庞大。而这一点很难做到；第三，由有限合伙进行专利信托，将是比专利资产证券化更为有效的一种融资方式。1998 年，日本实施了《日本有限合伙投资法》。有限合伙制度的目的，在于鼓励各种类型的投资者为创新企业提供资金。在其运作范围内，有限合伙将允许获得并享有创新企业的专利。如果一家有限合伙能够为专利运用信托制度，那么合伙在投资行为方面的能力将大为增强。如果运用专利信托，那么专利作为资产，将在有限合伙框架下更有效地被利用。

有些学者则认为专利信托在日本刚刚起步。许多日本企业现在正寻求通过专利获得融资，专利资产证券化是企业通过利用专利获得资金的一种有效手段。但还需要克服很多困难，许多政府机构和非政府组织正在努力消除这些障碍并加速发展这种新型交易。需要进一步完善的制度包括：（1）将专利评估标准统一并标准化；（2）完善登记制度，方便权利人；（3）降低交易成本，使较小的专利持有人也能通过专利资产证券化来融资；（4）发展专利资产的二级市场；（5）为基于专利资产发行的证券，制定一个合适的公开标准。

通过查阅与专利资产证券化相关的文献，笔者认为，日本专利资产证券化在克服这些困难后，必将有较大的发展。日本政府在“知识产权立国”和“知识产权战略”的框架下，非常重视专利资产证券化这种制度创新，并积极引导企业通过专利资产证券化进行融资。在2000年以前，日本一系列法律禁止专利成为信托对象，不允许专利这类知识产权发行证券。2000年以来，日本已经相继修改了《日本证券法》《日本破产法》《日本资产证券化法》《日本信托业法》等一系列与专利资产证券化相关的法律，正在逐渐消除法律上的障碍。在这么短的时间内进行大规模的修法，可见日本国会的决心与效率。许多创新企业有利用专利资产证券化进行融资的需求。作为全球第一的专利申请大国，日本有大量的专利在国内外获得专利。与此同时，每年都有大量基于专利成立的创新企业。专利资产证券化的功能及其具有的优势，吸引着渴望大量资金的创新企业。为促进专利资产证券化，日本逐渐构建完善其法律体系，利用各种政策引导并促进企业进行专利资产证券化的做法，值得我国借鉴。

第五节　我国专利资产证券化的制度环境分析

证券化运作没有一个固定的模式，一般认为资产证券化是由两个阶段、四项主要制度架构起来的有机体系。两个阶段是指资产分割阶段和证券化阶段，四项制度是指特殊目的机构、资产转移、信用增级及资产支撑证券的发行和交易等制度。❶ 近年来，在我国资产证券化试点实践中，出现了两种操作模式：信贷资产证券化和企业资产证券化。2005 年初，国务院同意在我国银行业开展信贷资产证券化试点。2005 年 4 月 20 日，人民银行和银监会联合发布了《信贷资产证券化试点管理办法》。2005 年 5 月 16 日，财政部和税务总局联合制定了《信贷资产证券化试点会计处理规定》。同年 9 月 29 日，银监会公布了《金融机构信贷资产证券化监督管理办法》。初步确定了在我国开展信贷资产证券化试点的基本制度框架。但信贷资产证券化被限定在一定的范围：发起机构只能是银行业金融机构，资产仅限于信贷资产，投资人被限定为投资机构。2003 年 12 月，我国证监会发布了《证券公司客户资产管理业务试行办法》，允许证券公司以企业收费资产，采用专项资产管理计划结构，在交易所市场大宗交易系统非公开发行有价证券。我国专利资产证券化应当选择哪种运作模式，是否具有实行专利资产证券化的制度环境，我国应如何完善相关制度？这些基础问题值得深入研究。

就在我国刚刚开始证券化实践并着手构建证券化制度时，美国因“证券化计划”破产而引发了不动产领域的次贷危机，并最终蔓延为世界范围的经济危机。这对刚刚起步的专利资产证券化尝试无疑是致命的打击。“证券化你的梦想”的憧憬，让我们

---

❶ 覃天云、申海恩：“论资产证券化的有价证券制度基础”，载《中国法学》2005 年第 2 期，第 128 页。

多么渴望能够运用证券化这一点金术，将具有资产专用性的专利资产转变为具有高度流动性的资产。但“证券化计划”的破产，让我们对大范围推行证券化心有余悸，同时为我国没有出现大规模的证券化而感到庆幸。美国证券化繁荣的30年，激励我国去引进并尝试证券化。美国证券化破产导致的金融危机，告诫我们对证券化技术的运用尚需谨慎。经济活动的变化和社会环境的变迁，必然引起制度的反思与回应。在分析专利资产证券化的制度环境之前，必须明确我国对专利资产证券化的价值取向。为了促进专利的流动性，是积极推动专利资产证券化，还是因害怕专利资产证券化失败而退避三舍，这是我们在分析制度环境之前，必须明确的基本问题。

一、金融危机对证券化的影响与回应

证券化技术“把信贷机构、金融机构、保险机构或商业银行所持有的贷款变成可交易的证券”，并且这些证券都有一个漂亮的名称：抵押支持证券（MBS）或资产支持证券（ABS）。证券化具有许多好处：(1)提供了业务和收益多样化的机会；(2）把分期偿还管理和再投资率风险交给了第三方；(3）遵守了银行的清偿比例；(4）创造了一种全新的、可在市场上交易的金融产品。弗里德里克·洛尔顿认为：“证券化使向最有能力提供保险的人转移风险的做法得到普及，从整个意义上讲，这项技术是一场根本性的金融革命。”从20世纪70年代起，美国开始推行所谓的“证券化计划”，极大地繁荣了不动产和金融市场。在实行“证券化计划”时期，美国长期执行的是以低利率和促进资本的流动性为主要标志的经济政策。随着放宽管制政策的执行，美国涌现了一大批靠诈骗和讹诈运作的抵押贷款公司。美联储承认对这些公司缺乏监督更没有管制。为了规避抵押贷款的高风险，小抵押贷款公司必须找到财大气粗的金融机构（至少在表面上），把不良信贷以合同形式卖给它们。大量不能偿还的信贷，

即次贷，渗透到了被放宽了管制的、盈利投资机会匮乏的金融体系中，并且进入各个银行的资产中。终于在2007年8月，美国的高风险抵押贷款引发了金融危机。

在不同学者眼中，金融危机爆发的原因不尽相同。经济学认为社会与自然之力的表现是不断重复的。❶ 在经济学家看来，投机狂潮或经济泡沫是导致经济危机的基本原因。沃尔特·巴杰特描述了经济危机的基本路径：经济活动沉寂、经济状况改进、信心增强、经济繁荣、市场骚动、过度贸易、风云变化、经济增长面临压力、经济停滞，最终再次以经济活动沉寂而告终。对于历史学家来说，每一个事件都是独一无二的。历史学家认为每次金融危机发生的原因各不相同。这次金融危机发展的路径，首先是从抵押贷款危机延伸到金融体系内部的流动性危机，最后扩散至整个金融领域，演变为完全意义上的信贷危机。这一发展路径充分说明：在容许银行或基金的贷款无限转售、尤其是每个参与者都可以在转手过程将大笔利润揽入囊中这种情况下，让人相信仍然会有“更有能力提供风险担保”的贷款人，那绝对是一种幻想。在缺乏任何调节机制的“不透明”体系中，证券化只是使针对不同信贷形式的纯投机战略得以迅速发展。投机对象针对的主要是最脆弱的虚拟资本形式，而证券化进一步化小了虚拟资本的“虚拟性”。

虚拟资本，是指以向国家或企业提供借贷，或者向企业资本融资，或以放贷形成的证券等形式变现出来的资本。马克思称之为生息资本，遵循从货币——货币的发展路径。它以红利和利息的方式分享其他资本带来的利润，是金融公司、保险公司、养老基金和互助基金的杰作。证券——债券、股票和受益权凭证——给了人们参与分享企业利润或通过公债摄取税收得来的公共收入

❶ ［美］查尔斯·P. 金德尔伯格著，朱隽译：《金融危机史（第4版）》，中国金融出版社2007年版，第14页。

的权利。从生产性资本价值和剩余价值运动的角度看，这些证券并不是资产，它们顶多是某笔投资的“凭证”。证券持有者把它视为一种“资本”，期待以红利或利息这种“资本化”的形式，或者通过分享利润，或者通过证券的卖出，达到持续性地获取收益的目的。银行信贷是创造虚拟资本的另一种形式。银行使经济主体掌握的钱远远超出了实际储蓄的数目。对于企业来说，它与资本实现价值的循环过程紧密联系在一起。银行靠收取利息向企业提供货币，这使企业得以等待应交付给它们的支付款——商业票据贴现和其他放贷，也可以在价值和超额价值的投资活动中得到补充金。银行在向个人贷款时，还可以用收取利息的方式创造出超出储蓄和日常收入的虚拟购买力，其作用在于“保持”需求。这样信贷必然引起大量债务，而债务能否偿还则取决于工薪者——债务人是否具有偿还能力。新型信贷是一种远比债券和股票脆弱得多的虚拟资本形式。前者主要取决于发行债券和股票的国家的政治稳定。只要持有者还有办法耐心等待，股票就有可能忍受经济周期变化带来的偶然性和股市下跌。建立在杠杆作用基础上的信贷几乎做不到这一点。美国中央银行由于两个方面的原因，“疏漏”了监管和监督信用创造的工作：一是金融自由化使得银行混业经营，开放了投资基金业务，因而促使银行家本人在部分运作上成为一个纯粹的投机家；二是把所谓的“证券化”看做“无尽无休”地发展虚拟资本——信贷资本的手段。金融自由化鼓励他们频频采用“杠杆效应”，埋下了金融危机的隐患。[1]

由于世界范围长期利率走低，股票市场相对于寻求实现增值的“流动资金”量而言已经变得狭小，因此债券收益率较低。于是，机构投资者便向他们的客户推荐所谓的“二元理财”法：

[1] ［法］弗朗索瓦等著，齐建华译：《突破金融危机》，中央编译出版社2009年版，第10页。

一方面是“消极理财”金，是稳妥但收益低的投资；另一方面是用来获取高收益的“强劲理财”金，交给“对冲基金”，特别是“私募股权基金”❶。对冲基金的运作建立在高杠杆、高风险资产和资金快速运转的基础上。它们管理的资产占世界5%，但在2006年，却占到纽约和伦敦日交易总量的1/3或1/2。一旦信贷资产变成了投机基金，那么这些由投机基金经营运作的资产就会被列入银行资产的所谓“资产负债表外”的账目，就合理地规避了国际清算银行辛勤制定的巴塞尔谨慎措施。不动产泡沫一开始萎缩，次贷非同寻常的风险级别，足以使贷款彻头彻尾的虚拟性质昭然若揭，银行危机开始了。尽管导致这次金融危机的原因是多方面的，但笔者认为，证券化技术的出现、普及以及证券化计划的破产，可能是这次金融危机的导火索。

在这种情况下，我国是否还有必要尝试开展专利资产证券化，构建专利资产证券化的制度环境？每一次危机都孕育着变革的种子。❷笔者认为，积极引导专利资产证券化，将有利于促进专利资产的流动性，提高我国专利的运用能力，但也应较强监管，防止对资产支持证券的过度投资，谨防投机泡沫的出现。具体理由如下：（1）证券化技术本身是中性的。虽然美国金融危机源于对证券化的过度投机，但证券化作为一种技术不会自然而然地引发金融危机。金融危机的最终根源仍是投机过热导致资产泡沫。与以往不同的是，这次金融危机投机的对象是在证券化过程中发行的抵押支持证券和资产支持证券。在过度投机退却和度过金融危机之后，证券化仍将服务于需要进行资产融资的企业，仍具有广阔的适应范围。（2）专利资产证券化，为通过正常融资渠道难以获得资金的企业利用产生现金流的资产进行融资提供

---

❶ 私募股权基金，通常是指专门用高杠杆从事公开出价收购的基金。

❷ ［美］罗伯特·希勒著，何正云译：《终结次贷危机》，中信出版社2008年版，第20页。

了可能。这是证券化区别于传统债权融资与股权融资最明显的特征，也是其魅力所在。（3）专利资产证券化也为投资者提供了一种全新的投资品种和投资对象。实际上，许多拥有闲散资金的投资者，希望能够投资于具有新颖性的专利技术，分享技术创新带来的超额利润。但由于专利资产的不确定性和资产专用性，投资者往往因畏惧专利技术失败遭受损失或难以转让而退避三舍。证券化技术通过精巧的结构设计，将缺乏流动性的专利资产转变为能够自由流通的证券。不仅为企业创造了一种新的融资渠道，也为投资者提供了一个颇具吸引力的投资品种。证券化如同一根导管直接连通了发起人与投资者，为融资与投资搭建了一座宽阔的桥梁。（4）适当监管是可以防止资产泡沫的出现的。这次金融危机一方面是因为市场的过度投机，另一方面却是因为美国政府放宽了市场监管。市场的盲目性与局限性是难以靠市场进行自身修复的。只有政府的适当监管，才能达到避免金融危机的目的。专利资产证券化在世界范围内成功的案例屈指可数，如何有效开展资产证券化仍在不断探索之中。倘若因金融危机的爆发而因噎废食，停止专利资产证券化的探索，那么我国将可能丧失一次快速提高专利运用能力的机会。如果我国既能加强监督有效地预防金融危机的出现，又能充分利用证券化促进资产流动性的功能，那么我国的专利运用能力将得到极大提升。综上所述，证券化如同一把双刃剑，用之得当可以促进专利流通，吸引投资者，提高专利权人运用专利的能力；用之不当，则可能成为过度投机的对象，产生资产泡沫，引发金融危机。只要我国积极引导，构建安全有效的专利资产证券化的制度环境，就能发挥证券化的功能。

二、我国专利资产证券化模式之选择

从理论上讲，专利资产证券化至少包括 4 种类型：专利许可应收款证券化、专利质押贷款证券化、专利投资信托权益证券化

和专利权信托权益证券化。从实践来看，已成功实现证券化的仅有专利许可应收款证券化，而专利权信托权益证券化仍处于探索阶段。如何将具有资产专用性的专利资产转变为具有流动性的证券，是我国急需解决的实际问题。下面结合武汉国际信托公司专利信托案，谈谈我国专利资产证券化可行模式之选择。

（一）首例专利信托案失败的原因分析

武汉国际信托投资公司在推出专利信托业务时，我国不仅没有颁布信托法，而且也缺乏规范资产证券化的相关政策。武汉国际信托投资公司制定的《专利信托业务章程》和《专利信托业务简介》，是事先制订信托合同的重要组成部分，确定各方当事人的权利和义务。这种约定属于一般意义上的合同。但信托合同不同于民法中的债权合同，涉及受益人的权利保护。因此信托法设有诸多受托人必尽的强制性义务或法定义务，规定了受益人的受益权保护，并且当事人必须遵守，不需探究当事人的真实意思表示。以信托法的规定来衡量武汉国际信托投资公司的专利信托模式，将有利于推动我国专利信托和专利资产证券化的发展。笔者认为，武汉国际信托公司在设计专利信托或专利资产证券化模式时，存在诸多缺陷或不足。

1. 选择的信托财产或基础资产不适当

虽然该案不属于严格意义上的专利信托和专利资产证券化，但具有了初步的雏形。从专利信托的角度来看，受托人选择了专利权本身作为信托财产。从专利资产证券化的角度来看，受托人以专利权本身作为基础资产作为资产发行受益权证。专利权由于具有资产专有性，所以将专利权作为信托财产非常难以管理，将专利权作为基础资产因缺乏稳定的可期待的现金流而难以实现证券化。

信托是由信托财产的移转或其他处分，以及信托财产的管理所结合而成的。受托人利用其信息、资源、资金和经验等多方面优势，来管理委托人的信托财产，实现“受人之托，代人理财”

的目的。信托法意义上的“管理”，是指对信托财产进行保存、改良、利用和处分的行为。根据意思自治原则，信托当事人在不违反法律强制性规定的条件下，自由约定管理处分权的内容。如果没有约定或约定不详，管理处分权应包括所有法律行为或事实行为。与受托人的管理处分权密切联系的，是信托财产的管理方法。如果管理方法明确，则不仅可防止受托人滥用其管理处分权，也可使受托人有所遵循，免于与受益人发生争议。相反，管理方法不当，则会对信托目的的达成产生不利影响。

武汉国际信托投资公司的专利信托模式，对信托专利的管理方法主要是专利转让。这是当前实现专利商品化的主要途径之一。专利转让，是专利所有权的移转，属于法律上的处分行为。专利受让人根据自身的需要，购买或获得许可某项专利。最终将专利产业化的仍是专利受让人。在专利转让管理过程中，会产生一系列费用，诸如宣传推介费、专利年费、受托人的佣金以及法律维权等。为了解决信托公司资金的短缺，该模式还引入风险投资者。风险投资者分为两类：（1）通过认购专利投资收益权证的形式支付专利转化过程中的各种费用并享有专利转化收益的专利认养人；这种“专利投资受益权证”，是武汉国际信托投资公司发行的、投资者可以在信托期限内以一定的价格购买，并取得特定专利在该期限内运作所产生的风险投资收益的一种凭证。权证购买者即为以专利为投资对象的资金信托委托人和受益人。这样就在专利信托与资金信托之间构筑了一条桥梁，互为补充，共享收益。（2）出资对受托专利进行产业化的投资者。由此可见，武汉国际信托投资公司在管理信托专利的过程中，始终只是起着“牵针引线”或“牵线搭桥”的作用。受托人只是进行法律上的处分行为，从不为事实上的处分行为，将专利商品化的责任转移给了专利受让人。从这个角度来看，该模式的信托管理过于简单，发行受益权证缺乏必要的基础资产支持。

2. 没有办理专利信托登记手续，无法实现信托财产的独立，或组成独立的资产池

我国《信托法》第10条第1款要求“设立信托，对于信托财产，有关法律、行政法规规定应当办理登记手续的，应当依法办理信托登记”；第2款规定“未依照前款规定办理信托登记的，应当补办登记手续；不补办的，该信托不产生效力”。我国《专利法》第10条第3款规定：“转让专利申请权或者专利权的，当事人应当订立书面合同，并向国务院专利行政部门登记，由国务院专利行政部门予以公告。”这说明任何以专利权作为信托财产设立的信托，必须在国务院专利行政部门办理专利信托登记，否则该专利信托合同不发生法律效力。从信托的角度来看，没有办理专利信托登记，信托财产就没有独立于委托人，第三人也就无法知悉该专利已经设立信托，受托人也就无法取信第三人进行法律和事实上的处分。倘若受托人违法处分专利权，那么因没有办理专利信托登记，受益人的受益权也就无法得到保护，受益人也不能行使撤销权。因此，武汉国际信托投资公司的第二个重大失误，在于没有办理专利权信托登记手续。从信托的角度来看，没有办理专利信托登记，就意味着信托财产没有取得独立于委托人和受托人的法律地位，专利信托没有生效。从证券化的角度来看，没有办理专利信托登记，也就没有形成支持受益权证发行的资产池。

3. 信托期限太短

信托的主要目的就是将信托财产移转给受托人，并由受托人进行管理，受益人享受由此获得的收益。虽然信托合同遵循意思自治，信托法也没有强制性地规定信托期限，但在信托目的实现之前信托不会终止。武汉国际信托投资公司在《专利信托业务章程》中，规定专利信托的期限一律为2年。专利权人进行信托的目的，无外乎是为了保全专利的价值，并谋求相当的增值。这种不管信托目的是否能够实现，2年届满就终止信托合同的做法，不太合理。

4. 专利信托或专利资产证券化的功能发生错位

现代信托的最基本的功能是兼具保全功能和增值功能。所谓专利信托保全功能，就是防止专利价值的丧失或减少。专利在授权之后，在有效期内每年必须支付一定的年费。这是专利价值存续的基础。在专利有效期内，还可能面临各种诉讼或无效宣告申请。这些都可能导致专利价值的丧失或减少。专利信托的首要职责，就是确保专利的有效和保护。第二个功能就是通过受托人的管理行为，获取收益。专利权人将专利投资于信托公司，而信托公司则本着善良管理人的注意义务，以实现专利价值的增值。由于投资本身具有高度的风险，一旦信托公司管理不善，委托人即可能颗粒无收。第三个功能是价值倍增器，它是实现利润最大化的炼金术。证券化将专利的价值发挥到极致，把专利在未来一定时期可能产生的全部价值提起支取，具有超强的融资功能。在这三种功能中，保全功能是基础，增值功能是目的，融资功能是跨越。

武汉国际信托投资公司的专利信托模式，是将受托人定位在：为技术提供者、需求者和投资者构建一个平台，以专利转让的方式达到实现专利价值的目的。在没有办理专利信托登记的情况下，委托人将专利权在信托期间的处分权委托给受托人，受托人按照信托协议进行专利权转让或许可。这种运作模式，看起来仅仅定位为“搭建了一个有形的市场”，既不能实现保值功能，也缺乏实现增值功能的必要保障，更无法实现融资功能。从武汉国际信托投资公司的整个运作模式来看，在设计时对专利信托的定位比较模糊，功能发生错位。受托人希望借助一个孤立的专利信托，既能通过专利转让或许可实现专利增值，又可借助发行受益权证来实现专利融资。这种设计的错位，减损了专利信托的功能，最终导致专利资产证券化的失败。

那么，我国是否应该开展专利信托业务或尝试专利资产证券

化？应当选择什么样的运行模式？如何完善我国专利信托或专利资产证券化？尝试专利信托和专利资产证券化的必要性自不待言，关键是选择什么样的运行模式。武汉国际信托投资公司的尝试，虽具有专利信托和专利资产证券化的一些外观，但不属于严格意义上专利信托和专利资产证券化。欲选择适合我国国情的运行模式，需首先考察可供选择的专利信托或专利资产证券化的类型。

（二）专利信托类型之选择

专利信托的种类是依据信托财产的不同进行的分类。从专利信托的角度，哪些财产适合作为信托财产？究竟是专利权本身，还是专利衍生的债权，抑或专利衍生的股权？

第一种专利信托，是以专利权为信托财产设立信托。专利信托在我国既是以无形财产权为对象的新型信托类型，也是为了解决“专利转化难”进行的有益探索。专利权价值实现的最终目的是实现专利一体化，即将专利权的价值凝结在特定产品或服务中。许多专利权利人正是因为无法通过自己的努力来实现专利商品化，即缺乏实现专利一体化所需的必要资源，为了使专利的价值得以实现才选择了专利信托。权利人毕竟只懂得技术，而缺乏专利转化所必需的互补性专利、制造能力或营销渠道。所以权利人作为委托人，希望将管理专利的负担转移给理财专家，在卸去使专利保值负担的同时获得信托受益权。以专利权为信托财产的专利信托，理应成为一项长期的管理工作，尽可能地将专利的价值最大化。受托人应尽可能多地运用多种财产管理方法，来实现委托人的信托目的。管理专利的方式除了专利转让或许可外，还可以通过专利出资的方式将专利产业化和商品化。根据将专利产业化和商品化的主体不同，专利出资又可以分为两种模式：一种是受托人在取得专利管理权和处分权的同时，利用其资金和管理优势，自己或寻求合作伙伴直接将专利产业化。此时，受托人既是专利出资者，又是资金提供者，还负责企业的经营管理活动。

这种模式中，受托人集技术、资金和管理于一身，自己实现专利一体化。另一种模式是引入风险投资，受托人仅仅作为技术的提供者，而风险投资家则承担提供互补性资产的重任。风险投资，又称为创业投资，是指向主要属于科技型高成长性创业企业进行股权投资，或为其提供管理和咨询服务，以期在被投资企业发展成熟后，通过股权转让获取收益的投资行为。风险投资法律关系中，涉及三个重要主体：原始风险投资者、风险投资机构和被投资企业。连接这三个主体的纽带，是三个行为：投资者组成风险投资机构、风险投资机构向创新企业进行股权投资、风险投资机构退出被投资企业。风险投资只有连续完成这三个行为，实现了完整的循环的闭合回路，才能有效运行。即沿着“原始投资者——风险投资机构——被投资（创业）企业——风险投资机构——原始投资者”的路径进行循环。如果将风险投资引入专利信托，则既能减轻受托人的负担，又能加速专利转化的速度。受托人以专利出资，成立创业企业。受托人在设立信托时，对专利的价值、所需的互补性资产、潜在的市场和产业化的可能性进行严格审查。只有可能顺利实现一体化的专利、基本上具备产业化和商品化可能性的专利，受托人才会接受其作为信托财产。受托人利用其自身的宣传、经验和影响，吸引风险投资机构。在这种情况下，受托人成立的创业企业就成为被风险投资机构投资的企业。按照风险投资的规则，风险投资家通过运作来实现专利的商品化。这种模式是先将专利出资成立创业企业，然后受托人引入风险投资机构投资对创业企业进行投资和管理，由此产生的收益由受托人作为股东来领取，最后受托人再按照信托协议分配给受益人。以专利权作为信托财产设立专利信托，对受托人而言非常困难。受托人不仅需要具有或能够获取实现专利一体化所需的互补性资产，而且需要经历非常长的时间。在实践中，受托人要么不具有互补性资产，或者缺乏获取互补性资产的能力，要么不愿意承担过多的风险和过长的周期。因此，成功的纯粹的专利信托

案例非常罕见。

第二种专利信托，是以专利权衍生的各种权利作为信托财产设立信托。专利权衍牛的权利可以是货币、债权、股权甚至受益权。将专利权直接转让，专利权就演化为货币所有权；将专利权进行许可，专利权就变成债权；利用专利权出资成立公司，专利权就衍生为股权；以专利权作为信托财产设立信托，专利权就转化为受益权。货币、债权、股权和受益权作为适格的信托财产，自不待言。权利人因专利转让获得了货币资金，已经实现了专利权的全部价值，已无设立信托之必要，除非具有将货币设立信托的新目的。在专利衍生的受益权之上再次设立信托，显得过于复杂，在我国现阶段不太现实。故以专利权衍生的债权和股权设立信托，更为适当。专利衍生权利信托，应当包括专利衍生债权信托和专利衍生股权信托。

综上所述，专利信托包括专利权信托、专利衍生债权信托和专利衍生股权信托。在专利权信托中，受托人管理专利的方式可以是专利转让或许可，也可以将专利出资成立企业，还可以引入风险投资。武汉国际信托投资公司作为受托人，在既缺乏实现专利一体化所必需的互补性资产又不具备获得互补性资产能力的情况下，选择了以专利权作为信托财产的信托模式。这种选择无疑是错误的。因为受托人超越了其自身管理能力，从事其无法胜任的信托管理。这种高风险、高度不确定性和高投入的管理活动，应当由承担积极管理的公司来完成，而不应当由承担消极管理的信托受托人完成。笔者认为我国现阶段开展专利衍生债权信托和专利衍生股权信托，更具可行性和现实性。

（三）专利资产证券化类型之选择

如前所述，专利资产证券化包括专利许可应收款证券化、专利质押贷款证券化和专利投资权益证券化。资产融资作为一种信用活动，其偿付的基础来源于两个方面：资产直接可用性导致的交换价值和资产运用能够获得的未来收益。资产融资最初的运用，主要依赖于资产本身的交换价值进行质押或抵押贷款。随着金融市场和技术的发展，资产融资的价值来源逐步由资产的交换价值向无形的预期收益拓展。笔者预测：专利资产证券化也将经历从专利质押贷款到专利许可应收账款，再到可以产生稳定现金流的专利本身。基于这种认识，笔者认为我国目前可选择的类型是专利许可应收款证券化和专利质押贷款证券化。通过一定的法律手段将专用性资产——专利转化为具有适当流动性的信贷资产或企业资产，然后利用证券化技术再转换为具有高度流动性的证券，从而完成专利资产证券化。以专利权衍生出来的各种债权为基础发行证券，是现实可行的选择。

1. 积极开展专利质押贷款业务的金融机构，可尝试专利质押贷款证券化

2005 年初，国务院同意在我国银行业开展信贷资产证券化试点，银行业金融机构可以作为发起机构，以信贷资产为支撑向投资机构发行证券。专利质押贷款作为信贷资产，在我国已经具备实施证券化的政策环境。问题是缺乏标准化、高质量和大规模的专利质押贷款。因此，专利质押贷款证券化的主要障碍不是政策原因，而是实践规模太小，无法组建支撑证券发行的基础资产。我国商业银行对专利质押贷款的审慎态度与中小企业对专利质押贷款的强烈需求，一直存在巨大反差。需要专利质押贷款的中小企业，通常没有满足抵押所需的有形财产——如土地、建筑物机器或设备，却拥有很多专利资产，只能在无法办理一般抵押贷款的情况下，寻求专利质押贷款。由于专利资产的流动性极差，所以许多商业银行不愿意接受专利作为质押物。借助资产证券化工具，银行可以将几乎不具有流动性的专利质押贷款转移给特殊目的机构，既能化解专利质押贷款的风险，也可获得其商业利润。所以，专利质押贷款证券化既有利于拥有专利资产的中小企业获得融资，又可以促进银行积极开展专利质押贷款业务。

2. 具有专利许可未来收益的企业，可尝试专利许可应收款证券化

我国资产证券化试点操作的另一种模式是企业资产证券化。我国已成功地实施了珠海市公路交通收费、恒源电厂电费收入和中集集团贸易应收款等一系列企业资产证券化。2003 年 12 月，我国证监会发布了《证券公司客户资产管理业务试行办法》，允许证券公司以企业收费资产，采用专项资产管理计划结构，在交易所市场大宗交易系统非公开发行有价证券。专利许可应收款本质上属于企业资产。处于技术创新第Ⅲ阶段的企业，只要其享有的专利许可应收款达到稳定、持续和充足的程度，同样可以进行证券化。发起人既可以是专利许可人，也可以是专门从事资产证券化的公司。相对于专利抵押贷款证券化，专利许可应收账款证券化更具发展优势：一方面，发达国家的成功案例大多数是将专利许可应收账款予以证券化；另一方面，专利许可在我国已经具有一定规模，只要选择和处理得当，是可以形成一定规模的资产组合的。

3. 对于开展专利投资权益证券化，必须慎重

专利投资权益证券化包括专利投资信托受益权证券化和专利权信托受益权证券化。与金融资产证券化不同的是，专利投资信托受益权证券化需先发行有价证券组成基金，然后由基金进行资本投资。基于不同的目的，投资信托可以分为产业投资信托、风险投资信托和证券投资信托。专利投资信托，属于风险投资信托。目前，我国既没有风险投资基金，更没有开展专利投资信托。专利权信托受益权证券化则与金融资产证券化比较相似，先进行基础资产的转移，然后以基础资产为支撑发行有价证券。但与专利质押贷款和专利许可应收款证券化相比，专利权信托受益权证券化显得更加复杂和困难。

武汉国际信托投资公司在发行受益权证时，直接选择了专利投资信托受益权证券化。在类型上，它属于专利投资信托。在功

能上，类似于美国的技术单位投资信托。对于处于技术创新第Ⅰ阶段且缺乏利用能力的专利权人，将专利委托给受托人进行管理和利用。受托人以受托专利权为基础，向社会公众发行以利用受托专利权为目的受益权证，募集资金。兼具融资与投资功能的这种专利投资信托受益权证券化，是风险投资与投资信托的结合，有利于处于第Ⅰ阶段专利的开发与利用。但我国目前并不具有专利投资信托的基本环境。在法律制度方面，无论是风险投资制度还是投资信托基金制度，均比较欠缺。在证券化意识方面，没有足够的投资者愿意购买专利信托受益权证。在管理设计上，受托人缺乏独立开发和利用专利的能力。在我国尚不具备专利投资权益证券化环境的情况下，也许该案失败是必然的。理论和实践证明，在我国直接开展专利投资权益证券化的条件尚未成熟。

三、专利债权化制度

传统证券化需要经历 2 个阶段，具备 4 项主要制度。而专利衍生债权证券化需要增加一个阶段——将专利权转换为债权，同时还需要具备一个制度——专利债权化制度。我国欲实现专利许可应收款证券化和专利质押贷款证券化，必须首先促进专利债权化。

那么，什么是“债权化”？提及“债权化”，就不能不说到日本著名民法学者我妻荣。1927 年，我妻荣在《债权在近代法中的优越地位》一文中，考察了不动产、生产设备、商品和货币这 4 种主要的所有权与债权的结合，分析了所有权色彩的递减和债权色彩的递增，财产逐渐债权化，并提出“财产债权化”使债权具有优势地位。财产债权化的典型标志是不动产的债权化。不动产债权化，经历了 4 个阶段或步骤。第一步是利用不动产的交换价值，产生不动产抵押权。所有权的固有功能首先表现为对“物”的支配和利用。为生产而购买或获得“物”，是看重了“物”使用价值，发挥其使用价值的功能。对“物”的利用或出

售“物”获得价金，被日本学者我妻荣称为“物”的第一次作用。若土地或房屋不是为了所有权人自己使用，而是单纯地为收取地价或房租而出租，此时看重的是土地或房屋的交换价值。对所有权人来说，只有单纯种类与数量的抽象存在意义，所有权对“物”的支配和利用色彩就极度淡薄了。此时，所有权人是为卖而买不动产。为了充分利用不动产的交换价值，所有权人有时为了获得融资，向债权人抵押能够出售并获得价款的不动产，由此产生以不动产货币价值为标的的抵押权。不动产所有权对于其所有者来说，已不具备确保利用该不动产物质的作用，其作用已演变成悉将不动产借贷给他人及取得对价的作用。所有权取得作为资本存在地位的同时，由对物支配移至对人支配。[1] 作为担保价值而存在，被称为“物”的第二次作用。财产权的价值体系从以使用价值为中心转移到以交换价值为中心，由强调财产的所有和利用转向重视财产的抵押权。第二步是抵押权获得独立性。从设立目的来看，抵押权是为了担保债权得以实现，因此抵押权应具有从属于债权的性质，即抵押权的成立、存续、消灭均依附于债权。这种处于从属地位的抵押权，不利于抵押关系之外的第三人。债权成立时存在的瑕疵，债权成立之后抗辩权的产生或消灭，第三人一般无从知晓。为了解决这个问题，德国民法认可了两种特殊的抵押制度：流通抵押和土地负担。流通抵押是指把登记的公信力作为抵押权的基础而及于登记的债权及附着于其上的抗辩权。如果在登记簿上登记了产生抵押权的债权存在，那么对于善意的第三人即可确保该债权的存在。土地负担是全然不以债权存在为前提的担保权，也称为“无债务的抵押权”。抵押权与其担保的债权逐渐独立，舍弃对债权的从属地位，而显示出抵押权的抽象性。第三步是加强对抵押权受让人的保护。当抵押权独

---

[1] ［日］我妻荣著，王书江译：《债权在近代法中的优越地位》，中国大百科全书出版社1999年版，第51页。

立于债权而具有抽象性时，抵押权便可以进行转让而获得流通性。为了使不动产的交换价值具有流通性，抵押权必须满足三个条件：首先，确保抵押权与存在不确定性的债权相隔离；其次，必须确保独立的抵押权可以转让，具有一定的流通性；最后，抵押权受让人受法律保护，取得安全的法律地位。第四步是将抵押权与流通证券相结合，使其具有流动性。德国的流通抵押，因抵押证券与转让合同的公证证书相结合，得以自登记簿脱离而连续流转，可以说是抵押权已在某种程度上证券化。德国民法规定，不动产的金钱价值，不仅可以脱离债权而独立存在，而且得以证券化而流通。完成了上述4个步骤或阶段，即构成日本民法学者我妻荣所说的“债权化”。实际上，这种财产债权化亦有不同的称谓。从资本获得或投入角度来考察，又可称之为财产的资本化。从与证券结合的角度分析，可称之为财产的证券化。从证券作为灵活的交易客体角度思考，又被称为财产的商品化。日本学者我妻荣着眼于这种动化的、证券化的本体是什么这一问题，将具有独立性和流动性的抵押权与证券相结合这一现象称为“债权化”。梳理我妻荣的财产债权化理论之后，可以得到一条清晰的财产债权化的权利转换路径，如图4－10所示。

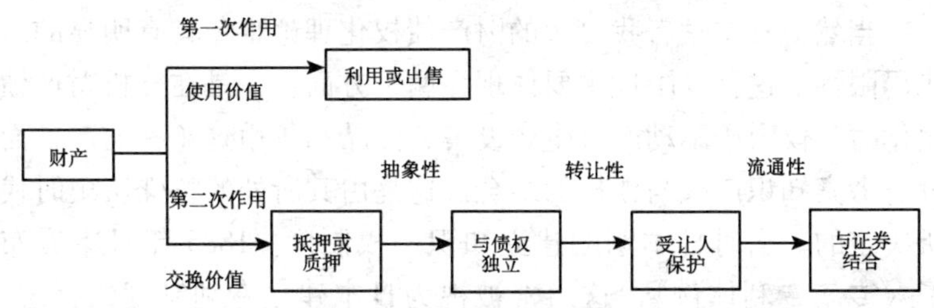

图4－10　财产债权化的权利转换路径

将1927年日本民法学者我妻荣提出的财产债权化理论与始于20世纪70年代的证券化实践对比，就会发现两者具有惊人的相似。笔者不得不佩服我妻荣敏锐的洞察力、高度的概括力和精

准的预测力。我妻荣将近代社会债权分为两个种类：一是作为所有权的从属并以实现所有权作用为任务的债权。以收取使用费为目的并依附于财产的债权，以实现财产所有权的经济目的为目的的债权，都是从属于财产所有权而实现其作用。从法律的角度来看，这种债权的设立、变更、转让和消灭均与所有权相结合，借助物权和债权形成某种法律关系。二是取得独立地位的、对所有权起一直作用的债权。这种债权为确保其清偿力而从总财产中抽象出其担保价值。不动产、动产、流通中的商品以及企业本身担保制度显著发展，担保价值抽出的现象越来越普遍。抽象出的担保价值具有独立性，当与证券相结合，便成为安全且快捷的交易客体。证券化技术最初就是为了促进房地产抵押贷款的流动，产生了抵押支持证券（MBS）。从权利转换的路径来看，沿着不动产发挥第二次作用抽象出抵押担保价值，然后转让给证券化发起人，接着通过信用增强加强对投资者进行保护，最后设计并发行证券。因此，财产债权化和证券化在本质上是一致的，财产债权化强调从“物权”到“债权”再到“证券”的权利转换过程，而证券化更加强调结果，突出设计并发行证券的过程。证券化技术的普及和推广，使得债权在现代社会的优越地位越来越凸显。

当然，日本学者我妻荣的财产债权化理论难免具有明显的时代局限性。这种局限性主要体现在两个方面：一是在分析财产债权化时，仅限于不动产、生产设备、商品和货币这 4 种财产，而没有考察知识产权与债权的结合。这是由其所处的特殊历史时代所决定的。当时日本刚刚建立知识产权制度。1885 年日本颁布了《专卖专利体例》，这通常被视为日本建立专利制度的标志。1888 年日本颁布了《专利条例》取代了原有的《专卖专利体例》。1905 年才开始实施对“小发明”（Trivial Inventions）以实用新型的专利保护。由于日本专利制度是在国内法的基础上建立的，与日趋国际化的专利制度不相适应，于是 1959 年日本全面修改了专利法，奠定了日本现代专利制度的基础。所以，有人认为日本现代意义的专利制度始于1959年。1899年才颁布的《日本著作权法》，1970年进行了全面修改。我妻荣在撰写论文时，日本仍处于专利制度实施初期，日本企业运用知识产权的能力较差，知识产权尚未成为企业非常重要的一种资产。知识产权尚未出现与债权相结合的趋势。第二个局限性体现为忽视了财产使用价值也可以获得独立性，并与证券相结合，实现财产使用价值证券化。日本学者我妻荣的财产债权化理论，在美国房地产证券化初期得到了淋漓尽致的完美体现。随着证券化技术日益成熟，证券化范围超越了财产交换价值的证券化（MBS），延伸到财产使用价值的证券化，即出现了应收账款证券化（ABS）。应收账款证券化主要是建立在对财产使用价值充分利用的基础之上的。不动产长期租赁产生的租金、长期供货产生的稳定的应收货款、专利许可产生的专利许可应收款等基础资产，不仅体现为对财产使用价值的利用，而且表现为未来价值的提前支取。现代意义的证券化，不仅体现为交换价值的债权化，而且体现在使用价值的债权化。日本学者我妻荣所说的财产第一次作用和第二次作用，均能实现债权化或证券化。财产证券化的权利转换路径，如图4－11所示。

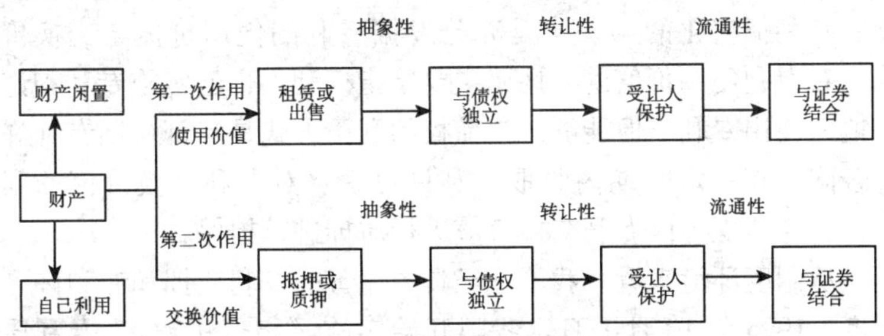

图4－11 财产证券化的权利转换路径

笔者拟对日本学者我妻荣的财产债权化理论予以适当补充或修正。以财产交换价值为标的的抵押权或质押权、以财产使用价

值为标的的应收账款，先是舍弃了对债权的从属地位而独立，继而在其自身的流通中加强了对权利受让人的保护，最后与证券相结合具有非常强的流通性。这种现象可以称为“财产债权化”或“证券化”。当抵押权或质押权、应收账款与流通证券相结合，债权成为有价证券而连续流转。在市场经济中，一方面许多企业需要大量货币资本，另一方面社会上的闲散资金所有人有着向企业投资的渴望。抵押权或质押权、应收账款就成为这种大量投资的中介。制度的目的也由保障信用取得逐渐向资本投资转移。日本学者我妻荣所说“财产债权化”的本质，是将蕴含于财产中的使用价值和交换价值予以独立并加以流通。

当然，严格而言，财产债权化与证券化还是略有区别。财产证券化是完全完成了上述 4 个阶段或步骤，以最终实现财产与证券相结合为标志。而财产债权化可以仅仅完成其中某些阶段或步骤，并不要求实现财产与证券的最终结合。例如，德国民法上的流通抵押和土地负担，虽未完成最终的证券化，但抵押权可以自由转让，抵押权由此与产生抵押权的债权独立而具有抵押权的抽象性。流通抵押和土地负担可视为财产债权化，但不能说完成了财产证券化。因此，欲实现财产证券化，必须首先实现财产债权化。专利债权化的第一步是充分发掘专利的使用价值与交换价值。对专利使用价值的利用，主要是指权利人自己实施专利和许可他人使用专利；但能够产生债权的利用方式是签订长期专利许可合同，在一定时期内收取专利许可费。对专利交换价值的利用，主要体现为以专利交换价值进行质押进行担保。

从制度环境来看，我国已经具备完善的专利质押和专利许可制度。1995 年 10 月 1 日，我国开始实施《担保法》，为专利质押提供了法律保障。该法第 75 条明确规定，依法可以转让的专利权可以质押。第 79 条规定了专利质押的程序和效力：以依法可以转让的专利权出质的，出质人与质权人应当订立书面合同，并向其管理部门办理出质登记。质押合同自登记之日起生效。为了规范专利质押登记，国务院专利行政部门于1996年的9月19日颁布了《专利权质押合同登记管理暂行办法》，详细规定了专利质押合同的主要内容和质押登记程序。据统计，截止到2006年9月，在国家知识产权局进行过专利权质押登记的合同有295个，涉及专利技术的仅有682项。专利许可是权利人非常重要的一项权利。我国1984年3月12日颁布的《专利法》规定："任何单位或者个人实施他人专利的，应当与专利权人订立实施许可合同，向专利权人支付专利使用费。"为保护专利权、规范交易行为、促进专利实施，2001年12月17日，国家知识产权局发布《专利实施许可合同备案管理办法》，规定了专利许可合同备案的程序及其效力。根据国家知识产权网站上公布的专利许可合同备案统计信息，1998～2008年10年间，在国家知识产权局备案专利实施许可合同共有2 703个。由于专利许可合同备案并不是专利许可的生效要件，所以备案的专利许可合同并不能代表全部专利许可数量。但从备案统计数据来看，我国专利许可行为并不活跃。专利许可和专利质押是实现专利债权化的第一步，也是我国最困难的一步。

四、特殊目的机构制度

在资产证券化运行框架中，选择合适的特殊目的机构尤为重要。特殊目的机构是接受基础资产并以该资产为支撑发行证券的特定机构。其设立目的在于将基础资产最终转变为有价证券，并将基础资产产生的现金流不断地移交给投资者。由于证券化涉及众多投资者的利益，所以必须保证发行证券的基础资产远离原债权人，以避免原债权人遇到麻烦或破产带来的不利影响。这就需要一种机制将基础资产与原债权人隔离开来，即实现破产隔离。通过设立特殊目的机构来实现破产隔离功能，不仅使投资者获得较多保障，而且可使基础资产获得较高评级。此外，各种类型的特殊目的机构对证券化交易税收和发行证券的种类均有相当大的

影响。从比较法的角度来看，美国、日本等国广泛运用的组织形式是特殊目的公司和特殊目的信托。

（一）特殊目的公司

特殊目的公司，是指以经营证券化业务为目的而特别设立的公司。由于人们对公司比较熟悉，故以公司形态设立特殊目的机构，比较容易让投资者接受。但特殊目的公司与一般意义上的公司存在明显区别，主要表现在以下几个方面：（1）特殊目的公司以经营证券化为目的，实质上只是一种载体，一种形式上的公司，被称为“空壳公司”。它对外不单独进行生产经营活动，也不以追求利益最大化为存在目的。它的设立目的，是将拟证券化的基础资产与发起人进行破产隔离。它的经营范围和具体业务，是进行基础资产的购入并为筹措资金而发行有价证券。因此，它仅负有消极意义上的接收基础资产、保持基础资产的独立性和发行证券的义务，不从事积极的生产经营，甚至其基础资产的持有、公司管理等事务都可以委托他人来完成。（2）发行证券的信用基础，是基础资产而非特殊目的公司。由于特殊目的公司只是一种空壳公司，所以其设立所需要的注册资本并不很高。它之所以可以发行证券，是因为基础资产能够产生稳定的现金流，并通过信用增级等手段保障权利实现。因此，在证券化过程中信息披露的重点，是基础资产基本信息披露，简化了特殊目的公司自身的信息披露负担。（3）在税收方面享有许多豁免或优惠。税收作为一项巨额的成本支出，直接影响着证券化的可行性与效益性。特殊目的公司作为一种载体，其资产转移、证券发行和利益支付往往可以获得一定程度的豁免或优惠。这些特征决定了特殊目的公司在公司设立条件、程序、组织机构及其证券发行种类等方面，难以适用传统的公司法，需要一些特殊规则。在已经实行证券化的大陆法系国家或地区，日本和我国台湾地区关于特殊目的公司的立法体例最具代表性。

日本是在其公司法之外，单独制定并实施调整适于证券化的特殊目的公司。1998 年 9 月 1 日，日本实施了《日本特殊目的公司法》，希望通过设立特殊目的公司的方法，来促进以不动产为主的特定资产的证券化。但是该法严格限定了特殊目的公司可接受资产的范围，仅限于可获得的金钱、房地产和这些资产的收益。知识产权及其衍生的权利，不能作为证券化的基础资产。2000 年 5 月 31 日，修改后的《日本特殊目的公司法》更名为《日本资产证券化法》。其显著变化是扩大了特殊目的公司可证券化资产的范围，简化了特殊目的公司设立手续，将可证券化的资产从不动产、指定金钱债权扩大到一般的财产权，并允许知识产权作为基础资产进行证券化。

我国台湾地区是在遵循“公司法”一般规则的前提下，制定了一些特别规定。2002 年 7 月 24 日，我国台湾实行了“金融资产证券化条例”，将特殊目的公司的组织形式限定为股份有限责任公司。但与一般意义上的股份有限责任公司相比，特殊目的公司具有以下特点：（1）发起人仅限为金融机构；（2）股东人数以一人为限，即属于一人股份有限责任公司；（3）公司名称中必须标注“特殊目的公司”字样；（4）不要求设立董事会，但至少设置 1 名董事，最多设置董事 3 人；（5）特殊目的公司发行的证券不是股票，而是资产基础证券。所谓资产基础证券，是指特殊目的公司依资产证券化计划所发行，以表彰持有人对该受让资产所享权利之权利凭证或证书。它与股票最大的区别是权利基础的差异。股票是公司资本的基本构成单位，以公司资本作为权利基础。而资产基础证券是基础资产的基本构成单位，以基础资产作为权利基础。

到目前为止，我国尚未制定专门调整特殊目的公司的法律或政策。那么，我国公司法是否允许采用实行证券化的发行人将公司作为发行证券的特殊目的机构呢？我国公司法规定的公司是以营利为目的的商事主体，难以成为以发行资产基础证券为特殊目的的公司。这是基于以下三点原因：第一，我国公司法和证券法

严格的证券发行条件，限制了特殊目的的公司的成立。我国允许发行股票的公司仅限于股份有限责任公司，允许发行公司债券的股份有限公司的净资产不低于人民币 3 000万元，发行公司债券的有限责任公司的净资产不低于人民币 6 000万元。不仅如此，对于新股和公司债权发行，公司必须连续盈利 3 年以上。这意味着只有存续期间达 3 年以上，并具有相当资产规模的公司才能发行证券。而特殊目的公司设立的目的之一是发行有价证券，需要一经成立就可以发行证券，不可能等待 3 年后再发行证券。第二，股东出资的强制性规定，也制约了特殊目的公司的成立。目前，我国正在开展的信贷资产和企业资产证券化的基础资产，在权利性质上属于债权而且往往表现为未来的债权。那么，这种债权是否可以作为适格的出资财产，是否允许作为股东出资，尚有疑问。我国《公司法》第 27 条第 1 款规定：“股东可以用货币出资，也可以用实物、知识产权、土地使用权等可以用货币估价并可以依法转让的非货币财产作价出资；但是，法律、行政法规规定不得作为出资的财产除外。”与修改之前的《公司法》第 24 条相比，显然放宽了股东出资的条件。在理论上，债权作为一种财产，具有价值可评估性、可独立转让性和合法性，当然可以满足出资条件。但《公司法》第 27 条第 3 款要求，“全体股东的货币出资金额不得低于有限责任公司注册资本的百分之三十”，即非货币化财产处置不得高于有限责任公司注册资本的 70% 。在这种情况下，完全以债权出资设立特殊目的的公司，显然无法满足比例不超过 70% 的限制。第三，缺乏对特殊目的的公司税收优惠的制度。由于公司法调整的公司开展经营活动并以营利为目的，所以必须缴纳企业所得税。而特殊目的的公司属于消极意义上的空壳公司，只能进行证券化。双重征税的结果，是发起人在证券化设计时不得不放弃以公司形式设立特殊目的机构。一言以蔽之，特殊目的公司显然被排除在我国公司法的调整范围之外，特殊目的公司在我国处于法无明文的尴尬境地。

（二）特殊目的信托

特殊目的信托，是指以实现证券化为目的而成立的信托关系或信托组织。信托被认为是最具稳定性的特殊目的机构，有利于保护投资者利益。2001 年 10 月 1 日，我国开始实施《信托法》，为特殊目的信托的设立提供了法律依据。信托财产具有独立性。信托一经有效设立，信托财产即从委托人、受托人和受益人的自身财产中分离出来而成为一项独立的财产。证券化正是利用信托财产独立性的特征来组建特殊目的信托。

在证券化中首先面临一个问题：是否允许设立消极信托。依据受托人是否积极管理处分信托财产，信托被区分为积极信托和消极信托。传统信托法要求受托人承担注意义务、忠实义务、分别管理义务、直接管理义务和书类备置义务，[1] 必须对信托财产进行积极的管理或处分。消极信托是指受托人只是名义上的权利人，并不实际负责信托财产的管理和处分。消极信托又可以分为两种情况：一种情况是受益人负责管理信托财产，另一种情况是委托人负责管理。许多国家或地区，在法律上并不承认受益人既得管理又可收益的消极信托。[2] 当委托人与受益人不一致时，委托人保留管理处分权仍属有效。由于特殊目的信托只是证券化的一个空壳载体，仅仅是名义上取得基础财产的权利人，所以特殊目的信托，不需要也不可能承担积极管理信托财产的义务。在理论上，特殊目的信托应当属于消极信托（Passive Trust）或者说名义信托（Nominal Trust）。那么，特殊目的信托是否可以适用我国信托法？我国《信托法》第 2 条对信托的界定，更趋于将信托理解为合同。委托人甚至不用转移信托财产，就可以保留对信托财产的管理和处分权。受托人只是基于委托取得信托财产名义

---

[1] 王文宇、黄金泽：《金融资产证券化理论与实务》，中国人民大学出版社 2006 年版，第 97 页。

[2] 方嘉麟：《信托法之理论与实务》，元照出版公司 2003 年版，第 241 页。

上的财产权。至于受托人是否必须积极管理信托财产，信托法并未作为强制性的要求。所以，我国信托法允许消极信托的存在，即可以设立特殊目的信托。

另一个令人困惑的问题是，特殊目的信托究竟是一种信托合同关系，还是一种独立的组织形态。在继受信托法的大陆法系国家或地区，通常将信托理解为一种法律关系，甚至是一种合同关系。从实践来看，特殊目的信托实质上是委托人、受托人与受益人达成的一份以证券化为目的的信托合同。拟证券化的基础资产所有者作为委托人，将基础资产转移给作为受托人的金融机构。该金融机构以资产分割和证券发行的方式来处分和管理信托财产。投资者在购买已分割的受益权证券之后，成为特殊目的信托的受益人。原基础资产所有者既是委托人又是受益人，获取发行受益权证券所得收益，有时还保留基础资产的剩余价值权。我国信托法和有关资产证券化政策也都是将信托理解为合同而非组织。以合同方式设立特殊目的信托，在我国是完全可行的。由于我国设立特殊目的公司存在难以逾越的法律障碍，所以在我国实践中，只能以信托合同的方式设立特殊目的信托。2005 年 12 月 15 日，国家开发银行和中国建设银行分别以信贷资产证券化和住房抵押贷款证券化的发起人，推出了开元一期信贷资产支持证券和建元一期个人住房抵押贷款支持证券，并在银行间债券市场上交易。这两起资产证券化试点，均采用了特殊目的信托作为特殊目的机构。对于短期、一次性的证券化，运用合同理论解释特殊目的信托自无疑问。但对于长期而且不断补充基础资产的证券化来说，特殊目的信托不是仅表现为一种合同，而更趋于一种稳定且长期的组织形态。这种以企业形态方式出现的信托，在美国被称为法定信托。作为企业形态的信托出现，使得特殊目的信托真正成为一种独立的法律实体。尽管移植信托制度的大陆法系国家或地区在实行证券化时，更多的是将特殊目的信托理解为合同，然而特殊目的信托已经开始呈现企业组织的趋势。

五、专利资产转移制度

在资产转移制度设计上，主要有信托和真实销售两种方式。前者适用于特殊目的信托，后者以特殊目的公司为媒介。鉴于我国目前尚不具备设立特殊目的公司的法律制度，只能选择特殊目的信托这种特殊目的机构，所以笔者主要考察信托这种财产转移方式。

以信托方式转移债权面临的首要问题是，专利衍生的债权是否具有信托财产所必需的“确定性”。许多国家或地区的信托法均要求信托财产具有确定性。不能确定或不可明确确定的标的物，是不能作为信托财产设立信托的。我国《信托法》同样遵循这一原则。该法第9条要求，设立信托的书面文件明确记载信托财产的范围、种类及状况。该法第11条规定，信托财产不能确定的信托无效。专利衍生的债权包括专利质押贷款和专利许可应收款。专利质押贷款在设立之时即已确定，以其作为基础资产自无疑问。但对于专利许可应收款而言，依据不同的计算标准，其确定性尚有疑问。这是因为专利许可具有独特的交易结构。除了交叉许可不涉及金钱支付之外，大部分专利许可，可能需要支付一定数量的专利使用费。有时，许可费的支付采取一次付清或定期付款的方式。但更常见的是，许可费取决于被许可方的产量或专利使用量，通过一定销售额的百分比计算。它可能表示为收入或销售价格的百分比，或每个生产单位、每个生产周期、所用每单位原材料对应一笔固定的数额，即实行“浮动许可费”。在专利许可实践中，高达90%的专利许可费收入是不确定的。这种结构，使得发起人在设立信托时难以确定未来专利许可应收款的准确数额。如果直接以某项或某些专利许可费进行信托，那么可能因为信托财产的不确定而导致信托无效。只有使专利许可应收款确定或可以确定，才能设立信托。借助会计手段和资产分割技术，根据专利许可历史和记录，可以将明确确定的稳定并可合

理预期的许可费进行证券化。

第二个问题是，如何将专利衍生的债权已经设立信托的事项通知债务人。由于信托是原债权人将债权转移给受托人管理，受托人就成为新的债权人，所以需要告知债务人债权已经发生转让，并且从此以后应收款项的支付是向受托人履行。这就涉及证券化中债权以信托方式转移财产，如何通知债务人及其债权转移的法律效力。我国《合同法》第 80 条规定“债权人转让权利的，应当通知债务人”，“未经通知，该转让对债务人不发生效力”。转让债权是债权人的权利，通知债务人是其应尽的基本义务。债权信托实质上是将债权进行转让，当然应该适用《合同法》第 80 条之规定。当债务人人数比较少时，逐一通知自无困难。惟专利质押贷款人或专利被许可人人数众多，是否具有更为方便、高效的通知方式？通知债务人有时是费力和高成本的，而且没有通知到债务人将导致信托无效这样严重的后果。我国《信托法》第 10 条只是规定“有关法律、行政法规规定应当办理登记手续的，应当依法办理信托登记”，否则“该信托不产生效力”。到目前为止，我国尚未制定任何关于信托登记的法律或法规，而且，信托登记也不宜作为债权信托生效要件。大陆法系国家在继受信托法时普遍不承认推定信托（Constructive Trust），而是采取信托财产登记的方式来对抗第三人的执行。对于不需要信托登记的财产，可以通过强制执行等补救措施予以救济。债权信托更多地涉及原债权人、受托人与债务人三者之间的关系，不需要根据《信托法》第 10 条进行登记。大陆法系信托法确立的信托登记，不能作为证券化中的债权转让的通知方式。目前，许多推行资产证券化的国家或地区，均通过立法单独确立了债权转让备案或公告制度。《美国统一商法典》第 9 节要求债权人按照规定，将简单的“融资称述表”向适当的政府部门备案即可。日本先后颁布了《日本特定债权法》和《日本债权转让特别法》，促进了债权证券化的发展。《日本特定债权法》允许租赁债权或信用债权转让时，即使没有通知债务人，依据法律规定在报纸上登载公告债权即可发生转让。《日本债权转让特别法》将债权扩张到法人拥有的全部金钱债权，依据债权转让登记即可完成债权转让。我国台湾地区“金融资产证券化条例”第5条规定，将信托“主要资产之种类、数量及内容于其本机构所在地日报或依主管机关规定之方式连续公告三日”，即完成债权转让可对抗第三人。这种备案、公告或登记制度更方便债权转让，有利于促进债权证券化。在我国实践中，发起人主要是通过在报纸、网络或其他媒体公告的方式，履行通知债务人债权转让的告知义务。在我国没有建立备案或公告债权转让制度的情况下，对于众多债权的概然转让在程序和效力上缺乏明确的法律规定。有时，发起人为了避免纠纷履行法定告知义务，只能适用《合同法》第79条和第80条之规定逐一通知债务人。

第三个问题是，当委托人破产时信托能否做到破产隔离，即基础资产能否免受委托人的债权人追索。判断信托是否有效的重要因素是第三人是否拥有追索权。如果委托人的债权人可以向信托主张权利，追索到信托财产，那么特殊目的信托就是无效的。尽管我国信托法确立了信托财产具有独立性的特性，然而在一些特殊情况下，第三人可以申请法院撤销信托或强制执行信托财产。我国《信托法》第12条规定：“委托人设立信托损害其债权人利益的，债权人有权申请人民法院撤销该信托。”为了保护债权人利益，我国合同法和破产法均赋予债权人以撤销权。当委托人无法偿还债务设立信托时，其债权人可以依法行使撤销权。《信托法》第17条还规定，设立信托前债权人已对该信托财产享有优先受偿的权利，并依法行使该权利，对信托财产可以“强制执行”。这是担保物权所具有的追及效力在信托中的体现。若委托人在信托之前已经将特定债权进行质押，则享有优先受偿权的质押权人可以依法追及信托财产，向法院申请强制执行。将专利许可应收款作为信托财产设立信托时，同样可能遇到这两种情

形：（1）专利权人即将破产或无法偿还到期债权时，能否设立信托？或者说在这种情况下，向特殊目的信托转移的专利许可应收账款是否有效？根据《信托法》第12条的规定，在债权人知道或者应当知道撤销原因之日起1年内，债权人可以行使撤销权，使信托归于无效。因此，信托是否有效或债权转移是否有效，将取决于债权人是否在1年内积极行使撤销权。（2）是否可以将已经质押的专利许可应收款设立信托？我国担保法允许将债权设立质押。如果将已质押的专利许可应收账款设立信托，债权人仍享有优先受偿权，可以追索到已转移的专利许可应收账款。由此可见，欲将专利许可应收款证券化，必须满足以下两个基本条件：一是作为委托人的发起人，没有债务负担或具有履行债务的能力；二是委托人没有将专利许可应收款设立质押，不存在优先受偿权。惟具备这两个条件的专利许可应收款，才能具有信托财产的独立性，真正做到破产隔离。

六、受益证券制度

2005年，我国相继颁布了关于信贷资产证券化的三个部门规章。[1] 根据这三个部门规章的规定，我国在进行信贷资产证券化过程中，应当选择特殊目的信托作为特殊目的机构，并发行受益证券。这意味着一种全新的有价证券种类“受益证券”开始出现在我国。我国证券化实践也遵循这种模式和规定。例如，国家开发银行发行的“2005年第一期开元信贷资产支持证券”和中国建设银行发行的“建元2005－1个人住房抵押贷款支持证券”，都是以特殊目的机构发行受益证券的。作为一种全新的证券，受益证券尚有许多问题尚待进一步研究。例如，受益证券究竟表彰哪些权利，是否属于我国证券法调整的范围，受哪些法律

[1] 这三个部门规章是《信贷资产证券化试点管理办法》《信贷资产证券化试点会计处理规定》和《金融机构信贷资产证券化监督管理办法》。

调整，还有哪些制度需要进一步完善？下面分别予以讨论。

（一）受益证券表彰的权利

证券具有表彰权利的功能：首先，必须把无形权利有形化于证券，使特定的民事权利与书据结合在一起，并表彰其上，使权利借助有形的载体得以体现；其次，不仅使权利与证券结合于表彰行为，而且要使表彰的权利与证券结合一起，归属于一人。将无形权利有形化，即为“证券化”。我国台湾地区著名民法学者史尚宽指出：“将一切财货使之证券化，而谋资本之流通，为现代经济生活之趋势”。[1] 由此观之，证券必须表彰一种权利。那么受益权证，究竟“证券化”了什么权利？

根据《信贷资产证券化试点管理办法》第2条的规定，受托机构可以资产支持的形式向投资机构发行受益证券。何谓“受益证券”，没有解释。只是在第3条第1款中进一步解释：资产支持证券由特殊目的信托受托机构发行，代表特殊目的信托的信托受益权份额。我国台湾地区“金融资产证券化条例”规定，受益证券是指特殊目的的信托之受托机构依资产证券化计划所发行，以表彰受益人享有该信托财产本金或其所生利益、孳息及其他收益之受益权持分之权利凭证或证书。故受益证券表彰信托受益权，当无疑问。

受益证券将特殊目的的信托中的受益权与证券制度结合在一起，衍生出的一种新的证券种类。信托的本质是对信托财产进行管理和利益分配。管理信托财产的责任由受托人承担，受益人则享有由此获得的利益。信托法赋予受益人的权利，一般被称为“受益权”。虽然我国《信托法》没有明确解释“信托受益权”的含义，但在第4章专门规定了“受益人”及其相关权利。如前所述，受益人享有5项“对人”的权利：知情权、监督权、撤销

[1] 史尚宽：“有价证券之研究”，见郑玉波主编：《民法债编论文选集（下）》，台湾五南图书出版公司1984年版，第1366页。

权、强制执行或损害赔偿请求权和解任权，以及3项“对物”的权利：清偿债务的权利、依法转让权和继承的权利。信托受益权作为一种财产权，当然可以依法转让。由于交易成本的因素，受益权如同债权和股权一样，在转让时存在一定困难。为了促进受益权的流通，可以将受益权进行量的和质的分割。量的分割就是在不变更权利内容的情况下，按比例分割为小额或标准化的基本单位。将信托受益人所享有的受益权转化为受益证券从而完成量的分割，即谓受益权证券化。质的分割是设定不同种类内容的受益权，甚至区分不同支付顺序或不同内容的受益权。由此产生优先受益证券和次顺位受益证券、本金证券和利息证券、权益型受益证券和债权型受益证券。在许多证券化实践中，均采取了分级处理技术，将受益证券划分为不同类型证券。例如，在“2005年第一期开元信贷资产支持证券”中，受益证券被分为优先A档、优先B档和次级档三个档次。在“建元2005－1个人住房抵押贷款支持证券”中，受益证券被分为优先级A、B、C三档和次级S档。所以，受益证券是一种与股票、公司债券全然不同的一种新的证券，表彰的是信托受益权。

（二）受益证券适用的法律

在法律适用上，受益证券能否适用我国证券法？在我国，证券有广义和狭义两种解释。我国证券法之“证券”采狭义证券，仅指资本证券。欲回答受益证券是否适用证券法，须首先分析受益证券是否属于狭义上的证券。

广义的证券是指各类记载并代表一定权利的法律凭证，包括商品证券、货币证券、对物证券、资本证券；狭义的证券仅限于资本证券——由金融投资或与金融投资直接相关的活动产生的证券。[1] 那么，证券化过程中发行的各种资产支持证券究竟属于广

---

[1] 罗培新、卢文道编著：《最新证券法解读》，北京大学出版社2006年版，第3页。

义的证券，还是狭义的证券？资本证券具有三个特征：（1）在经济功能上，具有筹资或投资功能。资本证券主要用于筹集资本或进行投资；（2）在权利内容上，体现的是投资权益。资本证券可能表彰多种形式的权利类型，但权利内容主要体现投资份额及其权益；（3）在财产属性上，具有高度流动性，能够自由转让。资本证券，也可以说是“发行人以筹资为目的发行的，表彰投资人直接或间接权益及其份额的、任何形式的可转让凭证”❶。以此标准来衡量，受益证券应当属于资本证券，即由金融投资活动产生的证券。

受益证券属于狭义的证券，理应纳入我国证券法的调整范围。但我国《证券法》通过列举式立法对资本证券进一步加以限制。1999 年 7 月 1 日实施的《证券法》第 2 条将调整范围规定为股票、公司债券和国务院依法认定的其他证券。为了适应时代的发展，2006 年 1 月 1 日实施的《证券法》第 2 条将调整范围规定为：股票、公司债券和国务院依法认定的其他证券发行与交易，政府债券、证券投资基金份额的上市交易，证券衍生品发行、交易由国务院规定。政府债券和证券投资基金份额的发行不适用我国《证券法》。这是因为我国在 2004 年 6 月 1 日实施了《证券投资基金法》，对证券投资基金份额的发行进行了规范。政府债券由于涉及豁免问题，不能使用一般的证券发行规则。证券衍生品种也称衍生证券，是指由基本证券派生或衍生出来的证券，如证券期货、证券期权、认股权证、存托凭证等。没有基本证券也就没有衍生证券。❷ 显然，受益证券不属于我国证券法调整的基本证券，当然也无法成为衍生证券。而且到目前为止，我国国务院也没有将受益证券认定为我国证券法意义上的证券。所以，受益证券虽属狭义的证券，但不属于我国证券法的调整

❶ 杨志华：《证券法律制度研究》，中国政法大学出版社 1995 年版，第 16 页。

❷ 符启林主编：《证券法理论实务案例》，法律出版社 2007 年版，第 9 页。

范围。

从比较研究的角度来看，受益证券属于世界上许多国家证券法或证券交易法的调整对象。1933 年的《美国证券法》和 1934 年的《美国证券交易法》规定了非常广泛的证券概念，覆盖了规模巨大的投资范围。虽然 1933 年的《美国证券法》和 1934 年的《美国证券交易法》中的证券定义有些细微差别，但应按“实质上完全相同”对待。[1] 1933 年的《美国证券法》第 2 节（1）最具有代表性。证券指任何票据、股票、国库券、公司债券、利润分享协议，或石油、天然气或其他矿产特许或租赁协议下的权益证书或参与证书，任何关于证券的抵押信托证、组建前证书或认购证、可转让股份、投资合同、投票信托证、存单，任何关于证券、存单或证券指数的卖出权、买人权、多空套作权、选择期权或优先权（包括其权益或由其价值所生之权益），任何在国家证券交易所达成的外汇卖出权、买入权、多空套作权、选择期权或优先权，或者一般意义上被认为“证券”的任何票据；或者前述之各证券的权益证书、参与证书、暂时或临时证书、收据、认购或购买的担保或权利，但不包括货币或自出票日时有效期不超过 9 个月的任何票据、汇票或银行承兑书，但有宽限期的情况除外；也不包括有效期相当有限的更新的票据、汇票或银行承兑书。由于当时并没有出现证券化技术，虽然规定了从属信托证和表决权信托证，但在该条款中并没有明确规定受益证券或受益权凭证。《美国证券法》意义上的证券，可以说是世界上适用范围最为广泛的法定概念。任何投资工具或投资合同均可认定为证券。1946 年，美国最高法院在证券交易委员会诉 Howey 案中确立了将“投资合同”认定为“证券”的法律标准。投资合同是指一个合同、交易或计划，一个人据此：（1）把他的钱投资；

---

[1] ［美］托马斯·李·哈森著，张学安等译：《证券法》，中国政法大学出版社 2003 年版，第 24 页。

（2）投资于共同单位；❶（3）受引导有获利愿望；（4）利益全部来自发起人或第三人的努力。证券化中的受益证券完全满足这4个要件：（1）受益证券对投资而言是一种投资行为。（2）众多投资者将资金汇集，投资于资产池中的资产。投资者的收益既来自证券发行人的努力，也来自投资者之间合作形成的利益集合。（3）具有强烈的投资获益愿望。（4）收益来自发起人和其他服务者的努力。所以，信托证券属于《美国证券法》意义上的证券。1998年修改的《日本证券交易法》第2条对证券进行了列举式规定：（1）国债；（2）地方债；（3）法人依照特别法律发行的债券；（4）特殊目的公司依据有关特定资产证券化法律规定发行的特殊目的公司债券；（5）公司债券；（6）根据特别法律设立的法人发行的出资证券；（7）有关集体组织金融机构的优先出资法律规定的优先出资证券，或表示优先出资认购权的证书；（8）有关特殊目的公司根据特定资产证券化法律规定发行的优先出资证书；（9）股票或表示新股认购权的证券或证书；（10）有关证券投资信托及证券投资法人法律规定的证券投资信托或外国证券投资信托的受益证券；（11）有关证券投资信托及证券投资法人法律规定的投资证券或外国投资证券；（12）贷款信托的受益证券；（13）法人为筹集必要的事业资金发行的期票中，大藏省省令规定者；（14）外国或外国法人发行的证券或证书中，具有第1～9项、第12～13项的证券或证书的性质者；（15）外国法人发行的信托受益权；（16）表示有价证券期权交易或店头期权交易的权利证券、证书；（17）接受托管的证券或证书者；（18）斟酌流通性以及其他因素，为确保公益或保护投资者，认为有必要，政令规定的证券或证书。从这么长的一串列

❶ 共同单位重点在于投资者获利的多少在多大程度上依赖于企业内其他人，包括水平共同性与垂直共同性。水平共同性是指投资者间的相同利益集合，垂直共同性是指投资者的收益与发起人努力之间的联系形成的利益集合。

举中，可以找到第（4）项、第（8）项、第（10）项、第（12）项和第（15）项均是为了证券化而发行的证券。证券化中发行的证券既可以是特殊目的公司发行的债券和出资证书，也可以是特殊目的信托发行的受益证券。受益证券的发行和交易均可适用《日本证券交易法》。

受益证券发行和交易是开展资产证券化业务最基本的法律制度。不属于我国证券法调整范围的受益证券，其资产证券化的交易成本较高。我国由于证券化中的受益证券不属于证券法意义上的证券，所以只能寻求单独立法。2005 年，在我国《证券法》的修改过程中，有些学者建议扩宽其调整范围，扩张证券法意义上证券的含义。虽然《信贷资产证券化试点管理办法》允许在全国银行间金融债券市场发行和交易受益证券，但不具普遍适用效力。专利质押贷款是借贷关系中的债权，属于信贷资产。利用专利的价值权，借款人将专利质押给金融机构进行贷款。由此完成专利资产向信贷资产的转化，从而间接实现专利资产证券化。专利质押贷款证券化可以适用《信贷资产证券化试点管理办法》，在银行间金融债券市场发行和交易受益证券。而专利许可应收账款属于应收账款，因欠缺发行受益证券的基本法律制度，包括专利许可应收款在内的应收账款证券化在我国目前付诸阙如。

第五章　信托在企业集团专利管理中的运用

第一节　企业集团专利管理的传统模式

伴随着企业集团化的兴起和发展，我国已经形成了一批具有一定国际竞争力的大型企业集团。截止到2006年底，我国已登记的各类企业集团达到2 856家，资产总计超过27万亿元。[1] 我国政府在极力推进企业集团化的进程中，越来越重视加强培养企业集团的自主创新和知识产权管理能力。由于我国企业知识产权管理能力比较薄弱，加上企业集团化发展的历史比较短，所以企业集团在知识产权管理过程中存在一些问题。例如，如何有效落实原《专利法》第16条对职务发明人或设计人的奖酬制度，如何有效协调母公司与子公司、关联公司的专利权归属和利益分享问题。长期以来，我国忽视了对企业集团专利管理模式的研究。近年来，在《日本知识产权战略大纲》《日本知识产权基本法》和《日本知识产权战略推进计划》的指引下，日本许多学者在研究了传统企业集团专利管理模式之后，提出利用信托制度集中管理企业集团的专利。在我国实施知识产权战略之际，专利信托相对于传统管理方式是否更为优越，是否有必要通过信托来管理企业集团的专利，如何将专利信托运用到企业集团专利管理当中，这些问题值得思考。

目前，我国主要是根据国家工商总局制定的《企业集团登记

[1] 国家统计局服务业调查中心：《2007中国大企业集团竞争力年度报告》，中国统计出版社2007年版，第2页。

管理暂行规定》和银监会修订的《企业集团财务公司管理办法》，作为认定企业集团的法律标准。企业集团是以资本为主要联结纽带、以集团章程为共同行为规范的母公司、子公司、参股公司及其他成员企业或机构共同组成的具有一定规模的企业法人联合体。企业集团本身不具有企业法人资格，母公司处于核心地位并与企业集团的构成成员存在各种类型的控制关系。母公司与各个成员公司彼此独立，各具法人资格，但彼此之间又存在“控制与受控”关系，所以在利益分配方面显得尤为复杂。具有代表性的企业集团组织结构，如图 5－1 所示。

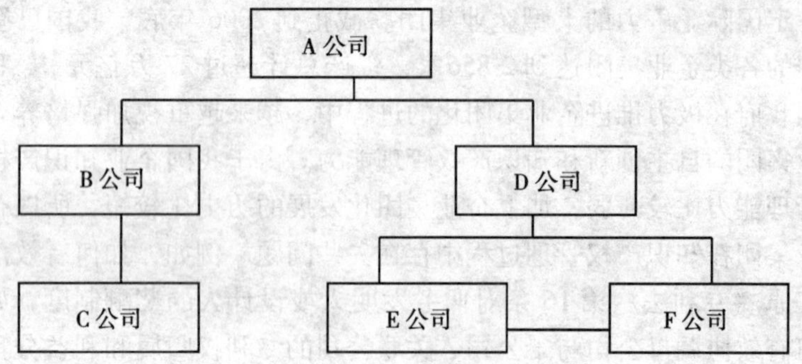

图 5－1　典型的企业集团组织结构

专利管理是指企业对专利资产进行计划、创造、利用和保护以快速有效地达到组织目标的过程。通常包括专利权的归属、经费来源、激励政策、内部使用、外部转移以及管理机构设置等内容。[1] 对于一个独立的企业来说，专利的申请、维持、运用和保护由企业自己完成，通常不会涉及其他企业。但企业集团是一个由众多企业组成的联合体。对于企业集团而言，并不是简单的“谁完成，谁申请，谁运用，谁保护”的专利管理模式。例如，

[1] 梁瑞林、韩立岩：“国防科技工业集团知识产权管理模式研究”，载《航空科学技术》2003 年第 1 期。

在图 5－1 中，B 公司完成了 1 项发明专利，究竟是 B 公司申请专利还是由 A 公司申请，完全取决于该企业集团选择的专利管理模式。这就涉及如何合理分配研发费用、专利申请费、专利许可收益和专利运用利益等一系列问题。基于战略考虑，有时子公司研发的技术成果，可能由母公司申请专利并获得授权。由此就产生如何有效地管理企业集团专利的问题。

笔者认为，任何企业集团在专利管理过程中，至少涉及 7 个方面的具体问题需要妥善解决：（1）确定专利申请和授权主体。在企业集团里，研发主体与专利申请主体有时并不一致。许多企业集团选择以母公司的名义申请专利，研发单位可能资金短缺也愿意母公司承担专利申请费用。（2）发明人或设计人的合理奖酬支付机制。专利权人向发明人或设计人支付合理奖酬，不仅是我国原《专利法》第 16 条规定的法定义务，而且也是企业激励员工积极创新的重要手段。在研发主体与专利申请主体分离的情况下，由谁来支付奖酬，是企业集团专利管理非常重要的问题。例如，在图 5－1 中，E 公司在 D 公司的资助下进行研发，由 A 公司以自己的名义申请发明专利获得授权，而且专利申请费和维持费一直由 A 公司支付。完成该项发明专利的工程师，作为发明人究竟应向谁请求合理的报酬？（3）在专利授权之后，专利在企业集团内部的利用机制。企业集团内部的许多企业处于同一产业链，可能会出现同一项专利技术在不同企业之间进行利用。由此就产生如何既保护研发主体或专利权人的利益，又能有效地降低专利使用成本的专利内部使用问题。例如，在图 5－1 中，C 公司希望使用 E 公司完成且由 A 公司作为专利权人的专利技术，C 公司是否需要支付专利许可费，应当向谁支付专利许可费？（4）专利向企业集团外部转移时，专利许可主体的确定和利益分配机制。在图 5－1 中，企业集团之外的其他企业 X 公司，希望获得 E 公司完成且由 A 公司作为专利权人的专利技术的许可，那么 E 公司、D 公司抑或 A 公司，谁才是适格的专利许可主体？

(5) 专利许可或转让过程中的税收问题。专利转让或许可是一种技术创新行为，在我国享有一定税收优惠。企业集团内部的专利利用情况，将直接影响关联企业的税收。(6) 诉讼时确定诉讼主体。一般而言，专利权人是侵权之诉的原告，但当专利权人与研发主体、专利使用权人发生分离时，研发主体或专利使用权人是否可以作为共同原告或第三人参与诉讼？(7) 损害赔偿的分配机制。当获得专利侵权赔偿之后，是否需要在专利权人、研发主体与专利使用权人之间进行合理分配？

表 5-1 企业集团专利管理模式的主要区别

	集中管理	分散管理	综合管理	
			单独所有集中管理	集中所有分散管理
专利归属	母公司	完成单位	完成单位	母公司与完成单位
奖酬支付	母公司	完成单位	完成单位	母公司与完成单位
内部使用	无偿或低价使用	有偿使用	有偿使用	有偿使用
外部转移	母公司	权利人	权利人与母公司	母公司与完成单位
税收问题	很复杂	简单	较复杂	较复杂
诉讼主体	母公司	权利人	权利人	母公司与完成单位
赔偿分配	母公司	权利人	权利人	母公司与完成单位

针对上述 7 个问题的不同处理方式，理论上就形成了企业集团不同的专利管理模式：专利集中管理、专利分散管理和专利综合管理。处理这些问题最简单的管理方式是放任自由，母公司对子公司或关联公司的专利管理行为不予干涉。与任何相互独立的公司管理专利一样，每一个发明或设计单位，自己申请专利、维持专利并利用专利。这种专利管理模式通常被称为单独所有分散管理。如果母公司非常重视专利，将专利作为战略资源进行集中管理，专利由母公司集中申请、享有并由母公司统一管理，那么就形成了集中所有集中管理模式。如果把集中管理与分散管理相

结合，就形成了综合管理模式。基于是否由母公司申请并享有专利权，又可以细分为集中所有分散管理模式和单独所有集中管理模式。相对于专利信托这种全新的管理模式，笔者将上述三种模式称为传统专利管理模式。企业集团专利管理模式的主要区别，如表5-1所示。

影响企业集团选择专利管理模式的因素很多，例如母公司对子公司的控股程度、公司经营战略的选择、专利技术的相关度。母公司处于绝对控股地位以及子公司规模都相对较小的企业集团，通常采用集中专利管理模式。成员公司规模较大并且经营自主性较强的企业集团，通常采用专利分散模式。实行横向一体化战略的企业集团关注单一产业，在某一特定领域具有技术优势，容易形成相同技术领域的专利群，通常会选择专利集中管理模式。母公司通过转让方式获得子公司研发的技术成果，并对这些专利与其自身持有的专利进行统一管理和利用。它具有简化机构，减少费用，提高管理效率和发挥专利组合优势的特点。但也具有明显的缺陷。母公司在受让子公司转让专利时，需要按照市场价值评估专利。繁杂的程序和专利价值的不确定性，往往使母公司不愿意按照市场价值支付转让费，或支付很少的转让费。这样就使得职务发明创造发明人或设计人的合理报酬无法落实。子公司除了获得无偿或低价使用专利外，不能分享专利产生的收益，其创新积极性将逐渐降低。选择多元化经营战略的企业集团通常涉及多个产业，而且每一产业运营的企业相对独立。根据产业的相关度，又可以分为相关多元化和不相关多元化。不相关多元化的企业集团，适于选择分散专利管理模式。由于各个企业的经营范围相差较大，所以专利之间缺乏一定的关联性。各成员公司独立管理专利，更有利于积极利用专利获取利润，增强创新积极性。但其缺点是，每一成员公司需要设立自己的专利管理部门，并配备相应的管理人员，可能增加管理成本并降低管理效率。采取纵向一体化或相关多元化战略的企业集团，各成员企业

拥有的专利既有一定的关联性，又不完全属于同一领域，比较适于综合管理模式。它既能调动子公司根据自身情况管理专利的积极性，又能促进企业集团整体专利战略发展。但在如何平衡集中管理与分散管理各自优缺点方面，企业集团存在许多困难。

第二节　传统专利管理模式的缺陷

从实践来看，我国企业集团大多采用传统的专利管理模式，缺乏新的探索。我国理论界主要是介绍和比较国内外著名企业集团的专利管理的传统模式，缺乏对如何选择适当的专利管理模式的深入研究。2005 年 5 月，在我国上海发生的翁立克诉伊维燃油喷射有限公司和上海柴油机股份有限公司案❶（以下简称“翁立克诉伊维案”），让我们看到我国企业集团在专利管理传统模式中存在的问题。如果企业集团选择了不当的专利管理模式，不仅不会促进技术创新，反而会挫伤发明人或设计人创新的积极性，进而阻碍创新。本节拟以翁立克诉伊维案为例，分析影响企业集团专利管理模式的主要因素，及其传统专利管理模式存在的缺陷。

一、问题的提出：翁立克诉伊维公司案

1993 年 12 月 31 日，上海柴油机股份有限公司由国内著名的柴油机生产企业上海柴油机厂改制后成立。1995 年，上海柴油机厂油泵分厂改制为上海浦东伊维燃油喷射有限公司（以下简称“伊维公司”）。上海柴油机股份有限公司对伊维公司享有 90% 的股权。2003 年，伊维公司与电装（中国）投资公司、上海东松国际贸易公司共同设立了上海电装燃油喷射公司，伊维公司享有

❶ 具体案情参见上海市高级人民法院（2008）沪高民三（知）终字第 23 号民事判决书。

控股权。这样就形成了以母子公司为主体的企业集团。上海柴油机股份有限公司为母公司，伊维公司为其控股子公司，上海电装燃油喷射公司为其控股孙公司。

1963年毕业于浙江大学的翁立克，进入上海柴油机股份有限公司工作，1991年起担任油泵分厂副总工程师兼油泵研究所所长，1995年伊维公司成立起即担任伊维公司总工程师。在担任总工程师期间，翁立克主持研发出“矩形截面柱塞弹簧喷油泵”和“喷油泵挺柱体滚轮锁簧装置”。因为当时企业集团对伊维公司等子公司的专利管理采取的是统一申请、统一管理的模式，所以由母公司作为申请人于2001年4月17日申请了两项实用新型专利。2002年1月23日，国家知识产权局授予这两项实用新型专利权。两份实用新型专利证书载明：专利权人为上海柴油机股份有限公司，发明设计人为翁立克。2002年12月，上海柴油机股份有限公司向翁立克颁发了本单位的职务发明人证书。

2003年9月，企业集团的专利管理模式由集中管理变为分散管理。母公司决定将上述两项实用新型专利归还给子公司。2003年11月，上海柴油机股份有限公司与伊维公司签订了两份专利权无偿转让合同，伊维公司取得上述两项实用新型专利，并在国家知识产权局进行了变更登记。

2003年11月，伊维公司与上海柴电公司签订了“技术转让协议”，约定：由伊维公司许可上海电装燃油喷射公司非独占许可使用上述两项专利；上海电装燃油喷射公司在支付技术转让入门费250万元后，并每年按合同产品净售价的4%支付技术转让提成费。合同签订后双方即开始履行。截止到2005年，上海电装燃油喷射公司已经向伊维公司支付技术转让入门费250万元和提成费1 688万元，共计1 938万元。在此期间，伊维公司也自行利用这两项专利技术生产了数以万计的喷油泵，经济效益显著。

根据我国《专利法》（2001年）第16条的规定，被授予专利权的单位应当对职务发明创造的发明人或者设计人给予奖励；

发明创造专利实施后，根据其推广应用的范围和取得的经济效益，对发明人或者设计人给予合理的报酬。《专利法实施细则》(2001 年) 第 75 条和第 76 条对国有企事业单位实施专利和许可专利后，合理报酬的支付方式作了具体规定。但是，无论是母公司还是子公司，都没有给予专利设计人翁立克报酬。近年来，翁立克多次向伊维公司提出落实职务报酬的要求，始终未获答复。2005 年 5 月，翁立克向上海市第一中院提起了职务发明报酬纠纷的诉讼，要求第一被告伊维公司与第二被告上海柴油机股份有限公司支付报酬 200 万元，并且要求以后继续支付。

2005 年 7 月，上海柴油机股份有限公司以“在申请日前，与本专利相同的产品已经被公开销售过”为由，向国家专利局专利复审委员会提出专利无效申请。2005 年 12 月 23 日，专利复审委员会裁定这两项专利全部无效，发出专利无效决定书。2006 年 1 月 25 日，伊维公司向上海市第一中院提出了因“涉案两项专利已经被无效，相应专利使用费已经被退还”，所以不必向翁立克再支付报酬了。2008 年 4 月 18 日，上海市高院作出终审判决：子公司向翁立克支付专利许可费税后利润的 30% 作为报酬，共计 276 461.57元。

本案涉及许多法律问题。例如，伊维公司与上海柴油机股份有限公司之间的销售，是否构成专利法意义上的“公开”。在专利无效程序中，是否应当保证专利发明人或设计人的权利。这些法律问题值得深思和研究。除了研究本案涉及的法律问题之外，笔者认为还需要考虑该案暴露出的一些管理问题：上海柴油机股份有限公司作为母公司，为什么会选择申请专利无效的策略？不同的专利归属和管理模式，对职务发明人的奖酬支付有何影响？企业集团应采用什么样的专利管理模式，更有利于激励发明人或设计人的积极性？企业集团选择什么样的专利管理模式，更有利于保护发明人或设计人的合法利益，调动他们的积极性努力创新？

二、母公司可选择的专利管理策略

上海柴油机股份有限公司作为母公司（以下简称“母公司”），对子公司伊维公司（以下简称“子公司”）享有90%的股权，对控股的孙公司上海电装燃油喷射公司（以下简称“孙公司”）享有61%的股权。这样就形成了以母子公司为主体的企业集团。根据公开信息，上海柴油机股份有限责任公司的组织结构，如图5－2所示。

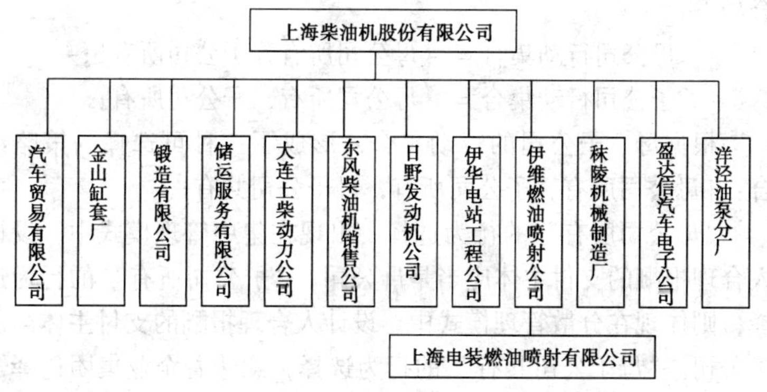

图5－2　上海柴油机股份有限公司的组织结构

尽管向发明人或设计人支付合理报酬是企业的法定义务，然而在实践中许多企业并没有认真履行这一义务。本案中，母公司固然存在滥用权利损害设计人权利的嫌疑，但从企业决策的角度来看，母公司为什么不愿意按照法律规定积极履行法定义务，而是选择申请专利无效呢？母公司专利管理模式的变迁，如图5－3所示。因此，有必要分析母公司为了规避合理报酬是企业的法定义务而申请专利无效的经济动因。根据我国《专利法》和《专利法实施细则》的规定，给予发明人或设计人合理酬金的主体是专利权人。在本案中，完成发明的单位是子公司。母子公司可以在专利集中管理、分散管理或综合管理这三种模式中进行选择。

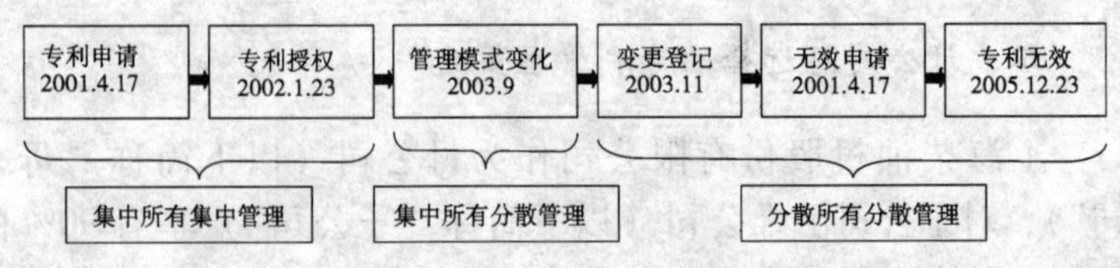

图 5－3　母公司专利管理模式的变迁

采取的不同专利管理模式，将直接影响到设计人合理报酬的支付主体。母公司和子公司针对专利权归属问题，可能采取行动的集合如下：

母公司行动集合＝｛母公司所有，子公司所有｝；

子公司行动集合＝｛母公司所有，子公司所有｝。

根据母、子公司的行动集合，形成了三种可选择的策略组合：｛母公司所有，子公司所有，母子公司共有｝。

“母公司所有”的行为选择，出现在集中管理模式中，设计人合理报酬的支付主体应当是母公司。“子公司所有”的行为选择，则体现在分散管理模式中，设计人合理报酬的支付主体当属子公司。“母子公司共有”的行为选择，意味着企业集团选择了综合管理模式，母、子公司将共同成为设计人合理报酬的支付主体。

三、不同策略选择下的收益

一般而言，企业取得并维持一项专利的成本，包括研发成本、专利申请费、专利维持费、给予发明人或设计人的奖酬以及专利管理费用。企业可能获得的收益，包括企业自身利用专利减少的成本或增加的额外收益、对外许可获得的专利许可费和转让专利获得的收益。本节讨论假设一个前提：理性的专利权人，只有在满足专利收益大于专利成本时，才愿意继续维持专利，否则，就会选择放弃专利，或者对专利侵权、专利无效申请行为漠不关心。母、子公司均会作出理性的行为选择。

假设本案中的专利许可费为 U_1。母公司作为控股股东，对其他企业的控股比例为 p（对子公司的控股比例 $p_1 = 90\%$，对专利被许可公司的控股比例 $p_2 = 61\%$）。母公司从子公司那里取得收益时，必须扣除企业所得税 q（2005 年的企业所得税 $q = 33\%$，2008 年以后 $q = 25\%$）。专利权人子公司自身利用专利减少的生产成本或增加的额外收益为 Ua。给予设计人的合理报酬为 Cc，且 $Cc > 0$。

$$Cc = U_1(1-q)a + Uab > 0 \quad (5-1)$$

其中 a、b 为提取比例。根据我国《专利实施细则》（2001 年）第 75 条和第 76 条的规定，$a \geqslant 10\%$，$b \geqslant 2\%$。假设本案 a 和 b 均取最低下限，则 $a = 10\%$，$b = 2\%$。

（一）子公司所有策略下的收益

母公司选择申请专利无效的惟一解释，是维持专利获得的收益要小于维持专利的成本。在本案中，母子公司选择了专利分散管理的模式，即子公司享有专利的策略。母公司申请专利无效将导致专利技术成为公用技术，不会影响子公司的技术使用收益，只是取消了子公司的许可收益。在子公司所有、专利有效的情况下，子公司的收益为 U_1，须支付的成本为 Cc。由于专利被许可人是母公司的控股孙公司，所以孙公司在专利有效时须支付一笔专利许可费。母公司的成本 C_0 为孙公司专利许可费的摊薄成本。

$$C_0 = U_1 \times p_2 \quad (5-2)$$

作为控股股东，母公司将从子公司收取专利许可费而获益 U_0。

$$\begin{aligned} U_0 &= [U_1 - U_1 q - U_1(1-q)a]p_1 \\ &= U_1(1-q)(1-a)p_1 \end{aligned} \quad (5-3)$$

那么，母公司的纯收益为 $U_0 - C_0$，子公司的纯收益为 $U_1 - Cc$。

$$\begin{aligned} U_0 - C_0 &= U_1(1-q)(1-a)p_1 - U_1 p_2 \\ &= [(1-q)(1-a)p_1 - p_2]U_1 \end{aligned} \quad (5-4)$$

$$U_1 - Cc = U_1 - U_1(1-q)a - Uab$$

$$= (1 + a q - a) U_1 - Uab \quad (5-5)$$

在本案中，q = 33%，p_1 = 90%，p_2 = 61%，a = 10%，b = 2%，带入式（5-4）可以得到 $U_0 - C_0 = -0.0673 U_1 < 0$，即 $U_0 < C_0$。带入式（5-5）可以得到 $U_1 - Cc = 0.933U_1 - 0.02 Ua$。考虑到母公司还存在以前在集中管理模式下应支付而未支付的合理报酬，所以，母公司继续维持专利有效是不经济的。本案中，母公司控股的子公司因专利无效而减少的许可费收益，与母公司控股的孙公司因专利无效而节省的许可费支出几乎可以相抵。母公司申请专利无效，不会影响其最终收益，但可以减少因专利有效而必须支付的合理报酬。因此，在母公司达到绝对控股的企业集团中，如果专利仅在集团内部使用，没有对外许可，那么当专利管理模式由集中转向分散时，母公司申请专利无效却是理性的，但对子公司来说维持专利有效更为有利。

（二）母公司所有策略下的收益

在专利集中管理模式下，母公司不可能主动申请专利无效。在法律上，母公司作为专利权人，不能自己申请专利无效。当专利权人认为维持专利的成本高于收益时，只能选择放弃专利。在本案中，子公司作为专利完成单位，无偿获得专利许可。在实践中，企业集团集中管理时通常不会给予子公司专利转让费，子公司通常也不用支付专利许可费，或者母公司给予的专利转让费与子公司支付的专利许可费基本相等。所以不管专利是否有效，子公司均可以利用该项技术生产产品获得收益。在这种情况下，子公司的成本和收益均为0。母公司的收益 U_2 为孙公司向母公司支付的专利许可费，成本 C_2 为母公司承担设计人合理报酬的支付义务。根据我国专利法的规定，只有专利权人实施专利后，才给予设计人合理报酬。在本案中，子公司实施了专利而母公司并没有实施专利，因此母公司只承担专利许可后的合理报酬。

$$U_2 = U_1 - U_1 q - U_1 (1 - q) a$$

$$= U_1 (1 - q)(1 - a) \quad (5-6)$$

$$C_2 = U_1(1-q)a \tag{5-7}$$

那么，母公司的纯收益为 $U_2 - C_2$，子公司的纯收益为0。

$$\begin{aligned} U_2 - C_2 &= U_1(1-q)(1-a) - U_1(1-q)a \\ &= (1-q)(1-2a) \end{aligned} \tag{5-8}$$

将 $q=33\%$，$a=10\%$，$b=2\%$，带入式（5-8）可以得到 $U_2 - C_2 = 0.536\ U_1$，即 $U_2 > C_2$。在集体管理模式下，母公司享有专利权时维持专利的收益大于其为此支付的成本。因此，母公司维持专利才是理性的，放弃专利的行为显然是不经济的。

（三）共同所有策略下的收益

在母子公司共同享有专利权时，母公司同样不能作为专利无效的申请主体。为了简化问题，假设母子公司的收益和成本平均分配。子公司获得的收益为 $U_1/2$，须承担的成本为 $Cc/2$。母公司获得的收益 U_3 除了享有许可费收益外，还可基于控股股东而享有所有者权益。母公司承担的成本为 C_3。

$$\begin{aligned} U_3 &= U_1/2 + \frac{U_1}{2}(1-q)p_1 - U_1 p_2 \\ &= (1 + p_1 - p_1 q - 2p_2)U_1/2 \end{aligned} \tag{5-9}$$

$$C_3 = U_1 \times (1-q)a/2 \tag{5-10}$$

那么，母公司的纯收益为 $U_3 - C_3$，子公司的纯收益为 $U_1/2 - Cc/2$。

$$U_3 - C_3 = [(1-q)(p_1 - a) + 1 - 2p_2]U_1/2 \tag{5-11}$$

$$\begin{aligned} U_1/2 - Cc/2 &= U_1/2 - [U_1(1-q)a + Uab] \\ &= (\frac{1}{2} - a + aq)U_1 - Uab \end{aligned} \tag{5-12}$$

将 $q=33\%$，$p_1=90\%$，$p_2=61\%$，$a=10\%$，$b=2\%$ 分别带入式（5-11）和式（5-12），可以得到 $U_3 - C_3 = 0.158\ U_1$，$U_1/2 - Cc/2 = 0.433\ U_1 - 0.02\ Ua$。显然 $U_3 > C_3$。当 $U_1 > 0.046\ Ua$ 时，$U_1/2 > Cc/2$。

（四）母子公司关于设计人合理报酬支付的博弈

用支付矩阵表示母子公司在设计人合理报酬支付方面的博

弈，如表 5 -2 所示。

表 5 -2　母子公司对设计人合理报酬的支付矩阵

策　略		子公司	
		母公司所有	子公司所有
母公司	母公司所有	$U_2 - C_2$，0	$U_3 - C_3$，$U_1/2 - Cc/2$
	子公司所有	$U_3 - C_3$，$U_1/2 - Cc/2$	$U_0 - C_0$，$U_1 - Cc$

在本案给定 q = 33%，p_1 = 90%，p_2 = 61%，a = 10%，b = 2%，且 U_1 > 0. 046 Ua 的情况下，{母子公司共有} 是这个混合动机博弈的纳什均衡。在本案涉及母公司高度控股和专利技术仅在集团内部实施的情况下，{母子公司共有} 是占优的策略。如果选择集中管理、母公司享有专利权的模式，子公司会因为收益为零而没有积极性，甚至放弃专利。如果选择分散管理、子公司享有专利权的模式，母公司会因为负收益而申请专利无效。由此可见，企业集团不同的专利管理模式，将对职务发明报酬的支付产生重要影响。

四、影响企业集团专利管理模式的主要因素分析

本案是在诸多变量确定的情况下得出上述结论，因此只是典型的个案，不具有普遍代表性。一般而言，a、b、q 是定量，可以予以确定。将 a = 10%，b = 2%，q = 25%（2008 年 1 月 1 日以后 q 由 33% 改为 25%）带入，可以得到以下新的支付矩阵，如表 5 -3 所示。

表 5-3　母子公司对职务发明合理报酬的支付矩阵

策　略		子公司	
		母公司所有	子公司所有
母公司	母公司所有	$(0.6)U_1$, 0	$(0.4625+0.375p_1-p_2)U_1$, $0.425U_1-0.02$ Ua
	子公司所有	$(0.4625+0.375p_1-p_2)U_1$, $0.425U_1-0.02\,Ua$	$(0.675\,p_1-p_2)U_1$, $0.925U_1-0.02\,Ua$

（一）母公司控股程度对专利管理模式的影响

从支付矩阵可以看出，p_1（$0 \leqslant p_1 \leqslant 1$）和 p_2（$0 \leqslant p_2 \leqslant 1$）是影响母公司专利管理决策非常重要的两个变量。$p_1$ 代表母公司对专利完成单位的控股程度，p_2 代表母公司专利被许可人的控股程度。当 p_2 趋于 0 且 $p_1 \geqslant 0.367$ 时，{母子公司共有} 是一个占优策略且母公司利益最大。当 $p_2 \geqslant 0.675$ 时，对于母公司而言，{子公司所有} 是一个劣策略。这意味着，当母公司对专利被许可人的控股达到 67.5% 时，分散管理、子公司享有专利权对母公司不利。{母公司所有} 是一个占优策略。当 $p_1 \geqslant 0.568$ 时，对于母公司而言 {母子公司共有} 则是一个占优策略。

（二）专利利用方式和收益对专利管理模式的影响

U_1 和 Ua 是影响子公司专利管理决策的两个重要变量。U_1 和 Ua 代表了专利权人利用专利的方式和由此产生的收益，即专利许可收益 U_1 和专利实施收益 Ua。两者之间存在密切关系。当 U_1 趋于 0 时，尽管此时 {母公司所有} 是一个占优策略，然而母子公司的收益均为 0。这意味着，一项专利在没有许可的情况下，不管是选择专利集中管理还是分散管理均不好。因此，母子公司都可能放弃专利或申请专利无效。只要专利进行许可，且 $U_1 \geqslant 0.047Ua$，对于子公司而言，{子公司所有} 是一个占优策略，即在专利许可收益超过 0.047 专利实施收益时，专利分散管理、由子公司享有专利权是占优的。

企业集团的专利管理模式与一般企业专利管理的最大区别在

于：专利申请人或专利权人确定的复杂性以及专利在企业集团内部大量使用。翁立克诉伊维案给我们敲响了警钟。为了促进技术创新，落实我国《专利法》和《专利法实施细则》关于职务发明合理报酬的规定，我国企业集团应当选择适当的专利管理模式。企业集团，特别是母公司在管理专利时，需要根据股权结构和专利利用情况审慎地选择专利管理模式。笔者认为，母公司在选择专利管理模式时，至少应考虑以下两个因素。

第一个因素是企业集团的股权结构。如上所述，影响企业集团专利管理模式决策的因素有许多。母公司对子公司的控股程度、母公司与专利被许可人之间的关联程度、专利利用的方式、专利许可在专利收益中比例等因素，均可能影响专利管理模式的选择。当母公司对完成发明或设计的子公司高度控股，最好选择母子公司共有专利的管理模式。我国存在大量高度控股的母子关系，在选择管理模式时不要轻易选择分散管理。翁立克诉伊维案就是一个典型的案例。因此，企业集团在选择专利管理模式需要综合这些因素。

第二个因素是专利许可情况。企业集团应积极开展专利许可，尽量扩大专利许可的范围，努力在企业集团之外进行专利许可。专利的利用方式和收益构成比例，对企业集团专利管理模式影响巨大。显然，如果只有专利没有利用，那么任何企业都会缺乏维持其效力的经济动力。当专利仅由子公司自己实施没有许可时，母子公司均不会受益。只有尽量进行专利许可，才会使母子公司和发明人或设计人获益。而且，被许可人与母公司的关联程度越低，母公司所获利润也越大。翁立克诉伊维案，只涉及母公司、子公司和孙公司的企业集团，相对比较简单。当存在较多的专利被许可人时，专利管理模式的选择将变得更为复杂。

第三节　企业集团运用专利信托管理专利的优势

一、企业集团运用专利信托的优势

日本是研究如何将信托引入企业集团专利管理最活跃的国家，并将母公司与各成员公司之间基于信托合同进行的专利管理称为“基于信托的专利管理”（Trust-based Management）。Seiichi Ban 高级研究员明确指出，现有企业集团专利管理模式具有以下缺点：（1）由子公司管理的专利，在职务发明补偿支付方面存在问题；（2）公司在实施专利权及其专利实施方式上存在问题；（3）在企业集团内部进行专利转让和许可税收方面存在问题。[1] 日本知识产权联合会 Yasuo Sakuta 会长，进一步指出传统专利管理方式不利于专利集中管理。[2] 在日本现行法律制度下，企业集团将专利集中有两种方法：转移法（The Tranfer Method）和委托法（The Commission Method）。[3] 转移法，就是将专利权从专利完成单位转移给专利管理机构。在这种专利转移中，存在两个重要问题：第一个问题是专利市场价值评估。在转移专利时，必须对其市场价值进行准确评估。由于专利资产的专用性和不确定性，对每一个专利评估具有复杂性和困难性。第二个问题是专利转移收益的税收。在企业集团内部进行专利转移产生的收益，应当缴纳企业所得税，增加了专利集中管理成本。委托法是专利权人与

---

❶ Seiichi Ban. Study on the Utilization of Intellectual Property Rights in a Business Group. *IIP Bulletin* 2002, http://www.iip.or.jp/e/summary/pdf/detail2001/e13_12.pdf. 2006-04-18.

❷ Yasuo Sakuta. New Legislation for Establishing Management Business on Patent, etc. using Trust System, *Journal of Japanese Intellectual Property Association*, Vol. 3, No. 2, October 2003, pp. 38~40.

❸ Seiichi Ban. Legal Issues Concerning the Use of Trusts for Intellectual Property, *IIP Bulletin* 2003, pp. 48~55.

另一个法律实体签订专利管理和开发合同，故又称“合同法”。委托法最大的缺点在于，受托进行专利管理的专利管理公司或机构，没有取得委托专利的独立处置权，必须按照专利权人的意愿和要求代为管理专利。如此，各个子公司分散管理各自专利，无法按照企业集团的整体战略目标集中管理专利。

日本许多学者认为在企业集团中引入信托管理专利，可以在一定程度上缓解上述问题。日本知识产权管理第一委员会第一分会，详细研究了信托在企业集团专利管理中运用的可能性，认为“基于信托的专利管理”具有5点优势：(1) 具有一般专利事务管理上的优势。这种优势体现在两个方面：一方面，通过将专利的权利和运作集中起来，提高专利管理的效率；另一方面，根据企业集团现有环境，签订信托合同，设定分享收益和分摊成本的条件。(2) 具有专利权申请和取得方面的优势。这种优势体现在三个方面：第一，阻止企业集团内部成员申请相似专利；第二，避免因违反《日本专利法》第29条第2款缺乏显著性的专利申请被拒绝；❶ 第三，授权受托人以集中管理的方式采取措施管理专利。例如，为了避免专利管理的人力资源分散，集中管理专利，提高专利管理技巧，从而提高专利运作效率。(3) 具有专利许可和争议解决优势。这种优势体现在两个方面：一方面，将必要专利集中起来形成一个有用的专利组合，从而增强对抗竞争对手的实力；另一方面，允许受托人参与涉及企业集团成员之间的专利争议，充分利用受托人在专利管理人力资源和技巧方面的优势。(4) 具有专利转移价格评估方面的优势。在设立专利信托时，不需要对受托专利的市场价格进行评估。(5) 具有发明人补偿支付方面的优势。根据信托合同，委托人或受托人作为

❶ 《日本专利法》第29条第2款规定，申请专利之前，具备该发明所属技术领域的普通知识者记载于前各款中的发明，能容易实现发明时，不拘同款的规定如何，不能取得专利。申请的专利因不具有“非显著性”而被拒绝授权。

签约方负有向发明人支付补偿费的义务，而且受托人可以向职务发明人交付受益权凭证作为合理报酬。[1]

为了促进“基于信托的专利管理”能够引入企业集团专利管理，日本国会修改了《日本信托业法》，为企业集团专利信托管理提供了法律保障。《日本信托业法》的修改集中在三个方面：第一，允许知识产权作为信托财产。第二，允许企业集团设立管理型信托公司（Management-type Trust Company），委托人、受托人和受益人均属于同一企业集团；管理型信托公司必须进行注册登记，每三年年检一次；组织形式必须是股份有限责任公司；最低注册资本达到500万日元，发行股票的必须达到2 500万日元；经营范围可以是管理型信托，也可以是其他类型的信托。第三，建立了信托合同代理制度和受益权交易制度，增强了信托服务。

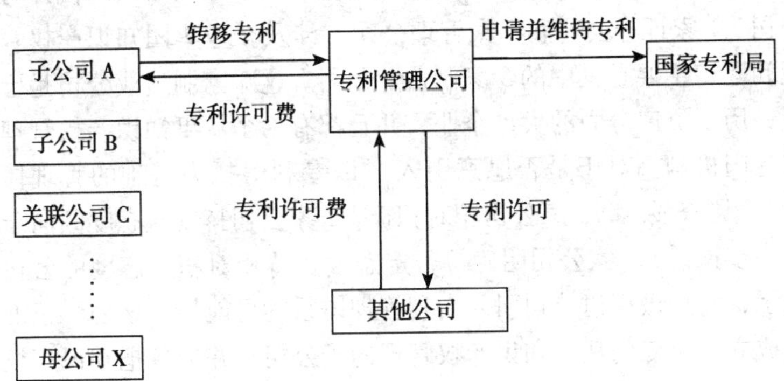

图 5－4　专利管理公司的运行模式

在“基于信托的专利管理”中，特定的专利管理公司成为“受托人”集中管理专利。依据信托合同，企业集团内部的每个成员公司成为“信托人”，将专利权作为信托财产转移给“受托

[1] Seiichi Ban. Legal Issues Concerning the Use of Trusts for Intellectual Property, *IIP Bulletin* 2003.

人”。“受托人”以自己的名义申请、获得、维护和利用这些作为信托财产的专利权。日本知识产权管理第一委员会第一分会，甚至设计了专利管理公司的运行模式，如图 5－4 所示。

二、专利信托在企业集团中的实践

尽管日本理论界积极探讨“基于信托的专利管理”在企业集团中的运用，但在公司实践中却付诸阙如。2005 年 5 月，日本数字内容信托公司（Digital Contents Trust, Inc）成为日本修改商事信托法后首个获得许可的信托公司。截止到 2006 年，日本共有 6 家企业获得商事信托许可或者注册登记，但许多并没有从事知识产权信托。❶ 2005 年，日本知识产权管理第一委员会第一分会，对日本 9 家公司进行了专利信托管理调查。在这 9 家公司中，有 5 家制造业公司、1 家咨询服务公司、1 家知识产权许可公司、1 家证券公司和 1 家管理公司。涉及企业集团知识产权管理问题，主要是其中的 5 家制造业公司。这 5 家制造业公司是已经经历了资产分立的大型企业，并且都有一个从事知识产权管理的专门机构。对于是否愿意引入“以专利信托为基础的管理体系”，调查显示，1 家公司相对积极，1 家公司持观望态度倾向于进一步探讨，3 家公司明确持否定态度。持相对积极态度的公司表示，将积极探讨公司引入专利管理体系的可能性。该公司正准备成立一家专门从事知识产权管理的子公司，并准备把知识产权管理的相关业务集中于子公司，希望从专利集中管理中获取收益。但是，这家公司未决定是否立即引进以专利信托为基础的管理体系，只有在确定引进专利信托带来的实际问题以及明确解决此类问题的方法之后才能作出决定。持观望态度的公司，已经开始探讨引入专利信托管理体系，但对引进专利信托管理体系的益

❶ Yasuyuki Ishii. Strategic Use of Intellectual Property Assets Based on Trust System, Report on the International Patent Licensing Seminar 2006, p. 324.

处及其存在的问题尚不清楚。持否定态度的3家公司，认为即使不引入专利信托管理体系，企业也能完成专利资产的分离。现行专利管理体系并不存在太多问题，这些企业对引进专利信托体系带来的问题和享有的利益并不明晰。其实，从收集到的其他4家公司的信息来看，大多数公司均持否定立场。[1]

日本住友电气工业公司（以下简称"住友电气公司"）已经开始尝试集中管理专利，并探讨如何建立"基于信托的专利管理"。住友电气公司创立于1897年，是世界上最著名的通信厂商之一。它在世界各国设有200多家子公司，形成了一个规模巨大的企业集团。其光纤光缆产销量多年来一直排在世界前列，年产值约30亿美元。1997年，作为控股母公司的住友电气公司，作出将与知识产权有关的事务分离出来并成立一个独立法律实体的决定，成立了住友电气知识产权技术中心有限责任公司（以下简称"住友知识产权公司"）。由于各种原因，住友电气公司将企业集团内部与知识产权有关的全部事务转移给住友知识产权公司几乎是不可能的。住友知识产权公司现聘用了110名员工，其中有11名专利律师，承担了企业集团大约80%的知识产权管理事务。母公司的知识产权部门仍保留计划、审批和许可谈判等职能。

住友知识产权公司总经理Minoru Watanabe指出，在大型企业集团中，日本平均利用已经授权的专利估计只占全部专利的1/3。这是一个相当低的利用率，但住友电气公司也只有这个利用率。与人们将闲置专利许可出去的期望不同，住友电气公司认为没有这个必要。如果预计专利在未来可能没有用，为了降低支付合理报酬的义务，公司通常准备放弃这些权利。除了少数例外

[1] The First Intellectual Property Management Committee, Trust System Under the Revised Trust Business Law and Intellectual Property Management, *Journal of Japan Intellectual Property Association*, Vol. 6, No. 1, June 2006.

情形外，公司只保留高度有用的专利。这些例外情形，包括以下三种情况：（1）公司自己不用，但必须持有研发出来的产品专利。（2）当一个研发团队为一个研发项目努力工作时，在许多情况下，团队会考虑多个可供选择的技术方案。经过多次测试，团队决定选择最好的技术并付诸实施。但此时公司必须保留没有采纳的技术方案。因为最好的技术方案，可能在未来因为相关技术程序而改变。（3）当公司害怕竞争对手为发展一个产品而利用同样的专利技术时，公司将保留那些没有使用的专利。当然，企业集团也有许多对外许可专利的情形。最典型的是交叉许可。当处于同一产业链的其他企业需要公司持有的专利时，公司就会选择交叉许可。此外，当一个与公司没有利益冲突并且不存在竞争关系的企业要求许可时，公司可以进行专利许可。另外，当公司开始了一项研究项目，但由于技术或管理上的原因不得不放弃时，公司可能将在此阶段取得专利出售或许可。当进行专利许可时，公司将借助外界力量帮助处理这些专利许可事务。当公司知识产权管理部门缺乏充足的人力资源，或当公司意识到外面的企业在工作质量上更为高效时，公司将利用外部资源。现在，进行专利管理的外部组织，既有公共组织，也有私人企业。但即使利用这些组织，公司仍有义务参与最后的谈判，签署合同并收取专利许可费。专利信托则可以完成所有这些程序：在产业链中寻找使用专利的其他企业并进行许可，建立许可战略，谈判，以公司喜欢的方式签订合同。

专门从事专利管理的信托公司能够满足专利持有人的需求。专利持有人愿意向处于产业链中不构成竞争关系的专利使用者进行专利许可，也愿意利用外部资源从事对外许可程序。因此，企业集团设立专利信托具有4个目的：（1）提高专利管理效率，与专利内部管理相比，专利信托管理得更有效、质量更高，并解决内部专利管理人力资源不足的状况；（2）需要获得专利使用和许可的新途径；（3）建立专利许可战略；（4）以权利人喜欢的方式进行谈判并签订合同。[1] 如果一项技术是为了一个特定技术领域而开发，那么在其他技术领域寻找使用者是非常困难的，也不利于公司获取收益，知识产权信托公司也难以完成这种可能性极低的工作。如果信托公司能够研究产业和各种公司的专利需求，那么将对拥有专利的企业和信托公司均有好处。只有那些按此执行商业管理的信托公司，才能证明各种专利需求，并在专利许可市场获得成功。一个成功的专利信托公司，必须擅长识别专利需求。信托公司必须知道哪些公司在研究开发什么，这些企业遇到了哪些需要解决的问题。知识产权信托公司，应当在既定的协议框架下有能力识别签约企业的这些事实。然后，信托公司还需识别在某些技术领域中谁持有这些专利。接着，信托公司按照专利持有的要求与可能的潜在使用者进行谈判。最后，信托公司还需具有强有力的谈判和签约技巧。

三、我国企业集团运用信托管理专利的可行性

以信托方式管理专利，笔者认为至少具有4个优势：（1）本质上在企业集团内部进行专利信托管理属于专利集中管理。随着社会分工越来越细致，专利管理基于其专业技巧和专门的人力资源，开始独立于企业的研发部门或科技管理部门。从管理模式来看，专利集中管理不仅比分散管理更具优势，而且也是未来发展不可逆转的趋势。企业集团为了引入基于信托的专利管理，必须成立一家独立于所有企业集团内部成员的专利管理公司作为受托人。根据信托合同，各成员将专利作为信托财产委托给专利管理公司，管理从专利申请到专利诉讼等一系列专利管理事务。这样既能保证企业集团的整体专利战略得到有效实施，又能保持充分的灵活性，保护各委托人的积极性。相对于专利分散管理而言，

[1] Yasuyuki Ishii. Strategic Use of Intellectual Property Assets Based on Trust System, Report on the International Patent Licensing Seminar 2006, p. 324.

专利信托的优势非常明显。将企业集团内部分散的各项专利集中管理，避免了每个成员公司单独谈判交易和分别管理的高昂成本。母公司可以了解企业集团专利的整体状况，从战略的角度管理和利用专利。虽然传统集中管埋模式也能将专利集中，但在专利权转换和对发明人或设计人报酬支付方面存在一些缺陷，专利信托则可以完全避免这方面的缺陷。（2）专利信托管理使受托专利获得独立性，能够有效地做到资产分割。信托的功能在于将信托财产与委托人或受托人的固有财产分割开来，确保信托财产的独立性。与委托其他企业管理专利最大的区别在于，专利信托可以形成一个独立且稳定的专利资产池。专利管理公司像管理自己专利一样，尽心尽职地管理专利池。诸如，“翁立克诉伊维案”中母、子公司恶意串通导致专利无效的情况难以发生。因为专利管理公司作为受托人独立于母公司，并负有维持专利有效的义务。如果与母公司恶意串通导致专利无效，其将承担相应的损害赔偿责任。（3）在设立信托时，只需要签订信托合同并办理信托登记手续，不需要对专利的市场价格进行评估。在设立信托将专利权转换信托受益权时，不需要对专利价值进行评估，避免了评估程序的复杂性和价值的不确定性。这是与传统专利管理模式相比最大的区别，也是克服专利价值不确定性最佳办法。（4）可以有效解决职务发明合理报酬支付难的问题，保护职务发明人或设计人的合法权利。“翁立克诉伊维案”说明，我国实践中拒绝向职务发明人或设计人支付合理报酬更多的是基于经济原因。以信托方式管理专利，有三种支付合理报酬的方式：第一种方式是在信托合同中约定，专利完成单位既作为委托人，又作为受益人，承担支付合理报酬的法定义务。当专利管理公司将专利信托中的收益返还给委托人时，委托人根据适当比例直接支付给职务发明人或设计人。应支付金额简单明了，不容易发生纠纷。第二种方式是专利管理公司作为合理报酬的支付主体，在扣除应支付的合理报酬之后，将剩余收益返还给委托人。第三种方式是在设立信托时，直接向职务发明人或设计人交付合理报酬的受益权凭证。根据专利法和信托合同的规定，专利信托收益可以分为两部分：一部分为职务发明的合理报酬，另一部分为专利权人收益。专利管理公司将这两部分收益均以受益权凭证的方式，分别支付给职务发明人或设计人和专利权人。这种方式使得受托专利更具有独立性，因此解决职务发明合理报酬问题最为彻底。

假设某企业集团由多家公司组成。A 公司将专利权信托给管理公司，但倾向于自己利用专利，禁止管理公司将其权利许可给第三方。其目的在于利用管理公司的管理能力来申请和获得权利，并提高维护和管理专利的效率。B 公司将部分专利信托给管理公司，目的在于通过许可专利获得收益。F 公司将专利申请权和专利权均设立信托，希望通过集中管理来提高效率。专利管理公司根据专利涉及的技术领域，将专利分为Ⅰ领域和Ⅱ领域。当企业集团内的 A 公司和 B 公司与企业集团外的 X 公司存在同业竞争关系时，专利管理公司仅将 B 公司授权的专利许可给 X 公司。这样既保护了 A 公司的技术垄断优势，同时又满足了 B 公司收取许可收益的愿望。从 X 公司处获得的专利许可费经由专利管理公司支付给 B 公司。当与 F 公司存在同业竞争关系的企业集团外 Y 公司要求获得 F 公司专利许可时，专利管理公司可以拒绝专利许可要求。企业集团内专利信托管理的运行模式，如图5－5所示。

专利信托可广泛地运用企业集团专利战略性管理，通过集中管理的方式实现有效率的管理、转移和许可专利。但是，以信托为基础的管理体系并不一定适合企业集团内的所有成员公司。选择专利信托必须满足一定条件。笔者认为必须满足以下三个条件：（1）企业集团必须拥有足够多的专利。如果母公司和各成员公司只拥有少数一些专利，那么选择专利信托既不能降低管理成本，也不能形成专利群优势。（2）具有希望通过集中管理降低管理成本的需求。调查显示，我国 80% 的企业没有设置专门

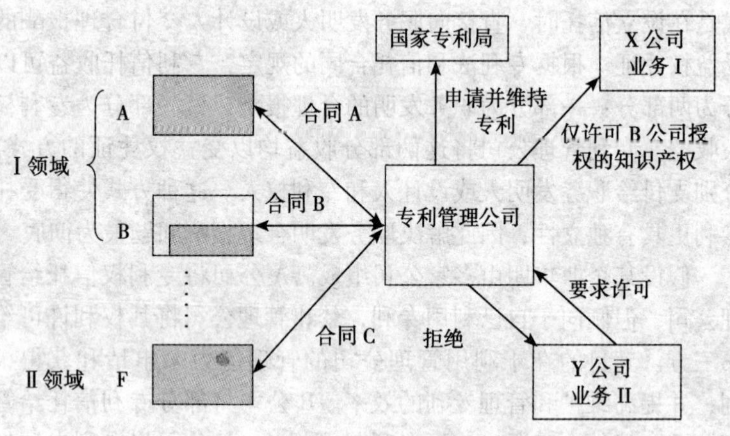

图 5－5　企业集团内专利信托管理的运行模式

注：灰色是指禁止对外许可的专利；白色是指希望许可的专利。

的知识产权管理职能部门。如果企业集团内部的各成员均设立专利管理部门，显然会增加管理成本。存在大量专利需要管理但管理成本又非常高昂的企业集团，可以通过信托来实现专利集中管理。（3）希望通过信托来获得专利许可收益。对于企业而言，专利具有许多不同用途。有些专利权利人只希望自己实施，有些专利是为了实施“专利阻挠战略”，将专利作为阻碍竞争对手进入市场的工具，并不希望通过许可获得收益。对于这些专利由权利人自己管理，比信托管理更好。

第六章　信托在专利池中的运用

自1856年美国成立了由缝纫机专利组成的第一个专利池（Patent Pools）以来，专利池已有150多年的历史。由于美国早期的司法判例认为专利池构成垄断，违反了《美国谢尔曼法》，故长期以来专利池处于停滞状态。1995年4月6日，美国司法部和公平交易委员会公布了《知识产权许可反垄断指南》，并建议"促进竞争的专利池"是可以接受的。此后，美国司法部批准了一系列重要的专利池，从而使专利池得到了快速发展。1999年，美国公平贸易委员会根据反垄断法公布了《专利和技术诀窍许可指南》。2001年1月19日，美国专利和商标局发布了《专利池白皮书》。这些法律文件，为判断一个专利池究竟是促进竞争还是形成垄断提供了法律依据。据美国Josh Lerner教授统计，美国1856~2001年间大约建立了125个专利池。❶ 与此同时，许多学者从经济学角度，进一步解释专利池存在的必要性与合理性。1996年，Robert P. Merges认为"自由谈判规则"可以在一些工业领域形成集体权利组织，开始表现为一份简单的双边合同，随后发展成熟到一个独立的管理实体。❷ 1998年，Heller和Eisenberg指出专利权的过多授权与重叠产生了"专利丛林"或"反公地悲剧"的严重问题。❸ 2000年，Carl Shapiro教授认为在积累

❶ Josh Lerner, Marcin Strojwas, and Jean Tirole. The Design of Patent Pools: The Determinants of Licensing Rules, Working Paper, IDEI, Toulouse, 2005.

❷ Robert P. Merges. Contracting into Liability Rules: Intellectual Property Rights and Collective Rights Organizations. California Law Review, 1996, 84 (5): pp. 1293~1299.

❸ Heller, Michael, and Rebecca Eisenberg. Can Patents Deter Innovation? The Anti-commons in Biomedical Research, *Science*, 1998, 280 (1): pp. 698~701.

创新中，互补性问题（Complements Problem）和敲竹杠问题（Hold-up Problem）形成的交易成本阻碍了创新。❶ 专利池通常被认为是解决上述问题的一种有效的方法。❷ 近年来，专利池在我国引起了人们的广泛关注和持续研究。在面对专利池时，我国企业如何以国际上通行的“公平、合理和非歧视”原则来保护自身利益，如何运用专利池这种新型的专利集中管理方式来促进我国民族工业的发展，值得深思。目前，我国理论界的研究成果，主要集中在专利池的形成机理❸和反垄断❹❺两个方面。长期以来，无论是经济学家还是法学家，忽视了专利池自身的治理机制和结构研究。解决“敲竹杠”问题的治理模式包括法律治理、企业治理、合同治理、动态治理和竞争治理等。专利权人在形成专利池的过程中，不可避免地存在各种协调成本（Coordination Costs）。专利池究竟是企业还是合同，在各种专利池定义中显得非常含混与模糊。企业与市场的边界，只粗略划分了配置资源的这两种基本制度机制。企业可采用多种不同的组织结构，市场交易也可采用从简单现货交易到复杂的长期合同的多种不同方式。选中的特定制度安排，代表了达成利益交换总成本最小的一种治理结构。除了人们熟知的合同治理的机制之外，是否可以引入信托治理结构？专利池固然可以形成互补性技术的集合，为专利许可方和被许可方提供交易信息，降低交易成本，清除技术阻碍，

❶ Shapiro, Carl. Navigating the Patent Thicket: Cross Licenses, Patent Pools, and Standard - Setting. Innovation Policy and the Economy, 2001, (1): pp. 119 ~ 150.

❷ Ted J. Ebersole. Patent Pools as a Solution to the Licensing Problems of Diagnostic Genetics. *Intellectual Property & law Journal*, 2005, 17 (1): pp. 6 ~ 13.

❸ 郭丽峰、高志前：“专利池的形成机理及对我国的启示”，载《中国科技产业》2006 年第 4 期，第 41 ~ 44 页。

❹ 詹映、朱雪忠：“标准和专利战的主角——专利池解析”，载《研究与发展管理》2007 年第 1 期，第 92 ~ 99 页。

❺ 张波：“专利联营反垄断的分析及审查”，载《知识产权》2008 年第 6 期，第 57 ~ 63 页。

避免高成本的侵权诉讼并促进技术扩散。但如何选择与适应性相匹配的治理结构，是我国有效利用专利池必须解决的关键与核心问题。本章将在明确“专利池”概念的基础上，分析“专利池”未来的发展趋势，以及如何选择与不同战略目标相匹配的专利池治理结构。

第一节 专利池的治理结构

一、“专利联盟”抑或“专利池”

目前，我国学者对“Patent Pools”有多种翻译，并进行了多种不同的解释。仔细分析这些概念，不难发现，不同概念之间其实存在较大差异。笔者认为，“专利池”的出现不是一个偶然现象，它预示着专利权人告别了专利分散管理的传统模式，开启了实施“专利集中战略”的全新时代；“专利池”也不会仅仅停留在目前阶段，随着时代的发展必然呈现新的表现方式。回顾过去是为了总结规律，展望未来。厘清我国理论界对“专利池”的不同认识，将有助于更好地运用“专利池”提高我国运用专利的能力，并避免和规制可能对社会造成的危害。

我国许多学者将“Patent Pools”称为“专利联盟”，并认为是“企业专利战略性联盟”的简称。具有代表性的定义有“营利性公司相互之间及对第三方进行专利打包许可的正式和非正式组织”❶，或者“由多个专利拥有者，为了能够彼此之间相互分享专利权或者同意对外进行许可而形成的一个正式或者非正式的战略联盟组织”❷，“由多个专利拥有者为了能够彼此之间分享专

❶ 杜晓君：“专利联盟的竞争效应研究进展”，载《产业经济评论》2009年第2期，第57~73页。

❷ 黄良才：“专利联盟中的搭售问题分析”，载《电子知识产权》2007年第10期，第26~29页。

利技术或者统一对外进行许可，而通过专利交叉许可所形成的一个战略性组织”[1]。这些概念的共同特征，是将“Patent Pools”理解为一种组织，故将“专利联盟”理论称为“组织说”。其理论依据是企业战略管理中的战略联盟理论。战略联盟（Strategic Alliances）有狭义和广义两种概念。狭义上的战略联盟是指“由两个或两个以上有着对等经营实力的企业，为达到拥有市场、共同使用资源等战略目标，通过签订协议、契约而结成的优势互补、风险共担、要素水平双向或多向流动的松散型网络组织”[2]。广义上的战略联盟，是指“不同企业之间的长期联合，超出了正常市场关系又没有达到兼并的地步”[3]，并不局限于组织这种形式，而是呈现多种表现形式。伯纳德·赛蒙因根据企业合作的紧密程度和工作范围，将战略联盟分为5种形式：非正式合作、契约型协议、合资、股权参与和国际联合。福克纳·鲍曼根据性质、形式和成员，把战略联盟划分为3类：集中—综合性、合资—协议型和只有两个合作伙伴—财团型。福克纳在考察228个战略联盟案例之后，将实现战略联盟的方式分为8类：集中的合资，集中的国际联合、集中的合作、集中的多伙伴合作、复杂的合资、复杂的国际合作、复杂的合作和复杂的多伙伴合作。战略联盟应当是介于市场与独立企业之间的一种中间状态，既可能以出资的方式成立合资企业，也可以合同方式约定彼此之间的合作。基于这种认识，“专利联盟说”强调许多企业之间的一种合作与联盟。这是从专利权人或企业的角度，分析企业之间的协作与联合。从战略联盟理论的角度理解“Patent Pools”，具有一定

---

[1] 李玉剑：《专利联盟：战略联盟研究的新领域》，复旦大学出版社2006年版，第6页。

[2] 杨玉秀：“战略联盟理论述评”，载《环渤海经济瞭望》2009年第7期，第54～57页。

[3] 陈黎琴：“企业联盟的类型及概念探析”，载《兰州学刊》2008年第8期，第77～80页。

的合理性。因为“Patent Pools”毕竟是享有互补性专利的权利人之间的一种合作与联合。日益普遍的战略联盟，使得竞争基础从单一企业的竞争转向由企业组成的不同群体之间的竞争。与此同时，笔者发现我国学者将“Patent Pools”译为“专利联盟”，也有许多不当之处：（1）从文意来看，“专利联盟”应译为“Patent Alliances”或者“Patent Strategic Alliances”，不应对应“Patent Pools”。（2）收集并归纳目前我国学者对“专利联盟”的解释，几乎所有的概念都将“专利联盟”界定为一种组织，即采纳了狭义上的战略联盟概念。但事实上，现在大多数“Patent Pools”是采用合同方式完成专利汇集，而且，这种组织形式并未引起经济学家们的注意。[1]（3）“专利联盟”无法解释以美国知识风险公司（Intellectual Ventures Ltd.）为代表的专门从事专利汇集和许可的专利公司。战略联盟与企业的边界是合作伙伴关系尚未达到兼并或收购的程度。将许多专利收购或信托组成一家独立的公司，显然已不再属于一般意义上的战略联盟。由此观之，将“Patent Pools”译为“专利联盟”既不符合文意，又未揭示“Patent Pools”的实质，更不能解释所有由专利汇集形成资产池的现象。其缺陷不言自明。

最常见的译法，是将“Patent Pools”称为“专利池”。目前，我国更多的学者将“Patent Pools”理解为一种合同或协议。具有代表性的概念有“将一个或多个专利许可给他人或第三方的两个或两个以上专利权人之间的协议”[2]，或者“多个专利持有者为聚合专利而达成的协议”[3]，或者“专利的集合，最初是两

---

[1] Josh Lerner. The Design of Patent Pools: The Determinants of Licensing Rules, http://www.people.hbs.edu/jlerner/PatPoolEmpiricalPaper.pdf.

[2] Sung - hwan Kim. Vertical Structure and Patent Pools. *Review of Industrial Organization*, 2004. 25: pp. 231 ~ 250.

[3] Robert P. Merges. Contracting into Liability Rules: Intellectual Property Rights and Collective Rights Organizations. *California Law Review*, 1996, 84 (5): pp. 1293 ~ 1299.

个或两个以上的专利所有者达成的协议，通过该协议将一个或多个专利许可给一方或第三方，后来发展成为把座位交叉许可客体的多个知识产权放入一揽子许可中所形成的知识产权集合体”❶。“专利池”概念的共同特征是强调协议，故可称为“合同说”。也有个别学者将“Patent Pools”称之为“专利联营”，并认为是“两个或多个不同知识产权人之间的一种协议，这种协议规定合同各方可以使用其他方所拥有的知识产权”❷。由于“专利联营”的本质仍将“Patent Pools”视为一种协议，所以可以归属于“合同说”。

通过分析研究文献，可以清楚地看到我国学术界对“Patent Pools”有两种不同的译法和解释：一种译为“专利联盟”，采“组织说”；另一种译为“专利池”，采“合同说”。从译法来看，笔者更倾向于“专利池”。因为它不仅形象，更接近文意的本来含义，而且“资产池”具有更深刻的理论内涵和广泛的适应力。如果从专利资产的角度来看，将由不同权利人所有的专利予以集中并统一管理便形成了一个相对独立的“资产池”，那么将由专利资产组成的具有相对独立性和自主性的“资产池”称为“专利池”也许更为合适。但是，将“Patent Pools”译为“专利池”并未解释清楚它究竟是一种合同，还是一个企业，抑或其他。理论争论并未因此而停息。

二、专利池是合同还是企业

在交易成本可忽略不计的情况下，“宁买勿造”一般是获得某种物品最节省成本的方法。专利制度通过增加产品价格并限制专利使用，来激励发明创造。近年来，许多国家在授权专利数量

❶ 郭丽峰、高志前：“专利池的形成机理及其对我国的启示”，载《中国科技产业》2006年第4期，第41~44页。

❷ 王先林：《知识产权与反垄断法》，法律出版社2001年版，第278页。

激增的同时，专利许可也呈现明显增加的趋势。2007 年，Athreye 和 Cantwell 在研究报告指出，2000 年，全世界的版税和专利许可收入已经达到了 800 亿美元，而 1983 年的许可收益大约为 100 亿美元。[1] Razgaitis 在 2004 年对美国和加拿大的 472 家企业进行调查，发现专利许可被大量运用，被许可企业支付了 144 亿美元，许可企业则获得了 90 亿美元收益。[2] 2007 年，Giuri 在欧洲对超过了 9 000家机构的专利持有者的专利使用情况进行调查，结果显示，平均 10.1% 的专利用于许可或者在权利人自己使用的同时又进行专利许可。[3] 这预示着创新活动的增加驱动了经济的增长，更多的企业通过专利许可来生产专利产品，从而提高社会总福利。但在非常狭窄的领域授予太多的产权，可能排除经济资源的有效开发。当过多的专利权相互重叠并由多个权利人分享时，每一个专利权利人均可以向生产专利产品的被许可人主张专利许可。如果在专利产品开发和生产过程中存在太多的专利许可“收费站”，那么终究会因高额的交易成本和许可费而阻碍创新。与此同时，专利所具有的资产专用性提高了任何治理结构的交易成本。在积累创新和连续性创新中，一项新专利是其前期互补性专利的积累和延续。在集成创新中，新专利可能是已有多项专利技术的集成。对新专利的开发与利用必须依赖互补性专利，互补性专利若想产生更高的价值，也必须依靠新专利。新专利与互补性专利之间存在相互依赖性，并引起更多的缔约风险。专利所具有的“资产专用性”以及“专利丛林”和“反公地悲剧”的出现，最终导致了市场制治理结构在专利许可领域的失灵。

---

[1] Athreye, S. and Cantwell, J. Creating competition? Globalization and the Emergence of New Technology Producers, *Research Policy*, 2007, (36): pp. 209 ~ 226.

[2] Aoki, R. Intellectual Property and Consortium Standard Patent Pools, *Journal of Intellectual Property Right*, 2005, (10): pp. 206 ~ 213.

[3] Giuri, P. Inventors and Invention Processes in Europe: Results from the PatVal – EU survey, *Research Policy*, 2007, (36): pp. 1107 ~ 1127.

克服专利许可市场失灵，最直接的方法是将生产某种产品的专利全部集中起来并由一个主体享有。由各种资产组成的企业，具有更好的协调效应和内部控制功能。如果专利权人愿意成立企业，并让企业家作为权威人士支配其专利，那么就可以节省许多市场交易成本。企业家必须做到低成本行使其职能，因为他可以用低于市场交易的价格获得生产要素。如果他做不到，一般只能再回公开市场。因此，在专利权人愿意以牺牲所有权为代价成立企业并且在企业管理有效率的情况下，利用层级制治理结构使用专利可以降低市场交易成本。由不同专利权人将基础专利和互补性专利组合成新的经营实体（Joint Venture Entities），由各方共同控制和分享收益。专利池有时也可以理解为“为追求利润的专利权人彼此之间或与第三人分享专利权的一种正式或非正式的组织”。但在实践中，由专利权人以专利出资设立企业的方式组建专利池几乎没有。从2000年开始，美国知识风险公司（Intellectual Ventures Ltd.）正在悄然改变组建专利池的方式，采用全新的治理机构。2007年，总部设在新加坡的亚洲知识风险公司（Intellectual Ventures Asia Pte. Ltd.），高调进入中国，并被翻译成一个好听的名字“高智投资”（以下对“美国知识风险公司”和“亚洲知识风险”都简称为“高智投资”）。它正在尝试以购买或信托的方式，获得技术创新最为活跃的信息技术、生物医疗、材料科学等领域的最新专利，并将这些专利组成一个个相对独立的“专利资产池”，进行集中许可。这种全新的汇集和管理专利许可的模式，改变了传统专利池的合同治理机制。本章第三节将详细分析“高智投资”组建专利池的治理结构。

市场和企业是两种极端的治理模式，介于两者之间还有诸如长期合同、特许经营、合资企业以及信托等混合模式。许多专利池是以合同为基础组建的。实际上，这些合同已经不是一般意义上的短期合同，而是持续较长时期并具一定稳定性的长期合同。专利池选择了以长期合同的方式组建，也就意味着专利池采取混合制的治理结构。从现有文献来看，专利池首先被理解为一系列合同，普遍认为专利池是“将一个或多个专利许可给他人或第三方的两个或两个以上专利权人之间的协议”❶。1995 年 4 月 6 日，美国司法部和公平交易委员会公布了《知识产权许可反垄断指南》确认了这一概念，认为专利池是指两个或多个专利权人同意将其特定专利许可给对方或第三方的协议。在组建专利池时，通常涉及两方面的合同：一方面是专利池内部的专利权人彼此之间的交叉许可，确保每个专利权人可以获得使用池内其他专利技术的权利；另一方面是专利池与外部第三方的专利许可，将池内专利一揽子许可给池外有兴趣的第三方。这两方面内容，被 Mark D. Janis 教授称为专利集中（Aggregation）和专利分发（Dissemination）❷ 过程。当某一技术领域的相关专利分散在多个专利权人手中时，需要通过签订合同的方式，将各个分散的专利集中起来形成专利池。然后，根据专利池确定的专利许可政策，将专利池内的全部专利许可给处于产业链下游的制造企业，形成专利许可组合。严格地讲，混合制的治理结构既不采古典合同法中的合同，也不用企业法中的企业，而是新古典合同法中的长期合同。古典合同法中的交易靠明确的协议迅速达成，以容易界定的业绩来约束。买卖双方之间不存在相互依赖的关系，彼此的身份也不重要。合同法的规则被严格地应用于艰难的讨价还价过程中，合同以一种极其法律化的方式进行解释。而长期合同存在于具有依赖关系的双方当事人之间，而且受弹性缔约机制调节，使得合同当事人能够自己协调自己的行为。专利池选择长期合同的治理结构，主要是因为各专利权人之间存在强烈的相互依赖性，既需要一定的稳定性，也需要适当的弹性。混合制的治理结构表现出来

---

❶ Sung - hwan Kim. Vertical Structure and Patent Pools . *Review of Industrial Organization*, 2004. 25: pp. 231 ~250.

❷ Mark D. Janis. Aggregation and Dissemination Issues in Patent Pools. *University of Iowa Studies Research Paper*, 2005.

的对依赖关系的协调性和适应性，使得其更适合专利池的管理。但混合制治理结构也呈现多元化趋势。专利池的组织机构各异，治理模式亦存在不同。

三、专利池的治理结构分析

在历史上，曾出现过许多类型的专利池。为了保护公众利益，美国政府曾建立了权利集体管理组织，建立并管理公共专利池，直接购买主要专利技术并将其投放到公共领域，按照事先确定的许可费进行许可。一些私人企业或市场领先者也组织了自发的专利池。Shapiro 教授将这些专利池分为：基于合同的小型专利池、产业领域内的大型专利池和基于技术标准的专利池。专利池的类型，如图 6－1 所示。

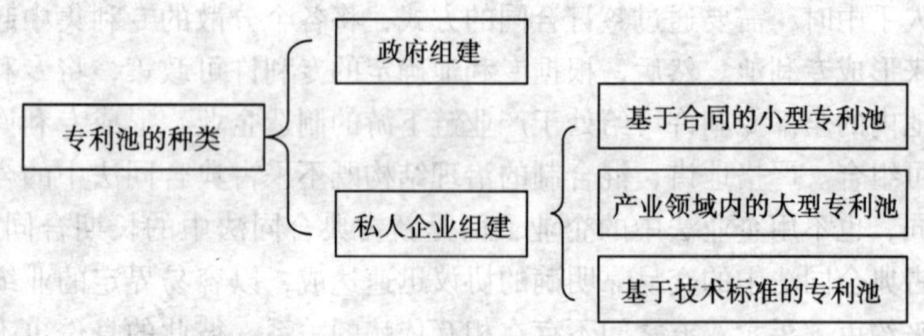

图 6－1　专利池的类型

不同种类的专利池，其治理结构存在略微区别。一些小型专利池，主要是以合同的方式进行管理。一些大型专利池，则由特定的组织机构进行专门管理。此外，还可以选择信托方式。目前，绝大部分的专利池选择了长期合同的治理结构，特别是 20 世纪 90 年代之后，美国司法部认可的专利池几乎都选择了长期合同。这是否意味着长期合同的治理模式更适合专利池呢，或者说适于所有的专利池？在一个产品的产业链中，市场结构通常被划分三部分：同处上下游环节并实现专利拥有与产品生产一体化的企业、处于上游主要从事研究与开发的组织，以及处于下游环节仅从事产品生产的制造企业。来源于不同环节的权利人结构上的差异，必将影响专利池的治理结构。Sung-hwan Kim 注意到美国近年来批准的所有专利池中，专利权人既是上游许可者，又是下游被许可者并实现垂直一体化的企业，并认为垂直一体化的企业在专利池中能够进一步降低最终产品的价格。[1] 美国司法部先后审查认可的 MPEG－2 专利池（1997）、DVD3C（1998）、DVD6C（1999）和 3G 专利池（2002），其成员几乎是最终产品的生产者，即专利池内的专利权人几乎是实现了拥有专利和使用专利一体化的企业。专利许可包括专利池内部的交叉许可和专利池对外的一揽子许可。由于池内交叉许可是免费的，所以实现一体化的池内成员生产专利产品的成本比处于下游的生产企业要低。因此，实现一体化的企业参与组建专利池的主要目的，是克服"专利丛林"造成的创新障碍，免费获得互补性专利，增强竞争优势。如果没有反垄断法的限制，一体化企业可能宁愿交叉许可，也不愿意将专利全部许可给下游的生产企业。在反垄断法的约束下，一体化企业对专利的价值和市场更为了解，拥有相对完全的信息。与此同时，专利池所集合的专利，是整个产品生产所必需的资产。从专利池那里获得专利许可，是每个生产企业生产专利产品的前提。因此，专利许可交易是频繁和长期的。按照制度经济学的理论，在交易信息比较完全的情况下，对于经常性交易的专利许可，最好是采取合同制的治理结构。

---

[1] Sung－hwan Kim. Vertical Structure and Patent Pools. *Review of Industrial Organization*, 2004. 25：pp. 231～250.

第二节 基于信托的专利池

一、基于合同的专利池

在一些针对特定技术的小型专利池中，没有复杂、严密的组织管理机构，专利权人通过签订合同的方式来集体管理专利池中的专利。这类以专利权人彼此之间签订合作合同为基础组建的专利池，被称为“基于合同的专利池”（Contract-based Pools）。它包括两种模式：一种是专利权人彼此签订合同自己进行管理，另一种是全体专利权人签订合同委托管理公司进行管理。例如，1999年由东芝、三菱、日立、松下、JVC和时代华纳6家公司共同组成的DVDs（Digital Versatile Discs）专利池，就是典型的第一种“基于合同的专利池”。6家公司达成一致，委托东芝公司将权利人的“必需专利”汇集起来，广泛传播池内专利并向权利人分配专利许可收入。这种安排由一系列协议来保证执行：（1）签订专利授权协议。东芝公司将从每个权利人那些获得一份专利许可授权协议，以便东芝公司能够将权利人的“必需专利”许可给DVDs标准的使用者。（2）签订专家协议。专利许可人与专家组成员签订选择和评估被许可专利的协议，授权专家进行评估。（3）签订DVD专利许可合同。东芝公司将权利人的专利再分许可给DVD产品的制造者。（4）签订专利许可费分配合同。专利权人将确定一个如何决定东芝公司在许可人间分配许可费的计算公式，明确专利许可费分配的合理规则。实际上，这就形成了委托—代理的法律关系。东芝公司作为管理者，接受其他专利权人的委托与授权，将集中的专利一揽子许可给处于产业下游的生产者。这种基于合同的治理结构主要适用于规模比较小或专利权人比较少的专利池。基于合同的专利池治理结构，如图6-2所示。

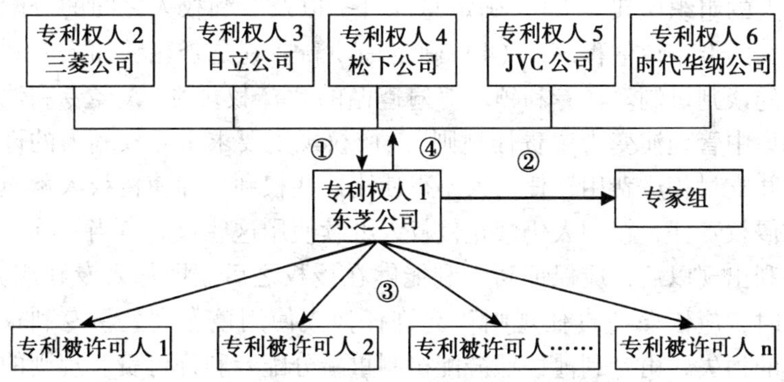

图6-2　基于合同的专利池治理结构

①-授权合同；②-专家评估合同；③-专利许可合同；④-专利许可费分配合同

MPEG-2专利池包含了许多协调机制，属于第二种“基于合同的专利池”的典型代表。1996年成立于美国丹佛市的MPEG许可管理有限责任公司（MPEG Licensing Administration LLC.），是MPEG-2专利池的代理人，负责从必要专利的权利人那里获得非排他性分许可权，并将集中的专利组合许可给运用MPEG-2标准制造产品的生产企业。专利许可范围覆盖了所有1994年6月1日后所生产的MPEG-2产品。MPEG-2专利组合授权包括57个国家的近800项MPEG-2核心专利，授权许可持有人达1 000家以上，占据了绝大部分MPEG-2产品市场。MPEG许可管理公司的营利模式，主要是在向用户进行一揽子再许可后，为专利权人利益收取并分发许可费，并根据集中的许可费收取大约5%～10%作为专利管理费。作为专利池的管理者，它必须设计一套合理的治理结构，以确保专利池内部的稳定与协调。它必须考虑以下事项：（1）向生产企业“一站式”许可的工作程序。MPEG-2专利池将专利分为必要专利和相关专利，并分类管理，允许专利权人在池外进行单独许可，“部分终止”条款允许生产企业与持有互补性专利许可单独谈判。（2）形成能够代表专利

权人的组织框架。（3）确定总许可费以及专利权人之间的分配方案的专家评估程序。（4）确定一项新专利是否能够加入专利池的谈判机制。在专利领域普遍遵循的“产权规则”，经专利池的集中管理演变为“责任规则”。产权规则要求未经权利人的许可并支付相应费用，任何人不得使用这些权利。即使侵权人承担了侵权责任，权利人仍禁止侵权人继续使用这些权利。当一项新专利出现以后，应保证新专利能够在授权之后立即加入专利池。此时，应依照“责任规则”允许任何人使用该专利。新专利权人的损失，由专利池按照分配机制重新分配专利许可费。规则的转变，使得专利池具有高度的灵活性，可以随时适应技术和专利的变化。（5）制定解决争议的程序。专利池希望尽可能通过谈判或事先拟定的规则解决争议。这些内部规则的建立，使得基于专利管理公司的专利池具有高度的灵活性。现在 MPEG 许可管理公司还管理着 MPEG-4、H.264、DVB－T 等相类似的标准专利池。此外，类似的著名专利管理公司，还有杜比实验室的独资子公司 Via 许可公司。基于公司的专利池治理结构，如图 6－3 所示。

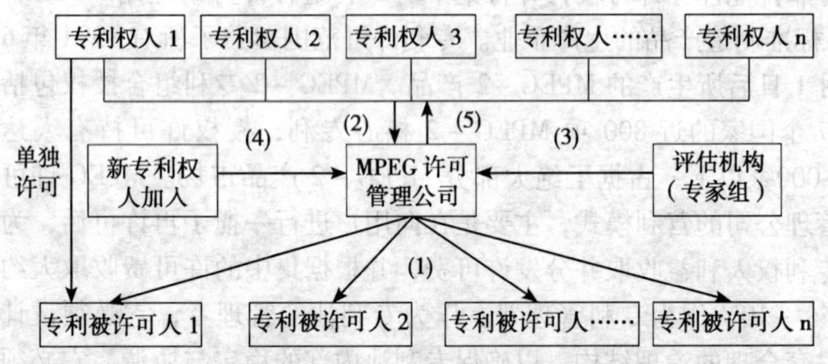

图 6－3　基于公司的专利池治理结构

（1）－“一站式”许可程序；（2）－组织框架；（3）－评估程序；（4）－新专利加入谈判机制；（5）－纠纷解决机制

二、长期合同治理结构的缺陷

专利管理公司与各专利权人是一种委托—代理关系。这种性质决定了专利池管理者不可能直接介入专利权人的侵权纠纷当中。当发现专利侵权时，是提起诉讼还是采取其他争端解决措施，完全由专利权人自行决定。作为专利管理公司，MPEG 许可管理公司或 Via 许可公司，只有在确保没有侵权的情况下，才同专利池的用户签订专利许可协议。一旦发现有侵权状况出现，专利管理公司会选择在尽量追溯专利费的前提下达成许可。如果无法达成许可将通知专利权人，由专利权人决定如何处理。

基于委托—代理的合同治理结构，能够有效地解决专利池中专利的集中和分发问题。但其适用有一个基本前提：专利一直有效并保持稳定，专利权不会发生转让、质押、无效或终止等权利变动情况。提前终止合同或不适当地坚持合同，将会对一方或双方造成负担。此时，长期合同的自我调节和协调就显得非常重要。长期合同需要特定的适应性机制，以便在遇到意外干扰时可以有效地重新安排并保证这种协调的效率。基于合同的专利池可以理解为广义的企业战略性联盟。尽管企业之间需求合作或者建立战略性联盟是一种现实和趋势，然而许多合作并不稳定或以解体而告终。1999 年，安达信咨询公司对企业战略联盟进行了研究，表明 61% 的战略联盟要么是彻底失败，要么是“没什么意义”。影响联盟与合作伙伴关系的因素有许多，主要因素包括以下 3 个：（1）联盟各方能够在多大程度上进行很好的合作；（2）各方是否能够对不断变化的内外部环境条件作出反应；（3）在必要的情况下，双方进行重新协商谈判的意愿。除非合作各方都重视彼此为联盟所带来的技巧、资源及其所作出的贡献，并且有关的合作协议带来了双赢的结果，否则联盟注定要失败。许多联盟最终失败或走向解体，永远无法发挥其所有的潜

能，因为联盟各方之间存在摩擦和冲突。[1] 当专利的权利状况或利用情况发生变化时，专利池是否能够维持或发挥原有功能，取决于专利池对环境变化的适应力。

笔者认为，专利池的管理可能受以下 5 个因素的干扰：(1) 池内专利被申请无效。只有有效专利才能进入专利池。问题专利的普遍存在，使得一些专利虽然已获得授权，但因不完全符合法律规定而可能被宣告无效。专利无效申请程序的启动，将对以长期合同治理的专利池产生极其重大的干扰。例如，2005 年以北京大学张平教授为代表的 5 位知识产权教授，为了我国 DVD 行业的发展，对 DVD－3C 专利池中飞利浦公司拥有的一项名为“编码数据的发送和接收方法以及发射机和接收机”的专利提出无效申请。2006 年 12 月 10 日，飞利浦公司与 5 位教授最终达成和解，同意将争议专利从专利池中撤出，并不再主张该项专利权。池内专利权的无效必然影响到专利许可政策和利益分配机制。(2) 专利权人破产。如果专利权人由于不能偿还到期债权而被法院宣告破产，那么其拥有的专利就可能被拍卖或变卖。由此将使专利的权利归属发生转移。新的专利权人是否愿意承认或重新签订长期合同，都将对专利池产生重大干扰。(3) 专利权被质押。原本专利权人质押专利获得融资，对他人行为不会产生影响，但当专利权人无法偿还到期债权时，其将面临专利被变卖、拍卖或折价的风险。这种风险将进一步影响专利池长期合同的稳定性与适用性。(4) 专利权人单独许可。尽管专利池已经达成一揽子许可专利的长期合同，然而在实践中仍然存在特定专利权人进行单独许可的激励。在 MPEG 许可管理公司管理的专利池中，允许专利权人单独许可，但并不是所有专利池均允许单独许可。是否允许单独许可、如何有效监督单独许可以及单独许可

[1] [美] 小阿瑟·A. 汤普森著，段盛华译：《战略管理（第 13 版）》，中国财政经济出版社 2005 年版，第 165 页。

对长期合同究竟有什么影响，这些就构成干扰因素。(5) 被许可人拒绝或迟延支付专利许可费。尽管专利池与被许可人签订的专利许可合同可以视为长期合同，并具有相应的自我调节能力，但被许可人由于情事变更导致拒绝或迟延支付专利许可费时如何强制履行，由谁代表专利池提起诉讼？上述5个干扰因素的存在，使得以长期合同治理专利池具有一定的不确定性。这种不确定性有两种表现形式：一种是干扰的频率，干扰因素时常出现；另一种是干扰的深度，干扰变得更有影响。虽然在更为频繁的干扰面前，一切治理机制的效率都会下降，但混合制模式更容易受到影响。专利具有的资产专用性程度与因干扰因素引起的不确定性程度，将影响专利池治理结构的选择。资产专用性与不确定性对专利池治理机制的影响，如图6－4所示。

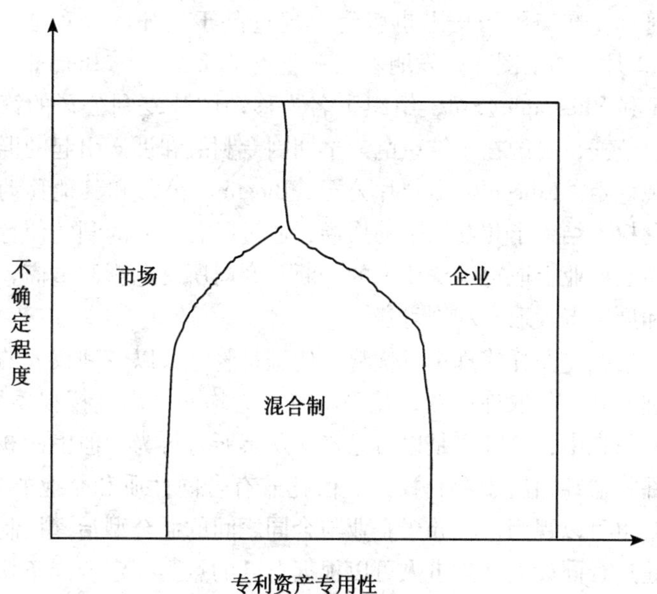

图6－4　资产专用性与不确定性对专利池治理机制的影响

一旦上述干扰因素出现的频率较高或者干扰的深度较深，长期合同的治理结构显然无法适应环境的变化。如果在干扰因素出现之后相关当事人重新讨价还价，那么可能导致当事人事前的约定没有效率。因此，长期相互依赖的当事人如果意识到不完备合同需要不断查漏补缺，且由于无法适用环境变化，有时就会放弃合作。当干扰因素发生频率增多而且适应环境变化性的重要性增加时，可以寻求专利池的其他治理机制。

三、基于信托专利池的治理结构

以信托关系为基础组建的专利池，被称为“基于信托的专利池”（Trust-based Pools）。它是指专利权人与受托人签订专利信托合同，将专利权转移给受托人，并由受托人负责专利集中与分发管理。在美国历史上也曾经出现过基于信托的专利池。1908年12月，移动图片的发明者和工业领先者 Armat、Biograph、Edison 和 Vitagraph 公司，组织了名为移动图片专利公司的第一个电影信托，目的在于结束电影早期因专利战和诉讼引起的混乱而实现稳定。Edison 电影制片公司、Biograph 公司和其他移动图片专利权人结束了相互竞争的格局，通过联合各方的利益使各成员公司在商业上取得了法律上的垄断，并向所有电影制造商、发行商和展览者收取专利许可费。

信托比委托代理更具优势。代理是管理人以专利权人的名义管理专利、收取许可费，几乎所有行为均必须出具授权委托书。而在信托中，管理人是以自己名义从事所有行为，但由此获得的全部收益却归属于专利权人。信托兼有合同性质和企业的特征，有时也可以视为一种介于企业与合同之间的混合型治理机制。信托通过合同设立，当事人可以根据自己的意愿确定合同条款，可以进行自发调整。具有独立性的信托财产独立于委托人、受托人和受益人，表现出来的资产分割功能比任何形式的企业都要强烈。资产分割功能能够对抗许多干扰因素的影响，具有非常强的适应性。自发性与适应性，在信托中得到非常好的体现与平衡。尽管长期合同也在努力限制市场的自发性而增强对环境的适应性，然而由于合同不具备资产分割功能，当干扰因素频繁出现时，长期合同的适应性就显得非常脆弱。而信托具有非常强的资产分割功能，所以当出现专利权人破产、专利权被质押、专利单独许可或被许可人违约等干扰因素时，受托人仍可以依据信托关系从容应对这些干扰因素。表6-1比较了长期合同与信托在面对干扰因素适应性的差异。由此可以清楚地看出，信托比委托—代理这类长期合同具有更强的环境适应性和稳定性。

表6-1　长期合同与信托适应性之比较

	长期合同	信托
专利无效	终止	终止
专利权人破产	变更或终止	不受影响
专利质押	变更或终止	不受影响
专利单独许可	可能有影响	不受影响
被许可人违约	专利池不负责提起诉讼	不受影响

如何选择与专利池相匹配的治理结构，是组建专利池应当考虑的首要问题。而这个问题长期以来被相关学者和管理者所忽视。选择恰当的治理结构，对于既缺乏经验又想尝试专利池的我国尤为重要。笔者认为，除了前面提及的专利资产专用性程度和专利交易不确定性程度之外，影响治理结构选择的重要因素还应包括以下两个：第一个因素，是专利权人在市场结构中所处的位置。实现专利拥有与产品生产一体化的企业，往往选择长期合同治理结构。因为这些企业不仅熟悉专利许可市场，而且还能享受专利池内部交叉许可带来的收益，所以对于专利池的外部许可环境变化具有比较强的适应力。研发机构组成专利池的目的主要是

获得专利许可费。出于私利的考虑，这类专利池可能制定比较高的专利许可政策，提高制造企业的生产成本。研发机构处于产业链的上游，对于处于下游的专利产品生产信息不太了解，拥有的交易信息并不完全。与实现专利一体化的权利人相比，处于产业链上游的研发机构不仅不熟悉专利许可市场，而且缺少专利池内部交叉许可收益，所以对外部环境变化适应力相对较弱。选择信托制治理结构，可能对处于产业链上游的研发机构更为有利。第二个因素，是专利管理事务的内容和范围。如果仅仅是进行专利许可，收取并分配专利许可费，那么选择长期合同就可以实现管理目的。但如果对于在维持专利和专利许可过程中的一系列事务都进行管理，例如代缴专利年费、向侵权人提起诉讼、专利许可等，那么选择信托制将更为安全和便捷。基于信托的专利池治理结构，如图6－5所示。

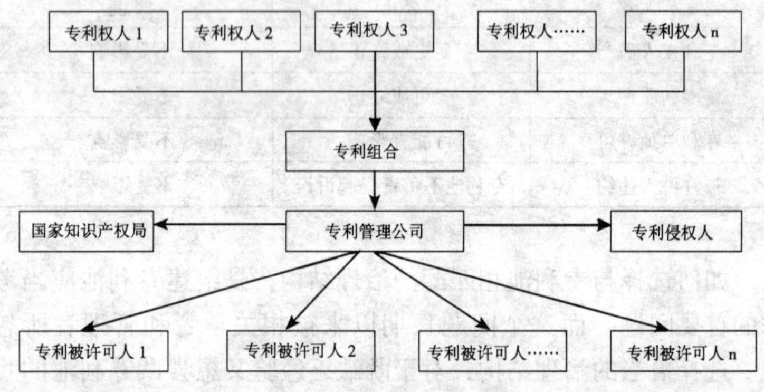

图6－5　基于信托的专利池治理结构

综上所述，影响专利池治理结构选择的因素，主要有专利资产专用性程度、交易不确定性程度、专利权人在市场结构中的位置以及专利事务管理的内容。如果专利池中的专利具有高度的专用性，专利权人又处于产业链上游，容易受到诸多不确定性干扰因素的影响，那么选择信托制的治理结构能够处理更多的管理事务，专利池将更为稳定而且具有弹性。对于已经实现一体化的专利权人而言，长期合同足以实现专利集中与分配的功能，选择长期合同的治理结构更为简单。

第三节 基于公司的专利池

如果全体专利权人能够将专利共同出资成立公司，或者某个公司能够以自己的名义汇集一定数量的专利组建专利池，那么以公司为基础组建的专利池，就被称为“基于公司的专利池”(Company-based Pools)。它与“基于合同的专利池”最大的区别在于公司享有全部专利的所有权，以自己的名义对外进行许可。以专利出资成立公司并组成一个专利池，在实践中尚未出现。但有些专利经营公司，已经开始尝试以公司的名义汇集专利组成专利池。

一、专利经营公司出现的原因

对于如雨后春笋般涌现出的专利经营公司，我国有学者根据商业模式的不同，将专利经营公司分为 4 种类型：专利联营模式、专利基金模式、专利经纪模式和专利诉讼模式。[1] 专利联营模式，就是前文提到的为专利池提供专业管理服务的公司。以 MPEG LA 公司和 Via Licensing 公司为典型代表。专利基金模式的典型代表就是美国“高智投资”。[2] 之所以称之为“专利基金模式”，是因为它利用私募基金募集了数额巨大的资金，用于创造专利、收购专利或开发专利。专利经纪模式，本质上是为专利

---

[1] 黄良才：“福兮祸兮——从我国通信企业角度看专利经营公司的利弊”，载《电子知识产权》2008 年第 9 期，第 19 页。

[2] “高智投资”的英文全称为“Intellectual Ventures, LLC”。我国常见的翻译为“知识风险公司”“高智发明公司”“发明工厂”。“高智投资”是“Intellectual Ventures, LLC”进入中国后，自己起的一个颇具中国特色的名字，故本书采纳这种译法。

权人和专利使用者提供一个服务平台。其典型代表是日本的 Ocean Tomo 公司，提供专利网上拍卖、专利评估、专利经纪、编制专利指数等服务。专利诉讼模式，主要通过发起专利侵权诉讼或以此威胁获得赔偿的经营方式。这类专利经营公司拥有或收购专利的目的，不是以专利来制造产品或提供服务，而是在市场上四处查探是否有其他公司或个人推出的产品或服务运用了其拥有的专利技术，然后以诉讼相威胁要求对方支付巨额的赔偿金。据美国《财富》杂志报道，2007 年美国 100 件大的专利侵权诉讼中有一半来自这些专利经营公司。所以，从事专利诉讼的专利经营公司虽然数量很多，但名声很差，被“高智投资”的董事 Peter Detkin 称为“专利流氓”❶。根据专利管理是否集中，这 4 种专利经营公司可划分为集中管理型和分散管理型。专利池是一种典型的专利集中管理模式，故可能涉及专利池的主要是专利联营模式和专利基金模式。根据经营范围的不同，这 4 种专利经营公司又可以分为提供服务型和获取专利型。专利联营模式和专利经纪模式，主要是为专利权人和专利使用者提供服务。专利联营模式和专利基金模式，则是为了获取专利进行收购或信托或自我研发。依据管理模式与经营范围，笔者对专利经营公司作进一步分类，如表 6－2 所示。尽管美国“高智投资”从 2000 年成立至今仍没有宣称其设立了专利池，但“高智投资”的经营模式最可能发起设立“基于公司的专利池”。本节对“基于公司的专利池”的研究，主要是针对“高智投资”的经营模式和未来前景进行分析。专利经营公司的大量出现，绝对不是偶然现象。笔者认为运用开放式创新理论、专业化分工理论和企业战略管理理论，可以对这一现象进行合理解释。

❶ “专利流氓”的英文为“Patent Troll”。我国常见的翻译有“专利流氓、专利恶魔（鬼）、专利怪兽（客）、专利钓饵（鱼）、专利渔夫（翁）、专利妖怪、专利蟑螂、专利地痞”等。本书采纳“专利流氓”的译法。

表 6－2　专利经营公司的类型

<table>
<tr><td colspan="2" rowspan="2"></td><td colspan="2">管理模式</td></tr>
<tr><td>分散管理</td><td>集中管理（专利池）</td></tr>
<tr><td rowspan="2">经营范围</td><td>提供服务</td><td>专利经纪模式
Ⅰ</td><td>专利联营模式
Ⅱ</td></tr>
<tr><td>获取专利</td><td>专利诉讼模式
Ⅲ</td><td>专利基金模式
Ⅳ</td></tr>
</table>

（一）开放式创新

越来越多的企业或组织采取了“开放式创新”（Open Innovation）模式。“开放式创新”理论由美国哈佛大学亨利·切萨布鲁夫教授最早提出。❶“开放式创新”是相对于“封闭式创新”（Closed Innovation）而言的。在21世纪之前的创新范式主要是基于“创新需要控制”的理念：组织的创新活动应当严格控制在组织内部。研发是企业非常“有价值的战略资源”，应当受到严格控制，即研发、生产、经营以及再创新均在组织内部完成。这种曾被许多企业成功验证的创新模式，被切萨布鲁夫教授称为“封闭式创新”。进入21世纪，“封闭式创新”已经不能适应知识经济下技术创新的不确定和资本全球化的发展趋势。知识性人才不仅在数量上剧增，而且流动性变得越来越强。风险投资市场的兴起、外部思想的可用性、大学等科研机构研究能力的提高以及供应商能力的增强，均导致传统的“封闭式创新”举步维艰。任何技术力量雄厚的企业不可能拥有创新所需的全部资源和技术。❷“开放式创新”包括“开放”和“创新”两部分。“开放”意味着创新资源不仅来源其组织内部，也包括从组织外部获取创意和资源。“创新”则是将好的创意进行商品化或获取收益的动

❶ Chesbrough, H. W. *Open Innovation: The New Imperative for Creating and Profiting from Technology*, Boston: Harvard Business School Press, 2003.

❷ Teece, D. J. Profiting from Technology Innovation: Implication for Integration, Collaboration, Licensing and Public Policy, *Research Policy*, 1986, 15 (6): pp. 285 ~305.

态过程。“开放式创新”不仅可以增加创新收益，而且可以降低创新的时间和研发成本。开放式创新与封闭式创新收益之比较，如图 6－6 所示。

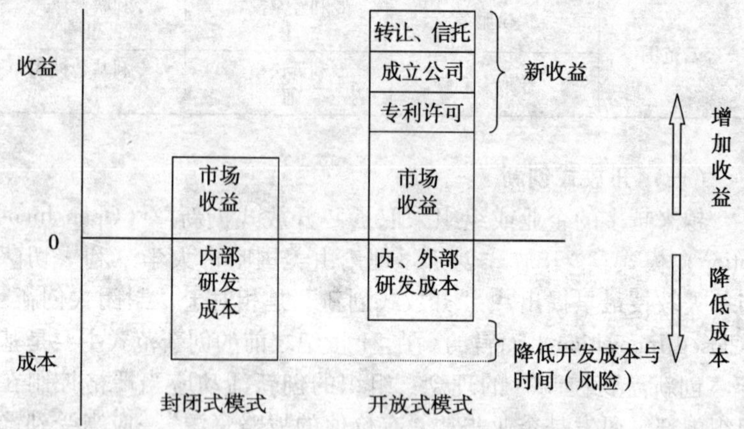

图 6－6 开放式创新与封闭式创新收益比较

资料来源：Hensy Chesbrough，台湾科技政策研究与资讯中心。

注：虚线表示对比之意。

开放式创新的核心理念是强调企业外部资源对于创新过程的重要性，这种创新范式使得企业能够有效地利用内部和外部的全部创意。具体到企业的研发管理流程而言，单个企业试图控制从技术研发到产品上市的整个价值链体系已经变得越来越力不从心。“各公司不可能再完全依赖自己去进行技术研发创新。相反，它们必须从其他公司或科研机构购入或授权获得专利。此外，若内部研究成果不可能在公司内使用，那就应该藉由授权、共同投资或成立新创公司等方式转移供其他人运用，以回收研发投入”。[1] 即使大公司，也不可能在所有的技术前沿领域都维持研

[1] 刘江彬：“分阶段建立活化产学研之研发成果整合运用机制”，载 http：//140. 117. 55. 19/information/20090112－15_ 3. pdf.

究的努力，跟上技术变革的步伐。在历年美国专利申请数量排行榜上，有许多名列前茅的著名企业，其产品所使用的专利技术只有1/3来自自身的研发团队，另外约2/3是通过授权、购买或交换等方式从外界获得的。表6－3列举了IT硬件行业主要企业1980～2003年专利交易流动状况。

表6－3　IT硬件行业主要企业专利再分配状况（1980～2003年）

公司名称	再分配专利数量	流向公司的专利占公司全部专利的百分比（%）	流出公司的专利占公司全部专利的百分比（%）
IBM	40443	2	5
Hitachi	33372	7	1
NEC Corporation	23756	2	2
Fujitsu	19964	3	3
Hewlett-Packard	18802	3	2
Motorola	18654	3	28
Xerox	16265	4	53
Lucent	13938	3	27
Taxas Instruments	12599	3	4
Micron Technology	12580	9	1
Intel	10488	10	1
Coming	8813	24	5
AMD	8811	5	7
Alcatel	6475	28	6
Ericsson	6473	9	4
STMicroelectronics	5592	13	0
Notrel	5481	49	6
Sun Microsystems	4679	6	0
Nokia	4147	9	2

资料来源：Hensy Chesbrough，台湾科技政策研究与资讯中心。

（二）专业化分工

随着越来越多的组织重视并选择“开放式创新”模式，专利交易越趋频繁，专利管理也越趋复杂并充满技巧。此时，专利管理或经营就可能从原有的研发或生产管理中分离出来，成为一种新的行业或工作，即完成新的专业分工。专业分工是与劳动生产率相联系的一种制度安排，是对人类社会经济生活进行的独立化、专业化和系统化的划分。“专业化分工”理论既是一个古老命题，又是一个现代命题。虽然早在公元前380年柏拉图就提出了劳动分工，但当时更多的属于哲学色彩。真正从经济学角度研究劳动分工理论，应从1776年亚当·斯密的《国富论》算起。以亚当·斯密为代表的古典经济学，系统地分析了劳动分工能有效地减少资源的稀缺性，认为劳动分工是经济增长的源泉。古典经济学认为劳动分工具有三大好处：第一，增进劳动者的熟练程度；第二，节约生产时间，否则可能会增加从一个工种到另一个工种的转移时间；第三，发明创造帮助劳动者简化劳动，节约时间。亚当·斯密的经典论断是“劳动分工对经济增长具有关键作用。因为分工导致了生产率的提高，而分工能使生产率提高的根本原因是由于分工产生了专业化的经济效果”。劳动分工一方面需要生产性资本的促进，另一方面又受到市场范围的限制。市场规模限制劳动分工的假说被称为“斯密定理”。换而言之，斯密认为影响劳动分工的两个重要因素是生产性资本的投入和市场范围的大小。1928年，美国经济学家阿林·杨格在其《报酬递增和经济进步》一文中进一步扩展了斯密定理。杨格认为：劳动分工促进了表现为报酬递增的主要经济，分工不仅限于斯密所说的企业内部分工，而且包括产业间的分工。在阐述这一观点时，杨格借用了庞巴维克的“迂回生产”概念，并借用“捕鱼”的例子进行说明。想吃鱼是人们的本能需求。最初人们用手抓鱼，然后发明了次级需求——渔叉、渔网等捕鱼工具，最后制造出渔船。为了吃鱼，人们不断创造新的捕鱼技术和工具，促进了捕鱼生产效率的提高。当某种迂回方法的优势包括整个产业的产出时，这种迂回方法就变得确实可行和经济了。因此，这些潜在的经济分别为专业化的企业通过经营而取得，这些专业化企业合起来构成了一个新产业。杨格得出三点结论：（1）必须把产业经营看做相互联系的整体。产业的不断分工和专业化是报酬递增得以实现过程中一个基本组成部分；（2）报酬递增取决于劳动分工的发展，现代形式的劳动分工的主要经济，是以迂回或间接方式使用劳动所取得的经济；（3）劳动分工取决于市场规模，而市场规模又取决于劳动分工。[❶] 市场规模和报酬递增与专业化分工互为因果关系的论述，被称为“杨格定理”。由此可见，杨格认为影响劳动分工的两个重要因素，是市场规模是否有效扩大和是否存在报酬递增的正向激励。20 世纪 90 年代，杨小凯开创了新兴古典经济学，运用超边际分析方法，通过对模型和变量的设定，利用方程组描述复杂的经济体系，重新解释了劳动分工理论。杨小凯认为劳动分工的根源在于市场交易成本。由于市场交易是有成本的，所以劳动分工不会无限制地进行，交易成本将阻碍无止境的劳动分工。当能够有效降低交易成本的制度出现之后，劳动分工将继续进行，进而促进经济发展。但分工越细越容易导致市场规模的缩小，劳动分工与规模经济有时会发生冲突。此时，最有效的方法是扩大市场规模。随着市场交易成本的降低，劳动分工越来越细化，生产将趋于集中，经济结构亦呈现多元化。一言以蔽之，杨小凯认为影响劳动分工的两个重要因素，是市场交易成本是否降低和市场规模是否扩大。不同经济学派对劳动分工的原因及其贡献作出了各具特色的解释。“市场规模的扩大”是导致劳动分工最重要的因素，“生产性资本的投入”“报酬递增的正向激励”和“交易成本的降低”均可能促进社会

---

❶ ［美］阿林·杨格著，贾根良译：“报酬递增和经济进步”，载《经济社会体制比较》1996 年第 2 期，第 52～57 页。

劳动进一步分工。运用这些理论，我们会发现专利正在成为众多产业链中的中间产品，从专利申请到专利许可再到专利保护正在逐渐实现市场化，专利管理组织与研发部门或生产部门正在分离，预示着新的劳动分工正在孕育之中。世界范围内的专利申请和授权数量保持着正增长，专利许可也日趋活跃，出现了所谓的全球“专利浪潮”。这意味着专利管理的市场规模正在扩大。企业越来越意识到专利所具有的市场垄断性和潜在的市场价值，用于创造、运用和保护专利的生产性资本投入逐渐增多。特别是专利许可带来的垄断利益和经济回报，对专业从事专利管理的企业形成正向激励。专利集中管理最大的好处，是能够有效地降低整个行业的专利许可的交易成本。专利管理专业分工具备的基本条件，如表6－4所示。

表6－4　专利管理专业分工具备的基本条件

影响专业分工的主要因素	专利管理专业分工具备的条件
市场规模	专利授权、许可、转让等市场规模扩大
生产性资本投入	用于获取、利用和保护专利的投入增加
报酬递增正向激励	垄断利益和经济回报形成正向激励
交易成本	降低整个行业专利许可的交易成本

（三）选择与集中战略

成功的商业模式取决于企业如何制定和实施一系列业务层战略，以实现差异化、成本和定价之间的匹配。[1] 美国著名战略大师迈克尔·波特，依据公司目标市场和所追求的竞争优势的差异，归纳出5种基本的竞争战略：低成本领导战略、差异化战略、基于低成本的集中战略、基于差异化的集中战略和最优成本供应商战略。集中战略（Focus Strategy）是指对企业选择一个特

[1] ［美］希尔、琼斯著，孙忠译：《战略管理（第七版）》，中国市场出版社2007年版，第159页。

定的、狭窄的并具有竞争优势的细分市场之后，将全部有限的资源集中在目标市场，集中于建造壁垒。美国营销大师菲利普·科特勒从市场营销角度，将集中战略称为“利基战略”（Niche Strategy）。“Niche”具有“壁龛”和“合适的位置”的含义，意指见缝插针或者拾遗补阙，音译为中文就是“利基”。科特勒将利基战略界定为通过细分、再细分市场，选择一个未被服务好的市场或者有获利基础的市场。

现代社会的专利管理，已经开始出现由分散走向集中的发展趋势。劳动分工越来越细，专利创造、保护和运用的各个环节开始分离。大学和科研院所在研究与开发和专利创造方面更具优势。实践证明，我国最初选择的由大学或科研院所实现专利一体化战略存在诸多问题。我国由最初的校办企业，发展到现在包括科技园区和创业中心等多种形式并存的发展模式，通过内部资源配置的方式由大学或科研院所实施专利。在缓解许多大学、研究机构资金压力的同时，这种产学研一条链的发展模式分散了社会资源，难以产生重大突破和规模效应。大学追求的自由研究与以实现经济利益的产学研合作需要进行有效的平衡。一些发达国家不同层次的机构专注于产业链上、中、下游某些环节的研发，分工明确，更有利于技术转移和知识产权利用。例如，Google的核心技术是美国斯坦福大学立项的科研项目。虽然斯坦福大学享有其知识产权，但是没有自己转化而是通过许可的方式允许这几个发明人去成立公司。事实证明，Google日后获得了飞速发展，为斯坦福大学带来了一笔数目可观的收入。与此同时，从事专业化专利管理的公司或长期合同或信托纷纷出现。“专利池”是专利集中管理的典型形式，其目的在于克服由于过多专利授权而使创新者难以将创新商业化的危害。其基本运作模式是首先收集某技术领域的全部专利，然后对这些专利技术进行识别，区分基础专利、补充专利、竞争专利和阻止专利，组成专利池。其次，与池内所有专利权人达成许可协议，选择管理模式，确定专利许可政

策。最后，由受托人管理专利池，并执行专利许可政策。专利经营公司的大量出现，是专利集中管理的又一例证。这些专利经营公司自己不生产任何产品，主要通过购买或信托的方式将特定领域的专利组合在一起，以专利许可、出资或诉讼等方式获取商业利润。有人称其为“纯粹性经营专利公司”。[1] 现在越来越多的专利权人，开始采取“专利选择与集中战略”。

“专利选择与集中战略”包括“选择”与“集中”两层含义。“选择”就是从众多技术领域中，选择适合专业分工管理的专利或专利组合。按照专业分工应具备的条件，可供选择的专利领域必须具有足够大的市场规模、存在大量生产性资本的投入、能够产生报酬递增的正向激励并能有效降低交易成本。选择完毕之后，就需要适当“集中”，即通过合同、收购、信托等方式将特定领域分散在各个专利权人手中的专利汇集起来，集中进行管理。创造和运用专利本身是一种创新行为，能够创造出独特的产品，但需要付出重大代价。保护专利的目的在于获得差异化的竞争优势，或者降低市场交易和生产成本。基于不同的竞争优势，专利集中可划分为基于差异化的集中和基于低成本的集中。前者是在选择某个特定技术领域之后，将相关专利集中管理以获得更多价值的竞争战略。后者是将特定技术领域的相关专利集中管理，希望降低整个行业的交易成本或者企业专利产品的生产成本。

综上所述，专利经营公司是在开放式创新、专业化分工和专利选择与集中战略共同作用下的产物。日趋普遍的开放式创新，使得越来越多的专利分散在不同的权利人手中，任何一家企业不可能独占某个技术领域的全部专利。随着专利授权量的逐年递增和专利许可市场规模的不断扩大，加上希望降低专利许可交易成

[1] 张永忠：《纯粹性经营专利公司的营运模式——以智慧创投为例》，台湾中兴大学2007年度硕士学位论文。

本的愿望和专利集中管理产生的报酬递增激励，越来越多的企业开始接受“专利选择与集中战略”。于是，专利经营公司如同雨后春笋般纷纷出现。

二、“高智投资”的商业模式

“高智投资”是2000年成立的一家将私募基金和专利集中管理相结合的一专利投资管理公司。总部位于美国华盛顿州贝里弗市（Bellevue）。它由美国微软公司的前首席技术官内森·米沃尔德（Nathan Myhrvold）和前首席软件架构师爱德华·荣格（Edward Jung）共同发起成立。

（一）高智投资的发展历程

高智投资的目标是着眼于未来5～10年的技术进步，为全世界的发明家提供投资和专业支持，从而在全球范围内促进发明创新以及知识成果的价值实现。从2003年起，高智投资一直积极从事发明和与发明相关的投资业。目前在世界各地拥有超过300名雇员，包括计算机科学家、物理学家、生物学家、工程师、专利律师以及商务精英。

首先，要成为全球性专利管理公司，必须解决资本来源，即由谁投资专利获取、汇集和管理所需的必要资金。米沃尔德和荣格利用他们在微软公司的关系和影响，选择了设立私募基金的方式筹集资金。2002年，高智投资设立了专利保护基金（Patent Defend Fund），并提出“专利流氓克星”的口号，首次为公司融资。2000年之后，电子商务泡沫开始破灭，许多新兴企业破产。一些所谓的“专利流氓”公司，以低廉的价格大量收购那些濒临破产企业拥有的专利。这些“专利流氓”公司利用收购的专利向可能侵权的公司提起诉讼。高智投资邀请一些著名的技术公司为“专利保护基金”投资，用以收购在市场上闲置并可能构成威胁的专利。作为投资回报，投资者则可以获得整个专利组合的特许使用权。由于高智投资与每一个投资者签订了保密协议，

所以拒绝公开已确认的投资者名单。据报道，微软、英特尔、索尼、苹果、诺基亚、谷歌以及 eBay 等著名企业已经对专利保护基金进行了投资。尽管高智投资号称是“专利流氓克星”，然而有人却认为高智投资自己可能就是一个“专利流氓”，或者专利掠夺者。虽然被各种非议包围，但是高智投资的融资却非常顺利，已经获得了 50 亿美元的资本。这些投资资本来自机构与个人投资者，包括多家世界 500 强的企业。为了吸引不同的投资者，高智投资提供了多种投资渠道。发明科学基金（Intellectual Science Fund）以公司内部科学家研究成果为主，在获得专利之后，公司自己进行实施或许可，获取利润。在内部研发方面，高智投资广泛邀请不同领域的著名科学家定期召开一种被誉为“头脑风暴”的发明会议。针对许多现实中的技术疑难问题进行创意开发，从而获得大量具有前瞻性和市场前景的专利。这种发明会议自 2003 年以来已经举办了 70 多次。发明收购基金通过收购具有市场开发潜力的发明创造和专利经营权，进行二次开发并组成集合，然后许可、转让，从中获利。❶ 事实上，专利收购是高智投资获得专利的主要模式。为了避免引起人们的关注，高智投资主要通过空壳公司（Shell Company）秘密收购那些闲置在市场上并且可能产生威胁的专利技术。根据英国 Avancept 知识产权咨询公司在 2007 年完成的一份研究报告，❷ 至少有 362 家空壳公司与高智投资存在关联，而且这些空壳公司在 2001～2006 年间进行了 247 项知识产权交易，涉及 2 069项美国专利和 754 项美国专利申请。报告据此推算，截至 2007 年底，高智投资在世界范围内的专利资产组合估计有 2 万～3.5 万项专利（包括正在申请的专利）。发明开发基金（Intellectual Development Fund）是主要针

❶ 刘彬、粟源：“Intellectual Ventures 是机会还是威胁”，载《中国科技产业》2009 年第 5 期，第 58～60 页。

❷ Tom Ewing. The Intellectual Ventures IP Portfolio In the United States: Patent & Published Applications (A Sample Report), http://avancept.com/iv-report.html.

对大学发明进行投资的基金。高智投资非常重视从大学获得发明专利，但该基金并不直接收购专利，而是收购独家代理权。截止到2006年，它已经从50余所大学手中取得专利，[1] 主要集中在芯片制造和设计，以及长途通信等技术领域。由此可见，高智投资通过设立多种与专利有关的私募基金，诸如“专利保护基金”“发明科学基金”“发明收购基金”和“发明开发基金”，获得了充足的投入资本。到2008年12月底，高智投资在全球范围投入50亿美元，掌握了1.2万件专利。[2]

其次，要成为全球性专利管理公司，需要获得足够多的专利，即顺利找到它所希望获取专利的对象。高智投资正在试图将这种专利经营模式推广到全世界。据不完全统计，高智投资拥有的专利有三成以上来源于欧洲市场，而购买这些专利所支付的费用往往只占专利自身价值的很小部分。有学者将这种现象归结为欧洲在知识产权领域的天真想法：“当其他国家都积极投身专利军备竞赛之时，欧洲国家却还在沉睡。更为糟糕的是，欧洲国家为了短期利益而出售这些具有潜在价值的重要资产，这反而为其他国家的军备竞赛提供了力量之源。”[3] 此外，考虑到亚洲地区丰富的创新资源和广阔的市场前景，2007年9月，高智投资宣布正式启动在亚洲的创新开发工作，计划在亚洲每年投入超过1亿美元。高智投资在新加坡设立了亚洲区总部，并成立了高智投资亚洲有限责任公司，在日本、韩国、中国和印度设立分支机构。2008年，高智投资在日本正式开展业务，将风险资金投向

---

[1] 张伟勋：“知识风险公司‘围猎’全球知识产权”，载《中国贸易报》2006年10月17日。

[2] 刘彬、栗源：“Intellectual Ventures 是机会还是威胁”，载《中国科技产业》2009年第5期，第58～60页。

[3] Joff Wild. New report lifts the lid on Intellectual Ventures – or at least opens it a long way, IAM Magazine 13 September 2007, http://www.iam-magazine.com/blog/detail.aspx?g=b16aa35f-d559-4ba5-a928-6dfc7b2981ce&q=lid#search=%22lid%22.

日本大学、企业的休眠专利和正在研发的技术发明，并已与日本秋田大学、同志社大学、广岛大学等20多所大学建立了合作关系，且另有15所大学正在谈判之中。2007年，高智投资高调进入中国。高智投资（中国）作为在中国的分支机构，目前拥有10名雇员，包括计算机科学家、生命科学家、化学家、风险投资家、专利律师和商务人士。2008年10月13日，高智投资在北京举办了中国区的开业典礼，并向中国政府、企业界和学术机构发出邀请："不必创业，不必离开现有工作岗位，您今天的创意可能通过我们转变成一项价值上亿元的资产。"据北京大学校务委员会副主任迟惠生介绍，目前该校科研部正在与高智投资合作，以帮助教师们跨越从发明创造到实现经济效益的屏障。❶ 此外，高智投资还与国内其他重点大学商谈接洽寻求战略合作，并通过积极赞助和参与高层专家研讨会的方式来开展自己的业务宣传。❷

高智投资蕴含的是一种全新的专利管理理念。米沃尔德将自己形容为"第一位创新资本家"，一个为创新寻求新的融资方法的人。❸ 高智投资所采取的一系列商业行为均是秘密行动或采取保密措施，加之米沃尔德设想的宏伟商业模式从未得到实践的验证，所以高智投资的商业模式究竟是什么样，对我国究竟是带来福音还是构成威胁，对我国来说还是一个谜，尚待深入研究。下面主要探讨高智投资可能采取的商业运作模式。

---

❶ 琅舟："让发明更有价值——高智发明开创发明投资新模式"，载《中国教育报》2008年10月31日。

❷ IV公司近年来在中国大陆和台湾地区频繁参加各种高端的专家研讨会，借此宣传自己的商业运作理念。例如，IV公司在IP China 2008第四届中国软件与集成电路知识产权峰会上曾发表主题演讲"高新技术时代的发明投资新式"，载http://tech.sina.com.cn/focus/2008IPChina.

❸［美］迈克尔·奥雷，莫伊拉·赫布斯特著，杨鸣娟译："揭开知识风险公司的神秘面纱"，载《商业周刊/中文版》2006年第8期，第19页。

(二) 高智投资的商业运作模式

高智投资已经确定的商业模式，是通过私募基金募集大量所需的投入资本。快速、长期而且巨额地获得融资，不仅源于高智投资独特的融资渠道，更重要的是越来越多的大型企业意识到专利的重要性。不确定的是高智投资如何从大学获取专利，如何管理这些数量庞大的专利组合，如何运用这些专利组合进行营利，以及如何分配由此获得的收益。高智投资既然是一个以营利为目的的公司，那么它就应该遵循企业管理的一般规律，具有自己的公司战略。因此，笔者准备运用企业战略管理的一般方法，分析高智投资在专利管理方面可能采取的商业模式。战略管理是这样一个管理过程：形成战略愿景，确定目标体系、制定战略、实施并执行战略，然后再随着时间的推移对上述愿景、目标、战略及其实施作出适当的纠正性调整。❶

第一，明确高智投资的战略愿景是什么。愿景是一幅关于公司未来发展的蓝图，反映公司所确定的长期业务目的和模式，从总体上考虑公司在产品和顾客方面的重点及其未来的业务范围。高智投资具有非常诱人的愿景：着眼于未来 5～10 年的技术进步，为全世界的发明家提供投资和专业支持，从而在全球范围内促进发明创造以及知识成果的价值实现。从高智投资的愿景来看，高智投资清楚地看到未来将会有更多的技术创新和发明专利出现，而许多发明家可能既缺乏资金又缺乏管理技巧。“为全世界的发明家提供投资和专业支持”，不仅是一个长期被忽视的市场，而且这个市场难以开拓。高智投资已经成功地获得了巨额融资，提供投资应不存在任何问题。关键是如何向发明家提供专业支持、如何有效管理汇集起来的全世界范围内的专利。与战略愿景相关的一个概念是“使命”。公司使命描述的是公司当前的业

❶ ［美］小阿瑟·A. 汤姆森著，段盛华译：《战略管理（第 13 版）》，中国财政经济出版社 2005 年版，第 5 页。

务范围，即公司现在正在做什么、提供什么样的产品或服务。简而言之，愿景是未来，使命是现在。高智投资（中国）的使命是“帮助中国的发明家和优秀的知识成果走向世界”。

第二，分析高智投资的战略目标体系。公司目标是公司希望达到的目的。目标体系是将公司战略愿景和业务使命转化成明确且具体的业绩目标。根据公开报道的信息，[1] 笔者整理出高智投资的战略目标体系：[2]（1）在全球发展最快的一些行业中，掌握下一代核心技术，并为之设立标准；（2）建立一个为创新提供融资的公司网络；（3）形成多元化的专利组合；（4）在5～10个领域中，获得能够达到预期效果且足够数量的专利。米沃尔德曾表示：“我想建立一个和技术性公司同样庞大的专利库，并通过优化专利投资组合，实现和IBM一样伟大的成就，这就是我的金融模型。我只需要管理好我的专利投资组合，以及为我的投资者带来稳定的投资收益。”如果高智投资能顺利实现这些战略目标，那么离它所追求的公司战略愿景也就不远了。

第三，梳理高智投资可能采取的公司战略。面对未来专利的发展趋势，高智投资无疑是把自己定位为积极的创新者、未来的领先者和市场的开拓者。公司战略愿景应该以一种公司如何在市场中有力竞争的核心理念为基础。虽然战略管理理论上出现过许多战略分类和分析方法，但作为一般战略，通常会考虑迈克尔·波特建立的一般竞争战略框架。从公司寻求竞争优势的目标来看，一般竞争战略可分为三种基本类型：总成本领先战略、差异化战略和集中化战略。总成本领先战略源于公司所具有的一些独特能力，能够获取并保持其低成本优势。差异化战略主要用以吸

---

[1] ［美］迈克尔·奥雷、莫伊拉·赫布斯特著，杨鸣娟译：“揭开知识风险公司的神秘面纱”，载《商业周刊/中文版》2006年第8期，第19页。

[2] 按照战略管理理论，公司目标体系包括反映盈利状况的财务目标和公司所追求的战略目标。财务目标是公司所希望的财务上的盈利水平。由于高智投资尚未正式盈利且采取保密措施，无法分析，故主要分析高智投资的战略目标。

引对某一特殊产品或服务有特殊敏感性的顾客，通过这些忠诚顾客获得高额利润。不过，总成本领先战略和差异化战略，主要是针对一个相对成熟的行业或领域的企业。与同行业的竞争对手相比，本企业具有哪些竞争比较优势，通过战略选择进一步强化和保持这些比较优势。对于一个全新的行业或处于专业化分工初级阶段的企业来说，难以选择总成本领先战略和差异化战略，只能选择集中化战略，试图满足一个特定细分的市场需求。高智投资应该是选择了为“发明家提供投资和专业支持”这一特定且细分的市场，并希望在此领域提供与传统专利管理模式全然不同的差异化专业服务。因此，高智投资确定的战略应该是“差异化集中战略”。

第四，考察高智投资的战略实施与执行情况。为了实施“差异化集中战略”，高智投资已经开始采取一系列行为。从研发到专利授权，一般需要经历几个阶段：产生新的创意——研究与开发——产生研究成果——申请专利——专利授权。不同于一般的专利经营公司，高智投资将专利管理与集中的时间大幅度提前，确定了三个重要的时间节点：第一个时间点是“产生新创意”阶段，即高智投资所谓的“新点子”阶段。这是所有专利产生的必经阶段，也是最初的原始阶段。第二个时间点是“产生研究成果”阶段，即经过许多失败并进行大量投入后获得的具有新颖性的研究成果。这个阶段离获取专利只有一步之遥。第三个时间点是“专利授权”阶段，即经各国专利行政管理部门最终确定并授予专利权。针对不同的发明人和专利的法律状况，高智投资采取了不同的专利集中策略。

针对“新点子”阶段，高智投资首先设立了“点子实验室”(Invention Labs)。点子实验室主要是透过“头脑风暴”发明会议，邀集涵盖科学、技术与生物工艺等跨领域的著名专家学者，共同研讨未来5～10年所需的新想法或新创意。这种“头脑风暴”发明会议的成功组织取决于如下环节：确定议题、会前准备、确定人选、明确分工、规定纪律、掌控时间。在研讨之前，高智投资的律师们会准备好讨论的相关材料，针对会议即将探讨的领域充分检索现有文献，这些资料将以现场投影的形式为专家研讨提供帮助。米沃尔德一般会在发明会议中担任主发动者，介绍主要议程并适当限制研讨的主题范围，同时还负责掌控会议的进程。在确定人选方面，高智投资谨慎考虑了发明者和观察者人数的最佳组合，通常是在一场会议中安排两三位专家，从而瞄准各技术领域之间的缝隙。当然，专利律师在发明会议中所扮演的角色会各有不同，分别负责搜集资料、协助讨论以及会议成果的整理工作。在发明会议结束后，专利律师会及时对取得的创意进行筛选和过滤，包括排定优先顺序和作进一步研究，最后拟出可能申请高质量专利的创意。“那些中选的创意将被拿来和所属领域过去的技术水准相比较，也会评估可应用此发明的市场潜力。这种评估虽不是很精准和科学，但它能为中选的发明排定优先顺序，并决定哪些将申请专利”。[1] 例如，在2007年的一次发明会议上，一些曾经参加过星球大战计划研究的科学家就提出用激光杀蚊子来预防疟疾的大胆设想。这个项目最终得到了高智投资“发明开发基金”的资助。然后，针对新点子进行研究与开发，并努力将其转化成专利。自2003年以来举行了70多次发明会议，高智投资提交了近500项专利申请，涵盖光学、生物技术、机器人技术、电子商务和移动网络等诸多领域。其次，组建专利图书馆（Invention Library），汇集、存储、分类、组合专利，以此实现专利增值。最后，将专利图书馆中专利投放市场，进行出资、许可或转让。对于“新点子”，高智投资采用了传统的“专利单独管理”模式，即自己研发自己申请。与传统的专利管理模

---

[1] 天下杂志出版社：“智慧创投公司的发明会议”，载《PChome 电子报》2007年12月12日。http://epaper.pchome.com.tw/archive/last.htm?s_date=old&s_dir=20071213&s_code=0775&s_cat=.

式相比，不同之处在于采取了“开放式创新”模式，邀请不同专业领域的专家创造“新点子”。这种模式显然需要经历的时间很长，从产生“新点子”到获得专利至少3～5年，而且需要巨额投资，面临诸多风险。这种模式是否能最终取得成功，获取高额利润，目前尚无从得知，只有等待时间的检验。

在“产生研究成果”阶段，高智投资主要针对全世界的大学和科研院所，采取所谓的“独家代理权”或“专利独占许可”的经营模式。由于大学和科研院所不是以营利为目的的企业，崇尚研究自由，所以在国家或企业的资助下会源源不断产生新的研究成果。至于是否申请专利，则需视发明人的具体情况而定。发明人可能缺乏申请专利的激励，或者缺乏足够资金，或者缺乏申请经验和能力，而放弃专利申请。这样不仅将可能成为一项财产权的研究成果变成人类免费使用的公开信息，而且也因公开而阻止其他人再次申请专利。因此，只需要一点资金投入和专利申请技巧，就可以将可能浪费的研究成果变成获取高额“租金”的财产。与此同时，分阶段、分层次地对发明人给予适当经济奖励，可以激励发明人积极申请专利并与高智投资合作。至于，为什么不直接采取直接收购的方式，笔者认为主要出于以下三点考虑：(1) 许多国家专利法严格限制专利权向外国人转让，严格规定了向外国人专利专利权的审查或批准程序。无论是专利权转让，还是专利权许可，许多国家遵循“本国优先原则”，出于本国利益考虑，很难向外国人转让本国专利权。如果高智投资在美国之外的国家直接收购专利权，那么不仅可能引起许多国家政府的高度注意，而且可能被专利出让国专利行政管理部门拒绝，无法实现专利集中目的。(2) 对于许多重要专利无法获得专利权。因为大学和科研院所的研究成果许多是源于国家或企业的资助，所以专利权可能并不是大学或科研院所完全所有。尽管世界许多

国家借鉴了1980年美国《贝赫—多尔法》[1]，将国家资助的研究成果授予项目承担单位，但当涉及国家安全、国家利益和重大社会公共利益时，国家是可以进行干预并进行限制的。基于这种考虑，即使高智投资形式上获得了某些国家资助产生的专利权，其实质上也是不完整的，或者说是不完全的专利权。（3）以所谓的“独家代理权”或者“专利独占许可”可以取得类似于“专利权转让”同样的效果。无论是“独家代理权”还是“专利独占许可”，均强调一个“独”字。代理权或许可权只能排他性地授予高智投资，而且还可能是“不可撤销的、永久性的和独占性的”。这样高智投资也能将以这种方式汇集而来的专利进行许可盈利，取得与专利权收购类似的效果。

在“专利授权”阶段，高智投资则直接采取收购专利的经营模式。这种模式主要针对那些濒临破产的企业或个人持有的专利。高智投资经常参加一些新创公司因破产而举行的资产拍卖会，以此作为寻找专利资产的源头之一。例如，高智投资在知悉《商业周刊》刊载Ocean Tomo公司即将举办专利拍卖会的消息后，根据报道提供的线索联系并成功游说Bell South公司从拍卖会上撤拍，随后由其买下这些专利权。

未来的竞争优势可能来源资本和知识产权的优势。高智投资确定了“为全世界的发明家提供投资和专业支持”的宏伟愿景，制定了“在全球发展最快的5~10个技术领域，形成多元化的专利组合，并设立技术标准”的战略目标，选择了“差异化集中战略”，并针对“产生新创意”阶段、“产生研究成果”阶段和“专利授权”阶段采取了不同专利集中策略。从营利模式来看，高智投资很有可能将通过各种渠道汇集而成的数额巨大的专利分

---

[1] 1980年12月12日，美国国会通过了由参议员贝赫和多尔提出的《专利和商标法修正案》，故又称为《贝赫—多尔法》。我国许多学者将“Bayh - Dole Act”习惯翻译为“拜杜法案”或“拜—杜法案”。笔者认为译为“贝赫—多尔法”更为适当。

类整理，根据不同产业组建各自专利池，在条件成熟之后积极推动这些专利转换为技术标准，最后在全球范围内进行许可。“基于技术标准的专利池”逐渐普及并获得了极大的成功。这种示范效应必将吸引高智投资最终采用“基于技术标准的专利池”许可的营利模式。如果高智投资完全实施和执行了“差异化集中战略”，那么由众多小的“专利池”构成的有史以来最庞大的“专利池”将诞生。从这个意义上说，高智投资属于基于公司的专利池。届时，对人类来说，至少对我国而言，不知是祸还是福？高智投资的商业运作模式，如图6－7所示。

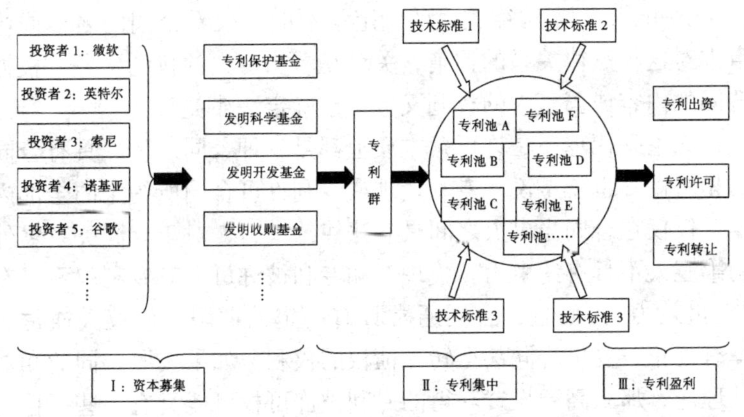

图6－7　高智投资的商业运作模式

如图6－7所示，高智投资的商业运作模式可以分为三个阶段：第一阶段是募集所需资本，现已顺利完成。第二阶段是通过开放式创新、收购、“独家代理权”或者“专利独占许可”等多种方式，组建各种专利池，完成专利选择与集中。现正在全世界范围内大量集中专利。第三阶段通过专利出资、许可或转让的方式获取超额垄断利润。由于高智投资将自己的经验范围严格限定在“提供投资和专业服务”，不考虑从事任何产品的生产，所以最可能采取的盈利方式估计是专利许可。换而言之，可能以组建

专利池进行专利许可作为主要营利模式。

三、信托在“基于公司的专利池”中的运用

自已申请专利和收购专利，均属于传统获取专利的方式。目前，高智投资进入我国并没有采取这些传统方式，而是采取所谓“独家代理权”或者“专利独占许可”的方式，瞄准的对象是我国的大学和科研机构未申请专利而处于“产生新创意”或“产生研究成果”阶段的“点子”或“成果”。问题是这种所谓的“独家代理权”或者“专利独占许可”是否属于真正的“代理”或“许可”？对于法律关系的确定，不能仅仅看合同的名称或当事人对这种法律关系的称谓，关键是看当事人的权利义务。根据合同的内容或当事人的权利义务，来确定法律关系。

无论是代理还是许可，本质上都是一种合同之债，具有合同的相对性。也就是说，专利代理或专利许可合同所约定的全部内容，仅仅在合同当事人之间具有法律约束力，对于合同关系之外的第三人不具有约束力。代理人和专利被许可人对专利权不具有“对世效力”。而且，合同通常具有一定的期限。债权人通常还享有终止、变更合同甚至转让债权的权利。如果按照合同的相对性理论，那么高智投资获得的专利被许可权可能具有一些不稳定因素。当专利权人发现专利市场价值远远高于许可费时，可能出于私利考虑或机会主义原因，而终止代理合同或许可合同。合同中的不稳定因素，对于一项长期且巨额投资来说是不能容忍的。加之，这类合同可能成千上万。一个合同被终止或变更，必然会引起连锁反应，多米诺骨牌将应声而倒。因此，高智投资必须控制这种合同导致的不确定性因素，使其获得的专利使用权必须具有排他性和对世的效力，特别是排除专利权人对专利权的干涉。基于东道国对专利对外转让的限制和政府对其资助产生专利的干预权，高智投资直接购买大学或科研机构的“点子”或“研究成果”非常困难。好在人类还发明了信托制度。在保留委托人名义上的所有权的同时，受托人享有为了信托目的任意处分信托财产的权利，享有基于与所有权人完全一样的权利。因此，专利信托成为高智投资惟一也是最好的选择。在合同中约定高智投资享有“不可撤销的、永久的和独占的”被许可权，专利权人“无权且不应当启动有关专利侵权的任何案件、起诉或诉讼程序”的权利，甚至不能终止合同，这些无不是信托关系的体现。这样大学或科研院所就成了名义上专利权人，高智投资则成为实质上的专利权人，可以排除包括名义上专利权人在内的任何人使用、许可专利或对专利侵权提起诉讼。

由此可见，在高智投资进入中国的商业运作模式中至少有两个阶段可能运用到信托制度。第一个阶段是在资本募集阶段。高智投资募集资金的对象集中在大型技术公司、退休基金、风险投资公司和个人投资者，主要采取信托方式非公开募集资本。第二个阶段是在专利集中阶段，对于大学或科研院所的专利采取信托的方式获得具有排他性管理和处分专利的权利。其治理结构可采用本章第二节所讨论的模式。

第七章　完善我国专利信托制度的建议

第一节　我国信托业及专利信托现状

专利信托属于一种信托产品，在整个信托业中只占有很小一部分份额。与专利信托相关的制度应当包括两部分：信托制度和专利信托制度。信托制度是整个信托行业应当遵循的一般规则。专利信托制度是适用于以专利权及其衍生权利设立信托的特殊规则。法律的生命在于经验。如果信托业非常活跃，信托制度能有效调整各种信托关系，那么实践证明信托制度比较完善。反之，如果专利信托业务凤毛麟角，那么至少说明专利信托制度存在需要完善的地方。我国制定信托法的原始动力是社会对法律的需求，信托制度理应尽量满足社会需求，提供充足的法律制度。大陆法系许多国家或地区制定信托法，是法律对社会需要信托这种全新投融资工具的一种回应。我国也不例外。制定信托法的指导思想是根据建立社会主义市场经济体制的要求，结合我国信托业的现状，借鉴国际上通行的做法，用法律的手段规范信托行为。因此，完善专利信托制度的建议，应根植于我国信托业和专利信托的现状。从我国信托实践的角度分析专利信托制度，也许比纯粹的概念法学更有裨益。

尽管我国《信托法》第3条规定了民事信托、营业信托和公益信托三种类型，但民事信托和公益信托在实践中微乎其微，而营业信托是目前绝大多数的信托行为。营业信托在现代商业和金融交易领域发挥着重要作用，逐渐确立了其优势地位。在我国，营业信托主要运用于以下三个方面：（1）投资于证券市场的各类基金，包括公募基金和私募基金，多采信托方式进行管理。基金是标准化的信托，但仅限于证券市场。（2）信托公司采用信托方式开发和销售的各类信托产品。信托产品通过签订信托合同的方式，投资于非常宽泛的领域。（3）银行等金融机构利用信托进行证券化，或者与信托公司合作发行信托产品。目前，银行正在尝试信贷资产证券化，券商正在开展企业资产证券化。在这三类中，信托公司开发的信托产品占据重要地位，成为我国信托业的重要组成部分。根据委托人的多少，信托产品又细分为单一信托产品和集合信托产品。由于单一信托产品的信息极不透明，故笔者近年来主要收集集合信托产品的资料，并对其现状进行分析。

以 2001 年 10 月 1 日《信托法》开始实施为标志，经过清产核资的各信托投资公司，开始向人民银行申请重新登记。截止到 2008 年底，我国注册的信托机构共有 59 家。除庆泰信托、金新信托、金信信托和伊斯兰国际信托因违规被停业整顿外，实际可发行信托产品的信托机构共 55 家。2002 年 7 月 18 日，爱建信托投资有限公司推出的“上海外环隧道项目资金信托计划”，被认为是《信托法》实施后的第一个真正意义上的信托产品。据不完全统计，2002 年共发行了 22 个信托产品，融资规模达 49. 3 亿元。根据用益信托工作室[1]的统计数据，2003 年我国共发行了 332 个信托产品，融资规模达 265. 78 亿元；2004 年共发行了 444 个信托产品，融资规模达 412. 31 亿元；2005 年共发行了 574 个信托产品，融资规模达 522. 88 亿元；2006 年共发行了 545 个信托产品，发行规模达 594. 05 亿元；2007 年共发行了 641 个信托产品，发行规模达 1078. 04 亿元；2008 年共发行了 684 个信托产品，发行规模达 878. 32 亿元。2002 ~ 2008 年集合信托产品发行

[1] 用益信托工作室每月定期发布信托产品统计信息，每年进行汇总，具体数据可查阅 http：//www. yanglee. com/index. asp.

统计表，如表 7 –1 所示。

表 7 –1　2002 ~ 2008 年集合信托产品发行统计表

	2002	2003	2004	2005	2006	2007	2008
发行数量（个）	22	332	444	574	545	641	684
资金规模（亿元）	49. 3	265. 78	412. 31	522. 88	594. 05	1078. 04	878. 32
平均规模（万元）	22409	8005	9286	9109	10900	16818	12272
平均信托期限（年）	—	1. 97	1. 85	1. 82	2. 03	2. 24	2. 17
年均预期收益率（%）	—	4. 32	4. 6	4. 72	4. 71	6. 90	8. 92

资料来源：根据用益信托工作室统计数据整理。

信托公司发行的信托产品几乎全部是资金信托，即信托财产主要是资金。通过信托集合而来的资金，被受托人广泛投资于各个领域。以 2004 ~ 2008 年的信托产品为例，信托资金运用方式的主要投向集中在金融资产领域，如表 7 –2 所示。

表 7 –2　2004 ~ 2008 年集合信托产品资金运用方式

信托资金运用方式	信托产品数量（个）					资金规模（亿元）				
	2004	2005	2006	2007	2008	2004	2005	2006	2007	2008
贷款	236	297	258	101	141	269. 52	34. 91	374. 52	88. 31	11. 32
信贷资产转让	28	54	37	2	8	18. 80	24. 41	21. 78	0. 9	0. 84
证券投资	44	40	130	449	277	12. 98	20. 14	72. 58	748. 89	20. 02
股权投资	19	19	30	40	102	31. 41	28. 76	32. 22	102. 69	19. 38
权益投资	42	28	23	34	113	44. 40	30. 98	28. 02	102. 11	13. 06
组合投资	1	13	7	4	24	0. 28	12. 65	3. 84	12. 18	11. 92
房地产投资	0	9	8	4	5	0	10. 70	3. 25	3. 67	0. 50
融资租赁	6	5	1	3	6	1. 23	1. 64	0. 2	2. 80	0. 16
其他方式	7	12	8	4	18	2. 92	7. 40	5. 62	16. 50	10. 64
合计	383	477	502	641	684	381. 54	485. 79	542. 03	1078. 04	878. 32

资料来源：根据用益信托工作室统计数据整理。

从上述统计数据，可以归纳出目前我国信托产品的一些特征，为法律回应社会需求提供实践依据。第一，从信托财产来看，目前主要集中在货币。为了具有更广泛的适用空间，《信托法》第7条将信托财产的范围界定为合法取得的财产或财产权。这为以后开展股权信托、专利信托留下了广阔的发展空间。但从目前来看，主要是货币信托。货币相对于其他财产形式最大的特征在于，谁占有这些货币谁就被法律推定为所有权人。在货币信托中，受托人接受委托后即可占有和控制这些货币，在法律上就是完全所有权人。第二，设立信托几乎全部采用合同的方式。无论是购买基金或信托产品，还是投资于证券化产品，委托人与受托人均以合同的方式进行约束，规定彼此的权利义务。尽管可以借鉴大陆法系的债权行为与物权行为理论来区分信托合同与信托财产权，但在货币信托中这种区分已毫无意义。当受托人不能按照信托合同履行义务时，受益人并不能依据物权来请求货币的“物上请求权”，仅能依据合同向受托人请求履行合同并追究责任的权利。信托的设立、履行、监督及其责任几乎都是依据合同理论。第三，多属自益信托。营业信托已由传统的“他益信托”变成“自益信托”，使得信托中的法律关系主体简化，受益权与委托权相竞合，受益权的性质、内容与行使往往与委托权紧密联系在一起。第四，信托期限比较短，受益权的收益率比较高。尽管信托合同约定的信托期限呈延长趋势，然而总体上看信托期限平均在2年左右。这意味着受益权的存续期间也比较短，具有明显的时间性。收益率比较高则表明信托更具投资功能。委托人选择信托可能更倾向于将信托视为一种投融资工具。

与此形成鲜明对比，从我国《信托法》开始实施到目前为止，我国仍没有一家信托公司推出任何一种专利信托产品。为了了解哪些信托公司准备开展专利信托业务，笔者逐一访问我国登记的55家信托公司网站。经过统计，共有13家信托公司准备将包括专利在内的知识产权信托纳入信托业务。拟开展专利信托的

信托公司有国民信托、厦门信托、国联信托、内蒙古信托、中原信托、华宝信托、新华信托、吉林信托、衡平信托、山东信托、东莞信托、国元信托和兴泰信托。

令人疑惑的是，究竟是什么原因导致专利信托在我国无法开展，是制度原因还是经济原因，抑或其他原因？笔者认为主要基于两个原因：（1）专利所具有的独特经济属性，使得专利作为信托财产具有许多困难；（2）专利信托制度的模糊性和政策的欠缺导致了高额的交易成本。如本书第二章所述，专利具有资产专用性，缺乏流动性。这种经济属性不仅阻碍了专利交易市场的繁荣，而且对于我国刚刚起步的信托公司而言也非常困难。信托制度所具有的融投资功能和集中管理功能，是将信托引入专利的原动力和驱动力。设立专利信托的目的是增强专利的流动性，促进专利的有效利用，吸引更多的投资者。专利的资产专用性是与生俱来的，引入专利信托的目的就是希望能改变其专用性特性。因此，不可能等到专利具有流动性之后再设立信托。制度经济学的研究表明：交易成本对制度形式和权利配置有着深远影响，适当的制度安排会降低交易成本。对制度的判断，要看这个制度的交易成本的高低。交易成本较低的制度，会带来资源配置较高的效率；交易成本较高的制度，会带来资源配置较低的效率。欲促进专利信托的开展，惟有完善相关制度，降低交易成本。

根据信托财产的差异，专利信托可以分为4种类型：专利权信托、专利许可费信托、专利抵押贷款信托和专利投资信托。根据专利信托的用途，专利信托又可以划分为两大类：基于融资的专利信托和基于管理的专利信托。基于融资的专利信托，即融资型专利信托，是通过商业设计将具有资产专用性的专利权转换为具有一定流动性的债权、担保物权甚至有价证券。信托财产实际上是专利权衍生出来的各种权利。专利许可费信托、专利抵押贷款信托和专利投资信托，属于融资型专利信托。基于管理的专利信托，即管理型专利信托，是为了降低交易成本或提高管理效率，以专利权作为信托财产设立的信托。专利权信托属于管理型专利信托。

第二节　管理型专利信托制度完善建议

一、专利权信托制度的缺陷

信托的重要功能是资产分割，但资产分割具有潜在的成本：(1) 资产分割必须“公示”，对分割的财产造册登记；(2) 企业债权人确定并维持资产池具有成本；(3) 由于投资者不能任意终止信托，资产可能得不到最优的利用；(4) 受益人可能受到管理者的压迫。[1] 专利权信托也不例外。它面临的首要成本就是为了做到资产分割，必须进行信托登记。是否能够有效且便利地设立专利权信托，是评价专利权信托制度是否完善的重要标准。在专利权信托制度方面，笔者认为存在两个方面的缺陷：一方面，我国信托法对如何设立专利权信托规定非常模糊，从而导致了当事人获悉与专利信托相关的法律信息成本过高；另一方面，我国《信托公司管理办法》严格规定了经营性信托公司的设立程序和条件，使得专门从事专利管理的公司难以设立信托。

（一）《信托法》第10条规定的模糊性

我国《信托法》第10条第1款规定：“设立信托，对于信托财产，有关法律、行政法规规定应当办理登记手续的，应当依法办理信托登记。”第2款进一步规定：“未依照前款规定办理信托登记的，应当补办登记手续；不补办的，该信托不产生效力。”从立法例来看，我国《信托法》继受了日本信托登记公示制度，对某些特殊类型的财产设立的信托必须进行登记公示。在专利权

[1] 李清池：“商事组织的法律构造——经济功能的分析”，载《中国社会科学》2006年第4期，第141~152页。

信托法律关系中，信托法上的权利、义务关系，发生在委托人、受托人和受益人之间，可称之为专利权信托内部关系。设立专利权信托关系以后，受托人就会为了实现信托目的从事各种管理和交易行为，就会与交易相对人或第三人发生各种法律关系。信托当事人与其债权人、第三人之间的关系，可称为专利权信托外部关系。由于作为信托财产的专利权具有独立性，不仅委托人和受托人的债权人原则上不得强制执行受托专利权，而且委托人有权撤销受托人违反信托日的的处分行为。所以设立专利权信托对与受托专利权可能存在法律关系的第三人影响很大。为了保护交易安全与第三人的利益，《信托法》特设信托公示制度。

但该条款用语含糊，对于什么时候登记、在哪儿登记、如何登记以及登记的法律效力等重要内容，规定得非常模糊。根据第1款的规定，应登记的信托财产似乎在设立信托之时就应该登记；但第2款又将信托登记的时间予以推迟，可以在信托存续期间任何时间补办手续。如此一来，信托登记具有较强的随意性，当事人可以根据需要在任何时间选择登记。对于在什么地方登记以及如何登记，均没有规定。这就使得信托的效力长期处于一种不确定的状态，是否有效完全取决于当事人是否愿意登记。国外一些学者批评我国信托法，在信托公示如此重要的问题上规定得如此糟糕。对于何时需要信托登记这一重要问题具有高度的不确定性，即使进行了信托登记，也只能获得最低限度的保护。[1] 法律的模糊性，虽然给人们提供了各种行为选择的自由，但也增加了当事人为达成一致而花费的信息成本。

（二）欠缺专利权信托登记具体制度导致法律效力的不确定性

《信托法》第10条第1款具有两重含义。（1）法律、行政

---

[1] Lusina Ho. The reception of Trust in Asia：emerging Asian principles of Trust? http：//www. law. chula. ac. th/asli/paper/f7. pdf.

法规规定某些特定财产或财产权利的产生、变更、终止需要登记，如果将这些特定财产或财产权利作为信托财产，就要依照本条款进行信托登记，以明确信托财产的法律状态，保护第三人的利益。我国商标权和专利权的取得，都以登记为要件，相关交易行为也以登记为要件。所以，将商标权和专利权设立信托的，必须办理信托登记。（2）如果其他法律、行政法规对信托登记作出规定，也要进行信托登记。此可以理解为授权条款，将专门规定信托登记的行政法规授予相关行政部门。在知识产权信托中，存在一些特殊的信托财产——自愿登记的知识产权。软件或其他作品权利的取得并不需要登记，目前法律、法规也没有要求进行信托登记；但是权利人为了更好地保护自身利益，强化信托财产的独立性而自愿进行登记的，是否允许登记以及登记的效力都没有法律规定。因此，知识产权信托登记公示制度中，至少应包括三种情形：一是应当注册的知识产权，包括商标、专利和布图设计专有权；二是自愿进行登记的知识产权，如版权登记或软件登记；三是既无登记公示义务，又不愿意进行信托登记的知识产权。对于应当注册的知识产权信托必须进行信托登记公示；而对于自愿登记的知识产权信托是否可以进行信托登记公示尚有疑问。

按照《信托法》第 10 条第 1 款的规定，专利权信托属于应当登记的类型。但到目前为止，我国没有制定任何与专利权信托登记有关的具体规定。在专利权信托的实际操作中，因为缺乏完善的公示制度而使专利权信托变得无章可循。非常重要的事实是，到目前为止没有任何人申请专利权信托登记。制度的欠缺已经成为专利权信托无法承担的交易成本。

（三）管理型专利信托受托人缺乏法律依据

信托制度可以广泛运用于企业集团、中小企业、专利许可组织或专利池等特殊组织的专利管理中。为管理这些特殊组织的专利而设立的专利管理公司，是否应当适用《信托公司管理办

法》，是否能够设立“专利信托公司”，尚有疑问。基于投融资目的设立的专利信托适用《信托公司管理办法》是合理的，因为它涉及融资与投资行为。但基于专利权管理目的设立的专利信托，只是从事从专利申请到专利保护再到专利交易的管理事务，没有涉及投资与融资行为，因此与投资信托[1]具有本质差别。

在我国，“信托公司”具有特定含义，必须满足法定条件并依据严格程序才能设立。2007年3月1日，我国开始实施银监会颁布的《信托公司管理办法》。该办法第2条将信托公司明确界定为，“依照《公司法》和本办法设立的主要经营信托业务的金融机构”。即信托公司属于金融机构，受银行业监督管理委员的管理与监督。设立信托公司，实缴货币资本最低限额为3亿元人民币，且须经银监会审查批准。如果某企业集团希望设立一家专门从事专利信托管理业务的公司，那么将面临这样的公司是否属于信托公司，是否适用《信托公司管理办法》？这样的专利管理公司主要从事专利信托业务，当然会收取一定费用用以维持公司经营。以营业和收取报酬为目的，以受托人身份承诺专利信托和处理专利信托管理事务的经营行为，显然构成《信托公司管理办法》中所说的“信托业务”。这样的专利管理公司当然属于信托公司，也应适用《信托公司管理办法》。但《信托公司管理办法》规定的严格条件和苛刻程序，使得企业集团难以设立从事专利信托管理的公司。

面对这一规定，拟引入专利信托的特殊组织可能有两种选择：一种选择是放弃引入专利信托，仍以传统方式管理专利。这是由于制度设立了过高的标准，将原本属于管理型专利信托纳入

[1] 投资信托是以谋取预期收益为目的将资金或其他财产投向营利性行业的行为，包括生产建设投资和有价证券投资。有价证券投资包括融资与投资两个行为，先由投资者通过购买有价证券的方式将资金转移给专营金融资产的机构银行、投资公司或信托公司等，然后由这些机构将信托资金投入所需投资的各种行业，故属于间接投资。

融资型专利信托管理，阻碍了专利权信托的引入。另一种选择是想尽一切办法规避《信托公司管理办法》。由于专利信托主要运用于特殊组织，所以为设立专利权信托而成立的公司可以将专利权信托业务限定在某个特定组织内部，从而避免成为营业信托，或商事信托，而属于民事信托。这样就不适用《信托公司管理办法》。此外，还可以名义上所谓“独家代理权”或者“专利独占许可”的方式，进行实质性专利权信托管理。严格来讲，这些都属于为了规避制度束缚而不得已采取的变通之法，缺乏充足的法律依据。

二、完善专利权信托登记制度的建议

专利权信托登记制度是我国引入管理型专利信托的基础和前提。如果我国专利权信托登记制度长期处于欠缺的状况，那么我国就不可能在特殊组织的专利管理中引入信托。因此，我国应尽快建立详细的专利权信托登记制度。这些制度应该包括：专利权信托登记主管机关、登记申请主体、登记的范围、登记的内容以及登记的法律效力。

（一）专利权信托登记主管机关

我国《信托法》第10条第1款是对信托登记主管机关的一般规定。欲建立专利权信托登记制度，必须首先明确专利权信托属于应登记类型，可以以部门规章或公共政策的方式，规定“设立专利权信托应当办理登记手续”。其次，需明确专利权信托登记主管机关。我国已经建立了一套相对成熟的专利权确认、变更和质押登记制度以及专利权许可备案制度。专利权权利变动登记或备案的主管机关，都是国家知识产权局。专利权信托在本质上属于权利变动，专利权信托登记也属于权利变动登记。因此，专利权信托登记主管机关应是国家知识产权局。

（二）专利权信托登记申请主体

有的国家或地区的信托法，将信托登记申请人规定为受托

人。例如，我国台湾“信托业法”第20条规定：“信托业于接受以应登记之财产为信托时，应依有关规定为信托登记。”有些国家则不明确规定信托登记申请主体，有信托关系中的当事人自行决定。例如，日本、韩国和我国的信托法，允许当事人在信托合同中予以约定信托登记申请人；如果没有约定或约定不明确的，可由受托人或信托监察人作为信托登记申请人。考虑到我国《信托法》对信托登记申请主体采“放任自由”的态度，我国在制定专利权信托登记制度时可规定：“专利权信托登记申请主体由当事人在信托合同约定。没有约定或约定不明确的，可由受托人作为专利权信托登记申请人。”

（三）专利权信托登记的内容

按照大陆法系的信托登记理论，信托登记应当包括信托财产移转登记和信托目的登记。只有完成了这两种登记，才能构成信托公示。所谓信托公示，系指于一般财产权变动等的一般公示外，再规定一套足以表明其为信托的特殊公示。[1] 以不动产信托登记为例。首先应办理不动产的财产移转登记，即表明不动产从委托人移转至受托人。接着需办理“信托意旨”的登记，即表明不动产移转的目的不是出售而是信托。专利权处于公开状态，任何人均可以获悉其权利内容及其法律状况。只有通过变更登记的方式，才能向社会和第三人公示权利的变动。专利权取得登记和移转登记，共同构成了专利权权利变动的一般公示。在设立专利权信托时，还必须办理专利权信托的登记公示，即向社会表明该项专利权已经设立信托。专利权信托的第一要素，是委托人必须将专利权转移给受托人。委托人不仅是将专利权的现实占有移转给受托人，而且还必须转移权利的外观。由此可见，专利权信托登记实际上包含了两种登记：一种是专利权权利变动公示，另

[1] 赖源河、王志城：《现代信托法论》，中国政法大学出版社2002年版，第71页。

一种是专利权信托法律关系成立的公示。为了简化程序，这两种公示登记在程序上应合二为一，不宜分别处理。那么，专利权信托登记究竟应该包括哪些内容，才能达到平衡相关利益主体之利益平衡?

结合我国的实际情况，笔者认为专利权信托登记内容至少应包括以下事项：（1）专利权信托当事人。专利权信托当事人是指信托关系中的委托人、受托人和受益人。（2）专利权信托目的。我国《信托法》第22条规定，受托人违反信托目的处分信托财产或者因违背管理职责、处理信托事务不当致使信托财产受到损失的，委托人有权申请人民法院撤销该处分行为，并有权要求受托人恢复信托财产的原状或者予以赔偿；该信托财产的受让人明知是违反信托目的而接受该财产的，应当予以返还或者予以赔偿。日本、韩国的信托法虽然没有赋予委托人撤销权，但也授予了受益人撤销权，从而实际上也能从该第三人处追及信托财产。[1] 由此可见，如果信托登记内容仅限于标明登记之专利权，而欠缺具体且明确的专利权信托目的之登记，那么第三人就无从知道与其交易的受托人行为是否合乎信托目的，专利权信托登记内容就不全面，从而使登记公示效力存在瑕疵。欠缺专利权信托目的之登记，实际上只能保护委托人和受托人之债权人的利益，而对于受托人之处分行为相对人毫无裨益。（3）受托专利权，即信托财产的范围。在设立信托时，惟有明确信托财产的范围，才能使信托得以成立。这些需要注意两个问题：第一个问题是专利权中的人身权部分不能成为信托财产。我国知识产权理论一般认为，专利权具有财产权与人身权。我国《专利法》（2001年）第17条第1款规定，“发明人或者设计人有权在专利文件中写明自己是发明人或者设计人”；第2款规定，“专利权人有权在其专利产品或者该产品的包装上标明专利标识”。这些均是专利权中

[1] 原《日本信托法》第31条，《韩国信托法》第52条。

人身权的体现。但只有财产权部分才能构成信托财产。因此，在设立专利权信托时，应在登记簿上应明确受托专利权财产权内容。第二个问题是专利申请权是否可以作为信托财产设立信托。根据我国专利法的规定，专利申请权和专利权均属于财产权。《专利法》（2001 年）第 10 条第 3 款规定："转让专利申请权或者专利权的，当事人应当订立书面合同，并向国务院专利行政部门登记，由国务院专利行政部门予以公告。专利申请权或者专利权的转让自登记之日起生效。"专利申请权不仅受到法律保护，而且可以对外依法转让，具有财产权的所有属性。因此，具有财产权性质的专利申请权，同样可以作为信托财产设立信托。专利申请权信托亦属于信托登记的范围。（4）专利权管理和处分方法。根据信托原理，受托人应按照信托合同约定的方式管理和处分专利权。违反信托目的或超越管理权限，不当处分专利权的行为可能被撤销。（5）专利权信托消灭事由。专利权信托一经登记即为生效，专利权立即转化成为独立的信托财产而单独存在，游离于委托人、受益人和受托人的个人财产之外。因此，即使受托人的任务因受托人解散、破产而终了，信托关系也并不因此而消灭。只有当发生信托合同上规定的消灭事由时，信托关系才告终止。又因信托关系消灭后，信托受益权亦随之消灭，并直接影响信托财产的债权人利益，故而应在登记簿中明确记载专利权信托消灭事由。（6）其他应登记事项。这主要是指当信托财产及信托关系发生变更时，需要进行变更登记的内容。例如，专利权信托的受托人发生变更或者专利组合中的专利权发生变化等。

（四）专利权信托登记的法律效力

在建立了信托登记制度的国家，登记的效力主要有登记对抗主义和登记生效主义。所谓登记对抗主义，是指法定的登记程序仅是就某项财产权成立信托的对抗要件，而非信托发生法律效果的必备要件。依照信托登记对抗主义，对已经登记的信托财产，可以对抗第三方，即当信托财产发生纠纷时，信托关系人可以对第三方主张信托关系的存在。对应登记而未登记的信托财产，则不得对抗第三方，即信托关系人不得向第三方主张信托关系的存在。至于在信托关系人之间，纵然信托未经登记，只要为信托标的物的财产权转移或其他处分有效，信托财产的受让人当然可以主张其为受托人。[1] 目前，日本、韩国等大多数大陆法系国家以及我国台湾地区都采取信托对抗主义。原《日本信托法》第3条第1款规定："对应登记或注册的财产权，如不登记或注册，其信托不得对抗第三人。"《韩国信托法》第3条第1款也规定："关于需登记或注册的财产权，其信托可因登记或注册而与第三人对抗。"我国台湾地区"信托法"第4条规定："以应登记或注册之财产权为信托者，非经信托登记，不得对抗第三人。"登记生效主义，是指未经登记程序设立的信托，在当事人之间不能生效。目前，主要是我国《信托法》采用了信托登记生效主义。

我国采信托登记生效主义，很大程度上是受到物权登记生效主义理论的影响。其立法本意可能是为了督促委托人和受托人及时办理信托登记，确保交易安全。通过公示向公众告知该项知识产权已经设立信托，对第三人的利益的影响至关重要。在专利权信托中，专利权人把专利权转移给受托人，通过信托登记的方式公开信托事实，使交易第三方能够正确识别受托专利权是信托财产，还是受托人自有财产。从而保证第三方的交易安全和交易效率，确保第三方免受无谓的损失，使受益人和第三方的利益达到平衡。在遵循上位法的前提下，专利权信托登记只能采取登记生效主义。专利权信托登记是专利权信托的生效要件，未经登记不能生效。

（五）专利权信托登记的公信力

登记的公信力，一直是传统物权法研究的核心。它是指赋予

---

[1] 赖源河、王志城：《现代信托法论》，中国政法大学出版社2002年版，第76页。

公示以一定范围的可信性效力，即法律保护交易当事人以外的第三人对公示的信赖。我国台湾学者刘春堂认为，公信是“凡信赖物权变动之征象，认为有其物权存在而有所作为者，纵令该征象与真实权利之存在不符，法律对于信赖该征象之人亦加以保护”。由此可见，“物权公信原则”确立的目的，是在于进一步保护因相信登记效力而取得物权的善意第三人，从而维护正常的交易秩序。物权变动关系是社会生活中最普遍的财产关系，是商品交换正常进行的基石。每天都要发生大量的物权变动，要求受让人对出让人的处分权进行周密详尽的了解是不现实的。故法律确立了物权公示制度，并赋予其公信力，二者相辅相成。凡是按法定公示方式转让物权的，善意受让人基于对公示的信赖，当然应取得物权。公信力的存在，使物权的追及效力大为减弱，甚至在公示的权利不存在时，对因信赖公示的内容而从事交易的人仍要提供保护。公信力有效地保护了善意第三人的利益，却牺牲了物权人的利益。因此，并非所有国家都赋予物权登记的公信力。历史和现实表明，物权公示是否具有公信力，完全视立法政策选择的结果：是否赋予公示以公信力，取决于立法者在两相冲突的利益中如何进行协调和平衡。实质上，公信原则的采用虽有保护交易安全的强大作用，但其系以牺牲真实权利人的利益为代价，故不可不慎重。[1] 在专利权信托领域，同样面临登记公信力的问题。

对于信托登记公信力的问题，我国信托法根本没有涉及。从理论上讲，是否采纳信托登记公信力，通常受到两个因素的影响：(1) 信托登记制度是否发达，出现信托登记错误的可能性有多大。只有那些具备非常完善信托登记制度，能够确保登记的准确性和全面性的国家或地区，才会采取信托登记公信原则。从避免不当损害静的安全的角度出发，如认可登记有公信力，必须

---

❶ 尹田：“论物权的公示与公信原则”，见梁慧星主编：《民商法论丛（第26卷）》，金桥文化出版社2003年版，第301页。

把真实权利人的损失遏制在最小限度。[1] 这就需要完善的信托登记制度，来保证权利的变动尽可能地正确登记。（2）是否有一套尽可能确保权利变动登记真实的制度。如果不享有处分权的人以欺骗的方式申请登记，或者由于登记机关的失误导致信托财产的错误登记，那么是否有及时矫正这种错误登记的机制和途径。如果真实权利人需要很长时间，颇费周折才能矫正，那么登记公信力的存在就会极大地损害真实权利人的利益。由于目前我国尚无具体专利权信托登记制度，所以并无所谓“信托登记公信力”可言。

建立专利权信托登记制度的目的，是使我国最终具有专利权信托登记公示和公信的效力。以登记制度是否完备和权利变动是否真实为衡量标准，专利权信托登记理应确立“专利权公信原则”。相对于不动产这种重要的物权而言，专利权信托登记更具优势。一方面，专利权的确权和权利变更登记机关只有国家知识产权局，能够确保权利变更登记真实。所有专利权权利登记事宜全部集中在惟一的国家行政管理机关，既可以避免重复登记，又可以及时发现并纠正错误。另一方面，只要由国家知识产权局制定并颁布诸如《专利权信托登记管理办法》之类的规范性文件，就可以建议相对完善的登记制度。因此在建立专利权信托登记制度时，需要确定“专利权公信原则”。

三、完善管理型专利信托受托人的建议

我国在颁布《信托法》之后，没有像许多引入信托制度的大陆法系国家或地区一样，立即制定《信托业法》，从而使营业信托的许多规范比较欠缺。对于信托机构的法律规范，我国《信托法》采取了授权式立法，将信托机构的组织和管理授予国务院

[1] 尹田：“论物权的公示与公信原则”，见梁慧星主编：《民商法论丛（第26卷）》，金桥文化出版社2003年版，第301页。

制定具体办法。❶ 在国务院没有作出具体规定的情况下，银监会颁布了《信托公司管理办法》。《信托公司管理办法》原本是为了规范从事投资信托业务的信托机构，但其将适用范围扩张到“经营信托业务”的所有信托机构。在制度缺位的情况下，《信托公司管理办法》成为调整信托机构的基本规范，起到了拾遗补阙的作用。如此，却限制了管理型专利信托的广泛运用。为了促进管理型专利信托的运用，我国有必要借鉴修订后的《日本信托业法》，将信托公司分为从事金融业务的信托公司和从事管理业务的信托公司，并制定各自不同的设立标准。惟有如此，才能降低企业集团、中小企业、专利许可组织或专利池等特殊机构引入专利信托的成本，顺利建立基于信托的专利管理体系。国务院应制定统一的《信托公司管理办法》，分别规定金融类信托公司与管理类信托公司的成立条件和程序。对于管理类信托公司的最低注册资本应予以适当放低，从而降低成立管理型专利信托公司的成本。

第三节　融资型专利信托制度完善建议

融资与投资是一个硬币的两面。从专利权人的角度，通过实现专利权的使用价值和交换价值获得资金的过程即为融资。从投资者的角度，将资金投向具有市场潜力的专利权获取超额市场垄断利益的过程即为投资。专利权的资产专用性特征，阻碍了专利权人的直接融资或投资者的直接投资。因此，融资型专利信托的本质，在于通过信托的灵活性设计来增强专利权的流动性，吸引投资者对专利权衍生的各种权利进行投资，从而实现融资的目的。但是，专利权不可能一步跨越到具有流动性的有价证券，只

❶ 我国《信托法》第4条规定，受托人采取信托机构形式从事信托活动，其组织和管理由国务院制定具体办法。

能逐步进行权利转换。这种权利转换的路径是：（1）取得专利权，然后进行专利权许可，将专利权转换为现实债权或未来专利许可应收款；（2）努力实现专利质押，将专利权转换为具有担保物权性质的质押物；（3）通过证券化设计，将足够规模的专利许可应收款或专利抵押贷款予以集中，由发行人发行受益权证实现向有价证券的转变。对于我国来说，专利许可是基础，专利质押是保证，专利衍生债权证券化则是目标。促进融资型专利信托的制度应包括：专利许可制度、专利质押制度和专利衍生债权证券化制度。尽管我国已经具备基本的专利许可和专利质押法律制度，然而在实践中专利许可与专利质押与发达国家相比并不活跃。专利衍生债权证券化在我国仍停留在理论层面，而且众说纷纭，存在许多理论误区。欲促进融资型专利信托之发展，我国需首先从观念上重新审视专利价值实现途径，然后再考虑完善具体制度。

一、从“专利一体化”到“专利许可”战略

长期以来，我国一直自觉或不自觉地强调并奉行“专利一体化”战略，即从研发到专利申请，再到专利运用，直至专利保护，全部由专利权人单独完成，专利权人的管理行为贯穿专利创造、运用与保护的整个过程。一方面，我国许多大学或科研院所非常热衷于自己办公司，运用自己的专利来生产产品或提供服务。实践中成功的案例可谓凤毛麟角。原因很简单：与企业相比，大学或科研院所具有的比较优势在于专利创造，而不在于专利运用和保护。加之，现代社会已由传统的“封闭式创新”逐步演化为“开放式创新”。大学或科研院所在缺乏互补性专利和其他资产的情况下，难以实施“专利一体化”战略。另一方面，企业一谈到“自主创新”便理所当然地强调自己研究与开发，自己申请专利，自己生产出专利产品。随着时代的发展，笔者相信这种“封闭式创新”的模式和片面强调“专利一体化”战略

会越来越少，实践终究会证明这种模式与战略选择越来越困难。

与此形成鲜明对比的是专利领域的专业化分工越来越细。日本学者提出的“知识产权（专利）创造循环”理论，将专利一体化分解为“专利创造”“专利保护”和“专利运用”三个阶段。这三个阶段之间的逻辑关系是：（1）产生创新性技术成果，即“专利创造”阶段；（2）将这些创新性技术成果转换为受法律保护的专利，并维持其有效性，即“专利保护”阶段；（3）具有财产权性质的专利权进行运用，获得收益，即“专利运用”阶段；（4）将获得的收益投入下一个研究项目，产生新的创新性技术成果，再回到新的“专利创造”阶段。“专利创造循环”理论强调持续性创新，使得“专利创造——专利保护——专利运用——专利创造……”周而复始，绵延不绝。我国在引入这一理论时，加入了自己的理解：第一，增加了“专利管理”环节，特别强调“专利管理”的重要性。实际上，“专利管理”环节贯穿“专利创造循环”始终，既涉及国家行政机关对专利授权和权利变动的行政管理，也涉及企业对专利申请、运用和保护的企业管理，还涉及法院对专利权保护的司法管理。随着专业分工，“专利管理”也可以独立出来，由专人或专业公司进行集中管理。第二，在不同阶段之间的逻辑关系上有一些略微变化。我国许多学者将“专利创造”理解为完成研究与开发，并将创新性技术成果申请专利且获得专利；第二个阶段则是对专利进行商业运用，产生收益；第三个阶段是面对专利侵权行为时，需求法律保护或进行商业许可。第四个阶段是为了获得利益最大化，行政机关、专利权人和法院加强专利管理。秉承这一观念，我国《国家知识产权战略纲要》开篇就提出“为提升我国知识产权创造、运用、保护和管理能力……制定本纲要”。这意味着我国从战略高度，认识到专利一体化可以分解为“专利创造”“专利运用”“专利保护”和“专利管理”4个环节。当具备专业化分工条件时，这4个环节都可能单独分离出来，分别由不同的主体进行专业化劳动分工。大学或科研院所专门从事研究与开发，不断创造专利。以高智投资为代表的专利许可公司或专利管理公司专注于专利申请、保护与管理。企业则负责将专利有效地运用到产品生产中，制造出更多具有创新性的产品或提供相关服务。

专利许可或专利信托是完成这种专业化分工的基石。传统专利许可的目的可能是交叉许可、拓展市场或获得收益。专利被许可人通常是需要使用被许可专利的生产企业。现代专利许可正在悄然发生变化。专利许可的目的可能是降低专利管理成本、提高专利管理效率或获得更多的许可收益。专利被许可人可能不是最终使用被许可专利的生产企业，而是类似于 MPEG LA 公司、Via Licensing 公司或高智投资这类专门从事专利管理的公司。由它们将相关专利集中之后，再许可给需要专利的生产企业。专利许可是联系专业化分工上下游主体之间的纽带和桥梁。如果将专业化分工提前到专利申请，或者强调专利管理的长期性和稳定性，那么还可能运用专利信托。如今，专利许可不仅是专利运用的重要方式，而且还是实现专利管理专业化分工的保障。我国大学、科研院所和一些企业应该根据自身条件，在缺乏互补性资产的情况下，放弃“专利一体化”战略，选择“专利许可”战略。

专利许可的发展与繁荣，需要制度的支持与促进。在“开放式创新”环境下，专利许可需要承受更多的交易成本。而高额的交易成本，又可能阻碍潜在的专利许可交易的达成。政府的作用就是提供相对完善的制度，降低交易成本，促进专利许可。由于我国长期奉行“专利一体化”战略，所以只提供了专利许可的基本法律制度，缺乏激励专利许可的促进政策。直到 2006 年 2 月 5 日，国家知识产权局意识到我国专利交易比较滞后，才开始鼓励各地搭建专利技术展示交易场所，先后认定了 32 个国家专利技术展示交易中心。但这些所谓的“技术展示交易中心”仅能承担有限的信息提供功能，无法承担专利集中、专利许可谈

判、“一揽子”许可[1]的功能，故其降低交易成本的作用非常有限。专利集中管理和专利“一揽子”许可必将成为未来的发展趋势。因此，制定促进专利集中和构建多层次的专利交易场所的激励政策，显得尤为重要。

二、通过促进专利许可来发展专利质押

专利质押不仅是最终实现专利衍生债权证券化的基础，而且是所谓“知识产权债权化”的重要发展阶段。我国《担保法》规定专利权质押制度已有十余年，但拥有专利权的企业仍难以通过专利质押获得融资。全国各地不断探索专利质押贷款操作办法，但收效甚微。近年来，我国通过专利质押获得融资的企业数量在增加，但专利质押融资规模仍非常有限。

为了促进专利质押的发展，政府可以引导政策性银行尽可能多地开展质押贷款业务。日本政府自 2002 年制定《日本知识产权战略大纲》之后，每年都发布一份推进计划，具体落实战略大纲的内容。其中，特别注重如何促进中小企业利用知识产权融资。2003 年 7 月 8 日发布的《日本知识产权推进计划 2003》，要求政府努力发展利用知识产权的多元化融资体系。2004 年 5 月 27 日的《日本知识产权推进计划 2004》进一步强调：为使中小企业和创新企业将知识产权作为其管理战略的重要组成部分，并通过知识产权顺利获得资金，日本发展银行将继续努力促进知识产权担保融资。2005 年 6 月 10 日的《日本知识产权推进计划 2005》，重申促进和完善中小企业和创新企业更顺利地利用知识产权获得资金。为此，日本发展银行作为政策性银行，为处于不同发展阶段的中小企业提供多元化的贷款。创业阶段提供种子资

[1] 所谓“一揽子”许可，是指生产某种产品或某个行业所需的必要专利，可以通过一次性专利许可获得，无需与不同的专利权人多次谈判。这样就可以降低专利许可中的交易成本。

金，初期阶段提供无偿贷款，中期阶段则提供知识产权担保贷款。1985～2005 年，日本发展银行为处于中期阶段的企业共计提供160 亿日元、260 笔知识产权担保贷款。[1] 我国也开始着手制定促进知识产权质押融资的政策。2005 年发布的《国家中长期科学和技术发展规划纲要（2006 年～2020 年）》提出实施促进创新创业的金融政策，建立健全鼓励中小企业技术创新的知识产权信用担保制度。2009 年 9 月 8 日，国家知识产权局发布的《关于促进企业运用知识产权应对金融危机的若干意见》第 9 条规定："引导帮助企业通过知识产权进行质押贷款，积极帮助企业解决金融危机中资金紧张、融资困难的难题。" 在这种情况下，应积极引导政策性银行从政策支持的角度，适当放宽专利质押贷款条件，积极开展专利质押贷款业务。商业银行出于安全的考虑，对专利抵押贷款比较慎重，或者提高专利质押贷款利率，或者降低贷款授信额度占专利评估价值的比例。相对于专利而言，商业银行更倾向于不动产抵押。这些做法都是合理的，无可厚非。

笔者认为，能否顺利实现专利质押融资，是衡量专利权是否具有流动性的重要标准和外在形式。目前，我国许多学者和地方政府只是从中小企业融资的角度，片面强调专利质押对于解决"中小企业融资难"的重要性。专利质押的本质，是利用专利权的交换价值获得资金融通。专利权交换价值体现的方式，不外乎是转让和许可。没有被利用生产出任何产品的专利，或者没有被许可的专利，显然无法体现其交换价值。即使通过"专利一体化"生产出产品但没有进行许可的专利，体现的主要是专利的使用价值，而没有充分展现其交换价值。在专利交易市场并不发达的情况下，具有使用价值的专利，由于交易成本的原因，有时也

[1] Suzuki. Financing for Intellectual Property. Report on International Patent Licensing Seminar 2006. http：//www. ryutu. ncipi. go. jp/seminar_ a/2006/pdf/C3_ e. pdf.

难以体现其交换价值，有时即使体现了也会大打折扣。忽视了专利质押是以专利权交换价值为核心的原理，难免会发生价值错位。在专利评估过程中，评估的往往是专利的使用价值、可能获得的市场垄断利润或减少的生产成本。但商业银行看重的却是专利权的交换价值。以评估的使用价值与市场认同的交换机制进行对比，显然会存在较大的价值错位和落差。在保留专利权的前提下，最能体现专利权交换价值的途径是专利许可，衡量交换价值的标准是专利许可费的多少。专利权交换价值不仅建立在专利使用的前提下，而且依赖于专利许可产生的收益。以能够产生专利许可费的专利进行质押，不仅使专利评估更为简单和便捷，而且会因为容易将专利权变现，而得到商业银行的认同。因此，对专利质押的促进，不应仅仅停留在要求商业银行提供专利质押业务这一表层，而应从鼓励专利许可这一更深层的角度进行考虑。缺乏“专利许可”这块肥沃土壤，“专利质押”之花必然难以绽放。惟有促进专利许可，将原本具有资产专用性的专利权变得可以流动的资产时，专利质押自当水到渠成，瓜熟蒂落。

三、促进专利资产证券化

席卷全球的美国金融危机，不仅给我国以深刻的教训，而且提供了重要启示。证券化是金融危机的起因。当支撑证券化的资产出现泡沫时，整个金融体系开始出现问题。但适当地运用证券化技术，不仅可以增强资产的流动性，获得更多的融资机会，而且具有流动性的资产会吸引更多的投资者，将社会闲散资本引向所需领域。具体到“专利运用”来说，证券化技术可以彻底改变专利权的资产专用性，增强其流动性，为专利权人提供全新的融资方式，为投资者提供颇具吸引力的投资领域。为了防范支持证券的基础资产出现泡沫，必须大力促进专利许可和专利质押。只有专利许可产生的许可费和专利质押贷款的金额达到巨大规模时，支持证券的基础资产才能充实，才不会产生泡沫或者只产生较少的泡沫。以专利许可费作为基础资产发行受益证券就是专利许可费信托，以专利抵押贷款作为基础资产发行受益证券就构成专利抵押贷款信托。

美国高智投资的商业运作模式，对我们同样具有重要启示。在“开放式创新”下，即使是处于行业领先地位的大型企业也不可能拥有行业内的全部专利。专门从事专利集中与管理的公司的出现，不仅使获取全球范围的特定领域的专利垄断成为可能，而且许多大型企业在其美好愿景的吸引下愿意对其进行投资。在资金充沛的情况下，通过信托私募的方式获得巨额、稳定且长期的资金并投资于专利许可的理想成为现实。这预示着：“专利集中与许可”可能成为新的投资热点，资本来源可能是通过信托方式募集而来的各种形式的基金。从投资者的角度来说，这种商业模式就是笔者所称的“专利投资信托”。

无论是专利许可费，还是专利质押贷款证券化，抑或专利投资信托，对于我国而言都是新鲜事物。我国出现的惟一的专利信托案，应当属于专利投资信托。把武汉国际信托投资公司的商业运作模式与美国高智投资进行对比，就会轻而易举地发现成功与失败的差距。美国高智投资以私募的方式成功地募集了50亿美元的投资资本，而武汉国际信托投资公司以公开募集的方式仅获得13 200元资金。美国高智投资已经汇集了2万~3.5万项专利(包括正在申请的专利)，并仍在不断集中相关领域的专利。而武汉国际信托投资公司重点针对名为“无逆变器不间断电源”的一项专利进行转让谈判。这起不成功的案例，使得我国对专利资产证券化和专利投资信托的研究，仅仅停留在可行性与商业模式选择方面的探讨。这不仅仅取决于我国专利许可和专利质押的金额是否能够达到足够规模，而且还取决于其他类型的资产证券化的进展情况。

我国证券化制度最大的缺失，是没有明确“受益证券”属于有价证券。“受益证券”是证券化技术和制度的基石。没有

“受益证券”也就难以发展证券化。特别是我国在没有特殊目的公司的情况下，欠缺“受益证券”就不能发展证券化。虽然人民银行总行和银监会联合发布了《信贷资产证券化试点管理办法》，并规定了“受益证券”，但基础资产仅限于信贷资产。对于专利资产证券化而言，只能开展专利抵押贷款证券化，而专利许可费证券化无法践行。证券化的基础资产主要是金融资产，除了信贷资产之外，还包括其他债权。我国台湾地区“金融资产证券化条例”第 4 条第 1 款第（2）项，将金融资产界定为：（1）汽车贷款债权或其他动产担保贷款债权及其担保物权；（2）房屋贷款债权或其他不动产担保贷款债权及其担保物权；（3）租赁债权、信用卡债权、应收账款债权或其他金钱债权；（4）创始机构以前所定资产与信托业成立信托契约所生之受益权；（5）其他经主管机关核定之债权。将“受益证券”接纳为一种全新的有价证券类型，有两种立法模式可供选择：一种是借鉴我国台湾地区的模式，制定统一的《金融资产证券化管理办法》，涵括所有以金融资产为基础资产开展的证券化，赋予“受益证券”合法的有价证券地位。这种模式相对而言，简单易行便于操作。另一种是借鉴美国和日本的模式，直接在证券法中明确“受益证券”属于资本证券，将“受益证券”纳入其调整范围。这种模式因立法程序繁琐且时间较长，故操作起来比较困难。

行文至此，笔者认为专利信托在我国还是一幅美好的蓝图、一个未来的愿景。倘若希望引入专利信托来实现专利集中管理和专利融资，那么还需要许多工作去做。不仅包括相关法律和政策的完善，还包括专利信托观念的普及、商业模式的推广以及专利信托业形成一定的规模。法律制度只是“以法律的形式表现了社会的经济生活条件”。目前，我国缺乏专利信托实践，无法有效地推动制度的变革。管理型专利信托带来的高效与便捷，并没有得到人们的认同；融资型专利信托需要专利许可、专利质押和专利投资必须达到足够规模的要求，与我国普遍期望利用专利信托实现专利产业化的愿望背道而驰。也许，笔者提出的一系列关于完善我国专利信托制度的建议最终难以实现，或者说完善这些制度的时机尚不成熟。但笔者相信本书的研究，有助于人们认识专利信托所具有的功能和魅力，对普及专利信托观念有所裨益。现代社会的专利，将不再停留在排除竞争对手或垄断商品市场的从属地位，必将成为获取高额利润并具独立地位的资产。专利不仅可以获得融资，而且也将成为社会争相投资的对象。专利的交换价值在未来必将进一步彰显。如果能够有效利用证券化技术和信托制度，那么具有高度资产专用性的专利就可以逐步演变为具有流动性的资产。

参考文献

1 周小明．信托制度比较法研究．北京：法律出版社，1996

2 方嘉麟．信托法之理论与实务．台北：元照出版公司，2003

3 何宝玉．英国信托法原理与判例．北京：法律出版社，2001

4 ［英］D. J. 海顿著．信托法（第4版）．周翼，王昊译．北京：法律出版社，2004

5 张天民．失去衡平法的信托——信托观念的扩张与中国信托法的机遇和挑战．北京：中信出版社，2004

6 王志诚，赖源河．现代信托法论（增订三版）．北京：中国政法大学出版社，2002

7 池内宽幸著．专利激情在燃烧．丁英烈译．北京：知识产权出版社，2003

8 ［英］F. H. 劳森，B. 拉登．财产法（第2版）．施天涛译．北京：中国大百科全书出版社，1998

9 王文宇．新金融法．北京：中国政法大学出版社．2003

10 ［日］我妻荣．债权在近代法中的优越地位．王书江译．北京：中国大百科全书出版社，1999

11 ［日］井出保夫著．证券．徐峰译．北京：科学出版社，2004

12 彭冰．资产证券化的法律解释．北京：北京大学出版社，2001

13 王小莉．信贷资产证券化法律制度．北京：法律出版

社，2007
14 王文宇，黄金泽．金融资产证券化理论与实务．北京：中国人民大学出版社，2006
15 吴弘，徐淑红，张斌．不动产信托与证券化法律研究．上海：上海交通大学出版社，2005
16 斯蒂文·L. 西瓦兹．结构融资——资产证券化原理指南（第3版）．李传全译．北京：清华大学出版社，2003
17 安德鲁·戴维森．资产证券化：构建和投资分析．王晓芳译．北京：中国人民大学出版社，2006
18 高广春．资产证券化的结构——形成机理和演变逻辑．北京：中国经济出版社，2008
19 刘向东．资产证券化的信托模式研究．北京：中国财政经济出版社，2007
20 沈炳熙．资产证券化中国的实践．北京：北京大学出版社，2008
21 袁晓东．激励技术创新的法律制度研究．武汉：华中科技大学出版社，2007
22 黄来纪．试论我国《信托法》的特点．政治与法律，2002，(3)：48~51
23 中野正俊，张俊建．中国信托法具体修改建议．河南省政法管理干部学院学报，2006，(6)：1~12
24 张淳．《中华人民共和国信托法》中的创造性规定及其评价．法律科学，2002，(2)：110~120
25 田力普．加强知识产权保护为企业自主创新保驾护航．中国科技产业，2007，(6)：15~17
26 寇宗来．沉睡专利的实物期权模型．世界经济文汇，2006，(3)：42~51
27 唐要军，孙路．专利转化中的“专利沉睡”及其治理分

析．中国软科学，2006，(8)：73～78
28 朱雪忠，陈荣秋，柳福东．专利权的闲置及其对策．研究发展与管理，2000，(3)：39～42
29 韩继坤．专利技术交易成本的制度经济学分析．科研管理，2008，(3)：105～108
30 冉昊．"相对"的所有权．环球法律评论，2004，(4)：451～459
31 贾林青．信托财产权的法律性质和结构之我见．法学家，2005，(5)：81～90
32 李清池．商事组织的法律构造——经济功能的分析．中国社会科学，2006，(4)：141～152
33 洪艳蓉．资产证券化法律问题研究．北京：北京大学出版社，2004
34 陈雪萍．论我国商事信托之制度创新．法商研究，2006，(3)：68～75
35 徐卫．我国《信托法》第五章若干缺陷新窥．政法论丛，2006，(3)：47～52
36 封文辉，戚昌文．"专利信托"业务若干问题研究．知识产权，2001，(4)：24～27
37 封文辉，戚昌文．"专利信托"业务的现实意义及展望．电子知识产权，2001，(5)：53～55
38 焦洪涛，林小爱．知识产权资产证券化．科技与法律，2004，(1)：69～71
39 李建伟．知识产权证券化：理论分析与应用研究．知识产权，2006，(1)：33～39
40 黄勇．知识产权信贷担保资产证券化若干法律问题探讨．武汉大学学报（社会科学版），2003，(4)：440～443
41 陈勇．以证券化推进专利实施与产业化．知识产权，2006，(1)：40～42

42 余振刚．我国知识产权证券化理论与发展策略研究．科学学研究，2007，(6)：1077～1082
43 王岩．知识产权的财务应用——兼谈知识资产的资本化与证券化．知识产权，2007，(5)：24～29
44 郭丽峰，高志前．专利池的形成机理及对我国的启示．中国科技产业，2006，(4)：41～44
45 詹映，朱雪忠．标准和专利战的主角——专利池解析．研究与发展管理，2007，(1)：92～99
46 张波．专利联营反垄断的分析及审查．知识产权，2008，(6)：57～63
47 杜晓君．专利联盟的竞争效应研究进展．产业经济评论，2009，(2)：57～73
48 黄良才．专利联盟中的搭售问题分析．电子知识产权，2007，(10)：26～29
49 李玉剑．专利联盟：战略联盟研究的新领域．上海：复旦大学出版社，2006
50 John S. Hillery. Securitization of Intellectual Property：Recent Trends from the United States. Washington. CORE, March 2004.
51 Machlup F. An Economic Review of the Patent System . Study No. 15 of the United States Sub-Committee on Patent, Trademarks and Copyright s (US Government Printing Office, Washington, D. C, 1958), 12.
52 Kitch E. The Nature and Function of the Patent System. Journal of L aw and Economics, 1977, 265～290.
53 Reiko Aoki and Aaron Schiff. Promoting access to intellectual property：patent pools, copyright collectives, and clearinghouses. R&D Management 38, 2, 2008, 189～204.
54 Bruce Berman. From Ideas to Assets：Investing Wisely in In-

tellectual Property, John Wiley & Sons. Inc. 2002, 114.

55 John H. Langbein. Rise of the Management Trust, Trusts & Estates, October 2004, 52 ~57.

56 Robert H. Sitkoff, Trust as "Uncorporation": A Research Agenda, University of Illinois Law Review, 2005. 1, 31 ~48.

57 Steven L. Schwarcz. Commercial Trusts as Organizations: Unraveling the Mystery. The Business Lawyer, Vol. 58, February 2003.

58 Nathan Issacs. Trusteeship in Modern Business, Harvard Law Review, June 1929, 1060 ~1061.

59 Steven L. Schwarcz. Commercial Trusts as Organizations: Unraveling the Mystery. Dulce Law School Public Law and Legal Theory Research Paper Series. August 2002. http: //ssrn. com/abstract_ id =319802.

60 Robert H. Sitkoff: An agency costs theory of trust law, Cornell Law Review, Volume 89, 2004, 3, 621 ~684.

61 John Largbein. The contractarian basis of the law of Trust, Yale Law Review, Volume 105, 1995, Dec, 625 ~675.

62 Steven L. Schwarcz. Commercial Trusts as Organizations: Unraveling the Mystery. Dulce Law School Public Law and Legal Theory Research Paper Series. August 2002. http: //ssrn. com/abstract_ id =319802.

63 Michele Graziadel. Commercial Trusts in European Private Law, Cambridge University Press, 2005, 10.

64 M. Jensen & W. Meckling: Theory of the firm: Managerial Behavior, Agency Costs, and Ownership Structure, Journal of Financial Economics, Vol. 3, 1976, 305 ~360.

65 F. Easterbrook & D. Fischel: The Corporate Contract, Co-

lumbia Law Review, Vol. 89, 1989, 1416 ~ 1448.
66 Henry Hansmann. Reinier Kraakman: Organizational Law as Asset Partitioning. European Economic Review. 44 (2000), 807 ~ 817.
67 The first Intellectual Property Management Committee, Trust system under the revised Trust Business Law and Intellectual Property management, Journal of Japan Intellectual Property Association, Vol. 6, No. 1, June 2006, 18 ~ 30.
68 Yasuyuki Ishii. Strategic use of Intellectual Property assets based on Trust system, Report on the International Patent Licensing Seminar 2006, 324.
69 Seiichi Ban. Legal Issues Concerning the Use of Trusts for Intellectual Property, *IIP Bulletin* 2003, 8 ~ 55.
70 Josh Lerner, Marcin Strojwas, and Jean Tirole : The Design of Patent Pools: The Determinants of Licensing Rules, working paper, IDEI, Toulouse, 2005.
71 Robert P. Merges. Contracting into Liability Rules: Intellectual Property Rights and Collective Rights Organizations . California Law Review, 1996, 84 (5): 1293 ~ 1299.
72 Heller, Michael, and Rebecca Eisenberg. Can Patents Deter Innovation? The Anticommons in Biomedical Research, Science, 1998, 280 (1): 698 ~ 701.
73 Shapiro, Carl. Navigating the Patent Thicket: Cross Licenses, Patent Pools, and Standard-Setting . Innovation Policy and the Economy, 2001, (1): 119 ~ 150.
74 Ted J. Ebersole. Patent Pools as a solution to the licensing problems of diagnostic genetics. Intellectual Property & law Journal, 2005, 17 (1): 6 ~ 13.
75 Sung-hwan Kim. Vertical Structure and Patent Pools. Review

of Industrial Organization, 2004. 25: 231 ~250.

76 Robert P. Merges. Contracting into Liability Rules: Intellectual Property Rights and Collective Rights Organizations. California Law Review, 1996, 84 (5): 1293 ~1299.

77 Athreye, S. and Cantwell, J Creating competition? Globalization and the emergence of new technology producers, Research Policy, 2007, (36): 209 ~226.

78 Aoki, R. Intellectual Property and consortium standard patent pools, Journal of Intellectual Property Right, 2005, (10): 206 ~213.

79 Giuri, P. Inventors nad invention processes in Europe: results from the PatVal-EU survey, Research Policy, 2007, (36): 1107 ~1127.

80 Mark D. Janis: Aggregation and Dissemination Issues in Patent Pools . University of Iowa Studies Research Paper, 2005.

后　记

光阴似箭，岁月如梭。从2000年10月我国出现首例专利信托案例到现在，不知不觉已有9年之久。在此9年间，我们经历了2001年《信托法》的实施、2005年银行业信贷资产证券化的试点、2008年《国家知识产权战略纲要》的颁布和金融危机在全球范围内的肆虐。最初，我只是对英美法系独特的信托制度怀有几分好奇，尝试性地开始学习与了解信托制度，并努力地将信托制度与知识产权制度联系起来。信托制度最大的优势是通过“外部管理”实现“专业人做专业事”。专利长期以来难以转化的主要原因，在于专利权人缺乏转化专利所必需的“互补性资产”。而拥有某些“互补性资产”的投资者，却因为交易成本等原因无法与专利权人达成一致。这就需要有一种机制将专利权人与投资者连接起来。信托是实现这种沟通与连接的一种尝试。我非常幸运地获得了国家自然科学基金“促进技术成果转化的专利信托模式及其政策选择研究”（批准号：70503012）的资助，由此开始了持续研究。随后，我发现我国所谓首例专利信托案例实质上属于专利资产证券化。时值国内理论上研究资产证券化如火如荼的时候，许多企业和信托公司也开始尝试各种类型的资产证券化。知识产权理论界也开始关注并研究知识产权证券化，但知识产权证券化的实践却举步维艰。究其原因主要是专利作为一种资产难以形成稳定的现金流，无法以专利作为基础资产发行证券。于是，我又对专利资产所具有的特殊经济属性产生了浓厚兴趣。证券化技术如同一面放大镜，将具有一定流动性的资产进行成倍甚至百倍的放大。如果一项资产不具流动性或流动性较差，那么证券化技术就会无能为力或效果不显著。专利作为一种资

产，当没有被许可产生稳定现金流之前，证券化技术将对之毫无作用。这就难免存在一个无法回避的悖论：人们希望证券化技术能够促进专利有效运用，但没有产生稳定许可收益的专利是不能被证券化技术所接受的。金融危机在全世界范围的爆发，说明证券化技术不能无限制地发挥其放大功能，必须限制在一个合理的范围和空间内。金融危机不仅使资产证券化饱受人们的非议，也使知识产权证券化淡出了理论界讨论的议题。也许，我国充分认识专利信托和专利资产证券化所具有的功能尚需很长一段时间，但我相信待到时机成熟之时，专利信托和专利资产证券化必有用武之地。对已有研究成果进行总结，论述我对专利信托的理解，是写作本书的目的之一。

白云苍狗，沧海桑田。当我们仍在片面强调企业要靠自己研究与开发新技术的时候，发达国家的一些大公司已采取了开放式经营的模式，强调从企业外部获取专利。当我们还在为 DVD 行业和企业扼腕叹息之时，以美国高智投资为代表的专利经营企业采取了全新的专利战略，正对我国高新技术领域的专利虎视眈眈。当我们仍在鼓励并资助专利申请之际，专利数量激增在全球引发了专利“温室效应”。“专利丛林”和“专利流氓”像温室气体一样污染着全球的经济环境，并可能阻碍创新。时代正以超出人们想像的速度变化着。创新模式从封闭式创新演变为开放式创新，企业经营模式也由封闭性经营转变为开放式经营，专利管理模式也从分散式管理开始趋于集中管理。对专利的研究也不能仅仅停留在对制度本身的规范分析上，而更应该研究如何有效地提高运用各种制度的能力。技术创新与制度创新互为因果。技术创新引起人们对新制度的需求，促使制度创新；而创新后的制度不仅可以建立一种稳定的秩序，更能进一步促进创新。专利的研究也应以更为开放的视角，不仅关注专利制度的变迁与创新，更应该关注如何通过提高运用制度能力来促进技术创新。在概念法学研究范式之外，尝试着运用制度经济学理论研究专利问题，是本书写作的另一个目的。

我将继续关注专利信托理论与实践的发展，下一步将对开放式创新环境下的专利管理与运用理论进行深入研究。在课题研究和本书写作过程中得到了许多老师和朋友的指点与帮助。非常感谢中南财经政法大学吴汉东教授能亲自为本书欣然作序。华中科技大学管理学院知识产权系朱雪忠教授不仅一直关心和指导我的研究，而且积极推荐本书的出版。感谢朱教授长期对我的帮助与鼓励。我还要感谢知识产权出版社刘睿编辑。刘编辑为本书的出版倾注了大量心血，最终使得本书能够付梓。还有许多给予我帮助与关心的朋友，在此表示衷心的感谢。

袁晓东

2010 年 1 月于武昌喻家山